"Hiçbir şey
göründüğü gibi değildir."

Truva Yayınları®

Truva Yayınları: 548

Tarih: 102

Yayıncı Sertifika No: 12373

Genel Yayın Yönetmeni: Sami Çelik

Editör: Barış Gündoğdu

Sayfa Düzeni: Truva Ajans

Kapak Tasarımı: Mehmet Emre Çelik

Baskı - Cilt: Step Ajans Reklamcılık Matbaacılık Tan. ve Org. Ltd. Şti.

Göztepe Mah. Bosna Cad. No: 11

Mahmutbey - Bağcılar / İSTANBUL

Tel. : 0212 446 88 46

Matbaa Sertifika No.: 12266

1. Baskı Ekim 2019

ISBN: 978-605-9850-91-9

Truva Yayınları® 2019

Kavacık Mahallesi Övünç Sokak Kıbrıs Apartmanı No: 19/2

Beykoz / İstanbul

Tel: 0216 537 70 20

www. truvayayinlari. com

info@truvayayinlari. com

facebook. com/truvayayinlari

instagram. com/truvayayinlari

twitter. com/truvayayinevi

Kazım Karabekir

Ermenilerin Yaptığı Soykırım

"1917-1920 Arasında Erzincan'dan Erivan'a
Ermeni Mezalimi"

Yayına Hazırlayan
Ömer Hakan Özalp

KAZIM KARABEKİR

1882'de İstanbul'da doğdu. Babası Mehmed Emin Paşa'dır. Fatih Askerî Rüştiyesi'ni, Kuleli Askerî İdadisi'ni ve Erkan-ı Harbiye Mektebi'ni bitirerek yüzbaşı rütbesi ile orduda göreve başladı. İttihat ve Terakki Cemiyetinin Manastır Örgütünde görev aldı. Harekât Ordusu'nda bulundu. 1910'daki Arnavutluk Ayaklanmasının bastırılmasında etkili oldu. 1911'de Erzincan ve Erzurum'un, Ermeni ve Ruslardan geri alınmasını sağladı. Sarıkamış ve Gümrü kalelerini kurtardı.

Kurtuluş Savaşı'nda Doğu Cephesi Komutanlığı yaptı. Milli Mücadele'nin başlamasında ve kazanılmasında büyük katkısı oldu. Terakkiperver Cumhuriyet Fırkası'nı kurdu. Bir yıl aradan sonra da Şeyh Said İsyanı bahane edilerek Terakkiperver Cumhuriyet Fırkası kapatıldı.

Uzun yıllar yalnızlığa bırakıldı ve ömrünün son günlerinde İstanbul Milletvekili olarak Meclis'e alındı. 1946 yılında Meclis Başkanı oldu. 1948'de vefat etti.

İçindekiler

Bu eser çoğunlukla belgelerden oluştuğu için,
fazla sadeleştirme yapıp orijinalliği bozmak istemedik.
Zaruri gördüğümüz yerlerde parantez içerisinde
kısmi sadeleştirme yapılmıştır.

Yayıncı

ÖNSÖZ

Ermeni meselesi ve Ermeni soykırımı iddiası, son asırlarda başımızı ağrıtan problemlerden, güncelliğini günümüzde dahi kaybetmeyen yaralarımızdandır.

Osmanlı döneminde, yüzyıllar boyunca *millet-i sâdıka (en sadık millet)* olarak bu ülkede, din ve milliyetlerini koruyarak yaşayan, memleketin sanayi ve ticaretinde söz sahibi olup, Türklerden farksız tutularak, nâzırlığa (bakanlık) varıncaya dek birçok önemli memuriyetlerde bulunan Ermeniler;[1] Kazım Karabekir Paşa'nın deyimiyle, "Beşeriyet, insaniyet, adalet gibi sözlerin henüz kalpazanlık devrinde olduğunu ve her milletin, kendi çıkarı için hoşlanmadığı, daha doğrusu siyasetine engel olan başka milletlerin açlarının, çıplaklarının elinden son lokmasını, son şeyini almaktan da hayvani lezzet duyduğunu görmekle, kuvvetli yumruk ve politikanın, yani entrikacı bir milletin yaşaması için... yegâne dayanak olduğunu herkesin ibret gözüyle gördüğü"[2] son medeniyet asırlarında, yine kendi deyimiyle "masonluk müessesesini siyasi maksatlarına bir alet gibi kullananların aşılaması sonucu, vatan ve insaniyet kelimelerine verdikleri zehirli manalarla"[3] harekete geçmiş;

1 Osmanlı devletinde siyaset, iktisat, kültür ve ticaret alanlarında şöhret kazanmış Ermeni şahsiyetleri için bkz. Y. Çark, Türk Devleti Hizmetinde Ermeniler 1453-1953, İstanbul, 1953.
2 Kazım Karabekir, İstiklal Harbimizin Esasları, s. 170, yayma hazırlayan: Faruk Özerengin, Emre Yayınları, İstanbul, 1995.
3 "Ermenilere gelince: Onlar da vatan ve insaniyete yemin ederken, vatandan kendi müstakil vatanlarını anlamışlar ve insaniyete de 'Türk'ü imha etmek' manasını vermişlerdi. Bunlar kendi anlayışları olamazdı; çünkü, asırlarca hükmü altında yaşadıkları Türk, kendi milliyetlerini korumuştu. İktisadi kalkınmaları da her sahada hiçbir

içlerinden çıkan komiteciler, ırkdaşlarının o güne kadar -her toplumda olagelen ferdî olaylar dışında- gül gibi geçindikleri İslâm ahaliyi kesip biçmeye başlamışlardı.

Üçüncü ellerin karışması olaya vahim bir boyut kazandırmış; geleceklerinin, bu büyük komşuyla iyi geçinmekte yattığını anlamak istemeyen ve uzun vâdeli yararları günü birlik kirli çıkarlara feda eden Ermeniler, Rusya'nın ve Avrupa'nın politika oyunlarında piyon olmayı yeğlemişlerdir.

Aynı Ermeniler, bir taraftan da, -Hristiyanlık taassubundan ve İslâm düşmanlığından da faydalanarak- Avrupa ve Amerika'da yoğun bir propaganda ve karalama kampanyasına girişerek, kendi katliam ve mezâlimlerini Türklere yüklüyorlardı.[4]

engele uğramamış olduğundan, memleketin sanayi ve ticaretinde en ön saflara geçmiş bulunuyorlardı. Bunlardan başka, birçok memuriyetlere, hatta bakanlığa kadar yükseltilerek Türklerden farksız tutuluyorlardı. Bu müsadelerin tesiriyle refah ve saadet içinde yaşayan Ermenilerden, Türk'ün bu civanmertliklerine karşı böyle inkarcı ve nankör bir mukabele mi beklenirdi? Her halde, vatan ve insaniyet kelimelerine verdikleri zehirli manaları da, masonluk müessesesini siyasi maksatlarına bir alet gibi kullananların aşılamış olması gerekir."

"Müslümanlığın karşılaştığı tehlikeler: 2. Masonluk", İslâm-Türk Ansiklopedisi Mecmuası, cilt: II, no: 79, Eylül 1947, s. 8.

4 Kendisi bu hususta şunları söylemektedir: "...Mazlum İslâmlarm düçar oldukları bu silsile-i fecâyi'(kaos getirici) Avrupa'da, Amerika'da... velhasıl her taraftaki Ermeni propagandacıları vasıtasıyla, hep İslâmlar tarafından îkâ (vuku-kast) edilmiş cinayetler şeklînde ilan olunmakta ve İslâmların maruz kaldıkları felaket ve musibetlerden, zulüm ve kıtallerden(ölüm) yine İslâmlar aleyhine binlerce bühtan(organize yalan) ve iftira vesileleri bulunmaktadır." 335 ve 36 Seneleri Kafkasya'da İslâmlara Karşı İcra Olunduğu Tebeyyün Eden Ermeni Mezâlimi, s. 1, Türkiye Büyük Millet Meclisi Şark Cephesi Kumandanlığı X. Şubesi neşriyatından, Kars, 1.1.(1)337(1921.)

Resmî görevle bulunduğu Van ve Bitlis vilayetlerinde beş sene dolaşarak buraların istatistiğini çıkaran Rize konsolosu Rus kurmay generali J. Mayeski, yazdığı Van ve Bitlis Vilayetleri Askerî İstatistiği adlı eserde (çev. Mehmed Sâdık, İstanbul, Matbaa-i As- keriyye, 1330 (1914), 1395 s., 6 le.) şunları söylemektedir: "Türk vahşetine hiçbir yerde tesadüf edilemez. Türk vahşeti bir hakikat olmayıp, bile bile uydurulmuş siyasi bir hikayedir; çünkü , ekseriya (çoğunluk) göz önünde cereyan eden vakalara dair Avrupa matbuatındaki(talep edilen), bizzat müşahede edenler imzasıyla yazılan satırları oku-

"Şuyûu vukûundan beter.", "Birşeyi kırk defa söylersen gerçek olur." gibi atasözlerimizin gösterdiği üzere, propagandanın gücünü ve kamuoyu oluşturmayı bilen Ermeniler, bu büyük çabalarının semeresini almışlar; olmadık şeyleri olmuş, kendi yaptıkları zulüm ve vahşetleri Türkler yapmış gibi göstermeyi başarmışlardır.

Osmanlı hükümeti ise, bu sıralarda, kendisini savunmak ve asıl suçluları ortaya koyabilmek için, 15 altın vererek kitap bastırmaya korkar bir halde bulunuyordu. Bununla birlikte, Ermenilerin, I. Dünya Savaşı'nda ve İstiklal Harbi öncesinde Anadolu ve Kafkasya'da yaptıkları katliamlarla ilgili olarak -Türkçe ve yabancı dillerde- bazı resmî yayınlar da (1916-1921) çıkmadı değil.[5] Bunlardan üç tanesi de Kazım Karabekir'e aittir.

Çocukluğu, Ermeni nüfusun da bulunduğu Van'da geçen ve Ermeni bir aşçıları olan Karabekir, Balkan harbinden sonra Alman ıslah heyeti içinde genel kurmay başkanlığının

yunca insanın gözönüne inanamayacağı geliyor. Hakikat gözüyle bakıp da hakikati olduğu gibi söylemek icap ederse, Doğu'da vahşeti Müslümanlar değil Doğu Hristiyanlarının yaptığını itiraf etmek icap eder. Her türlü fenalığı Doğu'daki hristiyanlar irtikap(kötülük) etmiş, sonra da, himayesiz Müslümanların başına yüklemişlerdir." Kazım Karabekir, Kürt Meselesi, s. 133, yayma hazırlayan: Faruk Özerengin, Emre Yayınları, ikinci baskı, İstanbul, 1995.

Dr. Rıza Nur da şöyle demektedir: "Merzifon ve şâir Amerikan kolejlerinde okuyup, Protestan ve bunlardan da papaz olan Ermeniler, yıllardan beri Amerika'da gayretli ve hummalı bir propaganda yapıyorlardı. Ermenilerin mazlum, istiklale layık olduğunu, Anadolu'nun eski asırlardan beri kendi öz yurtları bulunduğunu, Türk(ün) zalim olup mezhep (din) hürriyeti vermediklerini, Müslümanlığın hristiyanları kesmeyi sevap saydığı(nı), Türklerin Ermenilere katliam yaptıklarını söylüyorlardı. Zamanla bunlar yer tutmuş, sahih zannedilmiş; Amerikalılarda Ermenilere karşı büyük bir teveccüh hâsıl olmuştu. Hatta Harb-i Umumi'de Ermeni katliamı diye ilk yaygarayı koparanlar yine bu Ermeni Protestan papazları idi. O vakit Amerika, İngiltere ve Fransa'da bu hususta aleyhimize yüzlerce risale ve makale neşredildi. Bunların hepsi de bu papazların raporuna istinâden yazılıyordu." Hayat ve Hatıratım, cilt: II, s. 498-499, Frankfurt, 1982.

5 bkz. A. Alper Gazigiray, Osmanlı 'dan Günümüze Kadar Vesikalarla Ermeni Terörünün Kaynakları, s. 667-669, İstanbul, 1982.

istihbarat şubesinin başına geçirildiğinde, Rusya ve Ermeniler-
le yakından ilgilendi. Bu sırada; resmî görevle bulunduğu Van
ve Bitlis vilayetlerinde beş sene dolaşarak buraların istatistiği-
ni çıkaran Rize konsolosu, Rus kurmay generali J. Mayeski'nin
yazdığı ve Rusların gayet mahrem sayarak, muayyen şahısla-
ra mahsus olmak üzere bastırıp dağıttıkları ve Ermenistan'ın
muhtariyetinden korktukları için, hakiki durumu olduğu gibi
gösterdikleri *Van ve Bitlis Vilayetleri Askerî İstatistiği* adlı eseri,
Rus masasını idare eden binbaşı Sâdık Bey'e tercüme ettirerek
1914'te, Birinci Dünya Harbi'nden önce bastırıp ilgili makam-
lara dağıttı.[6]

Bilahare, Dünya Savaşı ve mütareke yıllarında büyük vazi-
felerle bu mıntıkalarda bulundu. 28 Kasım 1918'de İstanbul'a
geldi. 30 Kasım'da Harbiye nâzırı Abdullah Paşa'yı ziyaret
ederek, 1918 başlarında, kurtarma ve ileri harekatında karar-
gâhtan aldırıp İstanbul'a gönderdiği, Ermenilerin -yakılarak
viraneye çevrilmiş, halkı yığın yığın cesetler halinde bulunan-
Erzincan, Erzurum, Van, Elviye-i Selâse (Kars,Ardahan,Batum)
ve daha doğularda yaptıkları İslâm katliamlarının fotoğraf ve
vesikalarının akıbetini ve gazetelerin neden aydınlatılmadı-
ğını sordu. Abdullah Paşa hayretle, "Bunlardan hiç haberim
yok, söylediklerini yaz da Meclis-i Vükelâ'ya (Bakanlar Kuru-
lu) okuyayım. Elimizde de bir vesika bulunsun!" dedi. Bunları,
erkan-ı harbiye reisi Cevad Paşa'ya da anlattı ve mütalaaları-
nı yazıp verdi. Gönderdiği vesikaları da şurada burada bul-
durdu. Matbuat(basın) aydınlatıldı ve İsmet Bey'in başkanlı-
ğında bir komisyon, bu vesika ve fotoğrafları bir risale halinde
neşretti. İslâm Ahalinin Düçar Oldukları Mezâlim Hakkın-
da Vesâika Müstenid Malumat adı verilen eser Fransızca'ya
da tercüme edilerek basıldı.[7] Harb-i Umumi'de dokunulmaz

6 Kürt Meselesi, *s. 132.*
7 "Erzincan'dan başlayarak Erzurum, Kars ve bütün Şark'ta geç-
tiğim yerlerde Ermenilerin yaptıkları katliamlarını ve yakıp yıktık-
larını fotoğrafla tesbit ve günü gününe vakaları görenlerden tahkik
ve tevsik(derin araştırma ve inceleme) ile hazırladığım bir eser;
mütarekede Abdullah Paşa'nın Harbiye nezâreti zamanında müs-
teşar miralay İsmet Bey'in delaletiyle Türkçe ve Fransızca neşro-

yılmak

vaziyette dilediğini yapan resmî daireler, para sarfı için mesuliyetten korkar hale gelmişlerdi. Gazeteler şuna buna en ufak meseleler için hücumlar yaptığından, herkes basından yılmıştı. Ermeni katliamı risalesinin Fransızca'ya tercüme masrafını karşılayacak ödenek olmadığı gibi, onbeş altın kadar tutan gideri verecek kimse de çıkmıyordu. İsmet Bey'in komisyonunu mahcubiyetten kurtarmak ve hükûmetin bu elîm vaziyetini yabancılara göstermemek için masrafı kendi cebinden verdi. Bilahare, Mahmud Sâdık Bey'in, 'mühim hususlara ödenek verilmesinin elzem olacağı' hakkındaki neşriyatı üzerine parası iade edildi. Bir taraftan da, bildikleri vasıtasıyla basını bizzat aydınlatmaya çalıştı. Süleyman Nazif Bey'in isteği üzerine, Ermeni mezâlimi hakkında bir de makale yazarak, bu vartadan kurtulacağımızı, bildikleri vasıtasıyla propagandaya başladı.[8]

Osmanlı döneminde olup biten ve onun yıkılmasıyla ortadan kalkmayıp, Batılı ve Amerikalı dost ve müttefiklerimizce arasıra ısıtılarak gündeme taşınan Ermeni meselesi, tahteravalliyi andıran devletler arası denge oyununda, yeri geldikçe safra ve bir tehdit unsuru olarak kullanılmış ve hala da kullanılmaktadır.

Ancak; bir tezin gücü, çok kişi tarafından ve sık sık dile getirilmesinde değil, belgelere dayanmasındadır. Belgesiz tezler, tüm dünya tarafından söylense de, iddia olmaktan öteye geçemez. Aynı şekilde, Ermeni soykırımı iddiası da, propaganda gücüyle veya büyük devletlerin politik oyunlarıyla dünya kamuoyuna kabul ettirilmiş olsa bile, bu, Yahudi soykırımı iddiasında olduğu gibi tarihî bir olgu olduğunu göstermez. Belge ister, ispat ister; bu da ilmin ve tarihçilerin sahasına girer. Soykırımı iddiasının ispatı da; söylentilere ve kendilerinden menkul asılsız-belgesiz iddialarla dünyayı aldatmaya

---

lunmuştur." *Birinci Cihan Harbi'ni Nasıl İdare Ettik? Erzincan ve Erzurum'un Kurtuluşu*, cilt: III, s. 132, dn. 105, Emre Yayınları, ikinci baskı, İstanbul, 1995.
8 *İstiklâl Harbimiz*, cilt: I, s. 89-91, yayma hazırlayan: Faruk Özerengin, Emre Yayınları, İstanbul, 1995.

çalışan Ermenilere düşer.

Aslını inkar demek olan, 'Osmanlı'nın devamı olmadığımız, onunla bir bağımızın bulunmadığı' gibi savunmaların bir işe yaramadığı tecrübeyle sabittir. Bu yüzden, bugüne kadar yapılamadıysa bile, bundan sonra olsun, olaya ciddiyetle eğilinmeli, ortaya konulan belgelerle dünya kamuoyu aydınlatılmaya çalışılmalıdır.

İşte, biz de bu düşünceyle, Kazım Karabekir Paşa'nın, Ermeni meselesini yerinde araştırmak üzere Anadolu'ya gönderilen Amerika (General Harbord) heyetine sunduğu raporlarla, Ermeni mezâlimine ilişkin eserlerini bazı eklerle geliştirerek bu kitabı hazırladık. Kitabın, Ermeni milletine karşı bir düşmanlık geliştirme ve aradaki nefreti körükleme hedefi olmadığı gibi, baba ve dedelerinin yaptıklarından dolayı bugünkü Ermenileri cezalandırmaya kalkmak da zaten adalet ve insafa sığmaz. İki taraf için de fayda getirmeyeceğine inandığımız bu çekişmenin bir an önce sona erdirilerek, eskiden olduğu gibi güzel komşuluk ilişkileri geliştirilmesi temennimizdir. [9]

9 Osmanlı imparatorluğunda defalarca nâzırlık yapan, ekmeğini yediği devlete sonuna kadar sâdık kalan, en eski ve zengin Ermeni ailelerinden birine mensup, tahsilini Avrupa'da tamamlamış Hallacyan Efendi, Talat Paşa'ya, Türk-Ermeni ilişkileri ile bozulmasına ilişkin -gözyaşlarıyla- şunları söylüyordu:
"Hep, hepsi hârici tahrikler, mâhirâne tertiplenmiş propagandalar, bütün dünyaya yaygın ve cihanı da inandırmış efsaneler... Bizim papazlarımız umumiyetle âlim insanlardır. Büyük amcam, Açmiyazın Katoligosuna (en salâhiyetli Ermeni dinî merkezine) namzet gösterilen tanınmış ve sevilmiş insandı; fakat, devletine sâdıktı. Sultan Hamid'e (...) tertip edilen bombalı suikasttten sonra dayanamadı, patrikhaneden ayrıldı. (...) Ben Avrupa'ya tahsilimi tamamlamaya giderken vedaya gittiğimde; "Bu devletin ekmeğini yiyorsun... Sadâkatten ayrılma. (Karşıdaki dolapta yanya-na üç kalın cilti işaret etti) Buradaki dört senemi, Ermeni ırkına hakikatleri anlatan şu kitapları yazmaya vakfettim. Kanında zerrece vefâ ve insanlık varsa, üstelik ırkını seviyorsan dönünce bunları bastır, dağıt, icap ediyorsa bu yolda öl... Çünkü, yapılan tahrikler, kışkırtmalar hiçbir zaman netice vermeyecek, iki taraftan masum kurbanlardan, bozulmuş huzurdan gayrı birşey kalmayacaktır. Hepsi Rus'un, İngiliz'in, Fransız'ın, hatta hatta can düşmanımız Ortodoks kilisesinin el altından kışkırtmasıdır. Şimdi onlara bir de Amerika karıştı. Kolejlerinde,

Ermenilerce, 1918-20 yılları arasında Erzincan'dan Erivan'a kadar olan bölgede Türk ve Müslümanlara karşı reva görülen zulüm ve vahşetleri ihtiva eden kitap; Kazım Karabekir'in konuyla ilgili eserlerinin toplandığı 'Ermeni mezâlimi' ve aynı zaman ve yerlere ait bilgi ve belgelerin derlendiği 'Ekler' bölümü olmak üzere iki kısımdan oluşup, her iki kısma dercedilen metinlerin ortak yönleri, hepsinin, birer belge niteliğinde olup, yazarlarının bizzat yaşadıkları, yerinde görüp inceledikleri ve yaşayanlardan aldıkları malumatlardan oluşmuş ilk elden bilgiler içermesidir.

I. BÖLÜM

1918-20 yılları arasında kolordu kumandanı olarak bulunduğu Doğu'da topladığı, mezâlime ilişkin bilgi, belge ve resmî yazışmalardan oluşan kendi eserlerini içermektedir:

1. Hikayesi yukarıda yazılan, Erzincan'dan başlayarak Erzurum, Kars ve bütün Şark'ta, geçtiği yerlerde Ermenilerin yaptıkları katliamları ve yakıp yıktıklarını fotoğrafla tesbit ve günü gününe vakaları görenlerden tahkik ve tevsîk ile hazırladığı İslâm Ahalinin Düçar Oldukları Mezâlim Hakkında Vesâika Müstenid Malumat, Birinci baskı, İstanbul, 1918, 70 s., 69 resim.

Kitap, *Documents Relatifs aux Atrocites Commi ses par les Armeniens sur la Population Musulmane* adıyla Fransızca'ya da

---

hastahanelerinde bile bu gaflet ve ihanete basamak oluyorlar. Türk, vatanına ve haysiyetine dokundurmaz. Müsamahası bu noktada biter. Tahrikçiler de bunu biliyorlar; ama, onların davası devleti zayıflatmak ve içinden çökertmeye çalışmak... Bizim gâfiller de bu sinsi ve hain oyunun kafasız aleti..." Görüyorsun: Her dediği oldu ve oluyor... İnan ki şaşıyorum: Ne oldu bu iki kardeşe? Çocuktum, hatırlarım: Bir Türk, evinden uzunca zaman ayrılırken, mesela hacca giderken anahtarını komşusu Ermeni'ye bırakırdı; o da Kudüs'e giderken öyle... Dedemin, İncil'i sizin harflerinizle okuduğunu bilirim. En büyük yemini 'Kur'ân çarpsın'dı. İki taraf birbirinin cenazesine giderdi. Sultan Mahmud'un dediği gibi, hakikaten millet-i sâdıka idi." Cemal Kutay, Bir Devir Aydınlanıyor: Şehit Sadrıazâm Talat Paşa'nın Gurbet Hatıraları, cilt: III, s. 1155-1156, ikinci baskı, İstanbul, 1983.

tercüme edilerek basılmıştır: İstanbul, 1918, 73 s.

Birinci baskısı Ermeniler tarafından piyasadan ve kütüphanelerden para ile toplatılan eser, Milli Kongre tarafından ikinci bir defa daha basılmıştır: İstanbul, Şubat (1)335-(1)919, 68 sayfa, 69 fotoğraf.

2. *335 Senesi Temmuz Ayı Zarfında Kafkasya'da İslâmlara Karşı İcra Olunduğu Haber Alınan Ermeni Mezâlimi*, Osmanlı Erkân-ı Harbiye-i Umumiye Dairesi neşriyatından, İstanbul (1919), 7 (Türkçe) + 8 (Fransızca) sayfa.

3. *335 ve 36 Seneleri Kafkasya'da İslâmlara Karşı İcra Olunduğu Tebeyyün Eden Ermeni Mezâlimi*, Türkiye Büyük Millet Meclisi Şark Cephesi Kumandanlığı X. Şubesi neşriyatından, Kars, 1.1.(1)337/(1921), 21 sayfa.

4. Ermenistan ve Trans-Kafkasya'yı dolaşarak, Ermeni meselesini yerinde incelemek üzere Türkiye'ye gönderilen, General Harbord başkanlığındaki Amerikan heyetine sunulan Ermeni mezâlimiyle ilgili raporlar; heyetin Erzurum'da karşılanması ve ağırlanması ile ilgili anıları da baş tarafa eklenmiştir: İstiklal Harbimiz, cilt: II, s. 527- 528, 666-668, yayına hazırlayan: Faruk Özerengin, Emre Yayınları, beşinci baskı, İstanbul, 2000; İstiklal Harbimizin Esasları, s. 169-177, yayma hazırlayan: Faruk Özerengin, Emre Yayınları, İstanbul, 1995.

a) Birinci Kafkas Kolordusunun 1334 (1918) Senesindeki Harekâtı ve Meşhûdâtı Hakkında, General Harbord Riyâsetindeki Amerika Heyetine Takdim Edilen Rapor Suretidir adıyla 1335'te Erzurum, Onbeşinci Kolordu Matbaası'nda basılan kitapçık. Bilahare, yine kendisi tarafından şu eseri içerisinde de yayımlanmıştır: *Birinci Cihan Harbi'ni Nasıl İdare Ettik? Sarıkamış, Kars ve Ötesi*, cilt: IV, s. 357-372, Emre Yayınları, 2. baskı, İstanbul, 1995.

b) "Amerikan heyetine verilen rapor": Kazım Karabekir, İstiklal Harbimiz, cilt: II, s. 681-708.

Yine, Dr. Rıza Nur'un, Harbord heyeti ve Ermeni meselesi ile ilgili sözleri (*Hayat ve Hatıratım*, cilt: II, s. 497- 498) ve

General Harbord'a Ermeni mezâlimine ilişkin bir rapor takdim eden, 1. TBMM Kars milletvekili Fahreddin Erdoğan'ın, Harbord heyetinin Erzurum'a gelişi ve buradaki çalışmalarıyla ilgili anıları: *Türk Ellerinde Hatıralarım, Bulgaristan, Romanya, Sibirya Esareti, Türkistan, Azerbaycan, Kafkasya Türkleri, Doğu Anadolu ve Kars*, s. 267-270, Ankara, 1998.

5. Ermeniler Müslümanlara, Türklere olmadık zulümler revâ görürlerken, o sırada doğuda ordu kumandanı olan Kazım Karabekir'in "Osmanlı ordusunu getirenlerin çocukları oldukları gerekçesiyle bölge Ermenilerince itilip kakılarak sokaklarda açlık ve soğuktan ölmeye terkedilen binlerce Ermeni çocuğuna barınacak yer ve eğitim imkânı temin etmesi"yle ilgili, kendi eserlerinden biriyle, Doğu'da açtırdığı okullarda okuyan talebelerden Ali Ayrım'ın kitabından iki alıntı: İstiklal Harbimizin Esasları, s. 360-363; Ali Ayrım, *Yalan (Anıların Romanı)*, s. 128-133, İstanbul, 1978.

II. BÖLÜM

Bu bölüm, olayların içinde bulunmuş, mezâlimi bizzat gözlemlemiş yerli-yabancı şahitlerin tanıklıklarından oluşmakta olup, Erzurum ikinci kale topçu kumandanı Tverdo Khlebofun, Erzurum'daki Ermeni mezâlimine ilişkin, *Tarihçe* ve *Hatıra* adlı eserleriyle, yine bir Rus subayı olan, 156. alay 12. bölük kumandanı mülazım (teğmen) Nikola'nın, Ermenilerin Müslümanlara karşı yaptıkları fecâyi' ve şenâat hakkındaki ifadeleri, yabancı ve tarafsız gözlemcilerin şahitlikleri olması hasebiyle daha bir önemlidir.

1-2. Bu bölüme alman metinlerden ilk ikisi; Kazım Karabekir Paşa'nın, Osmanlı ordusunca esir edildiğinde karargâhında uzun uzadıya görüşüp, kendisinden, Ermenilerle Erzurum ve Kars kaleleri hakkında hayli malumat aldığı, Kars'ta topçu kumandanlığında bulunmuş olan, Erzurum Deveboynu mevki-i müstahkemi kumandan vekili ve ikinci Erzurum kale topçu alayı kumandanı kaymakam (yarbay) Tverdo Khlebofa ait iki önemli risaledir. Khlebof, Karabekir'le görüşmesinde,

Ermenilerin pek çok mezâlim yaptıklarını anlatır ve bunları imzası altında vereceğini va'deder. Asılları Rusça olan eserler Türkçe, İngilizce ve Fransızca'ya tercüme edilerek neşrolunur.[10] Paşa, kitaplarında yeri geldikçe bu eserlere atıfta bulunup, kendi kitapları içerisinde de yayımlamıştır.

a) Tarihçe, İkinci Erzurum Kale Topçu Alayının Teşekkülünden İtibaren, Osmanlı Ordusunun Erzurum'u Istirdâdı Tarihi Olan 12 Mart 1918'e Kadar Ahvâli Hakkında, baskı yeri ve yılı yok, 35 s.

b) Hatıra, Rus İhtilali Bidâyetinden İtibaren 27 Şubat 1918'de Osmanlı Kıtaâtının Erzurum'u İstirdat Ettikleri Tarihe Kadar Ermenilerin Erzurum Şehri ve Havâlisi Türk Sekenesine Karşı Tavru Hareketlerine Dair, baskı yeri ve yılı yok, 16 s. *Tarihçe'ye* ilave olarak yazılmış ise de, başlıbaşına bir vesika mahiyetini hâizdir.

3. Rize konsolusluğu da yapan Rus Kurmay Generali J. Mayeski'nin yazdığı *Van ve Bitlis Vilayetleri Askerî İstatistiği* adlı eserin Ermenilerle ilgili bölümleri: Ermeni Dosyası, s. 16-25, yayına hazırlayan: Faruk Özerengin, Emre Yayınları, ikinci baskı, İstanbul, 1995; *Kürt Meselesi,* s. 132-141, yayına hazırlayan: Faruk Özerengin, Emre Yayınları, ikinci baskı, İstanbul, 1995.

4. Sekiz-dokuz yaşlarında iken, düşman saldırısına uğrayıp, sağ kalanlarla birlikte kaçarken Ermenilerce esir alınarak Erivan'a götürülen ve bilahare, Kazım Karabekir'in Doğu'da açtığı okullarda okuyan Ali Ayrım'ın, bizzat şahit olduğu Ermeni vahşetleriyle ilgili hatıraları: *Armağan Anıların Romanı,* s. 9-10, 83-84, 91- 100, İstanbul, 1971.

5. Ermeni mezâlimine ilişkin bir rapor hazırlayarak General Harbord'a takdim eden, Birinci Türkiye Büyük Millet Meclisi Kars milletvekili Fahreddin Erdoğan'ın Sarıkamış kazası ile köylerindeki Ermeni mezâlimiyle ilgili anı ve gözlemleri: *Türk Ellerinde Hatıralarım, Bulgaristan, Romanya, Sibirya Esareti, Türkistan, Azerbaycan, Kafkasya Türkleri, Doğu Anadolu ve Kars,* s. 177-189.

10   Birinci Cihan Harbi'ni Nasıl İdare Ettik? Erzincan ve Erzurum'un Kurtuluşu, cilt: III, s. 213-214, ikinci baskı, Emre Yayınları, İstanbul, 1995.

6. Doğu'da ordu komutanlığı yapan ve o sırada İstanbul muhafızlığında tutuklu bulunan Vehib Paşa'nın, kötülükleri tedkik komisyonu başkanlığına verdiği, Ermeniler tarafından Müslüman ahaliye reva görülen cinayet ve fecâatların anlatıldığı yazılı ifadesi (31 Mart 1335/1919 tarih ve 517 nolu *Vakit* gazetesinden) ile, I. Dünya Savaşı sonlarında, Ermeni mezâlimini yerinde incelemek üzere, yabancı gazetecilerden oluşan bir heyetin başında Doğu Anadolu'ya gönderilen tarihçi Ahmed Refik Bey (Altınay) tarafından, 17 Aralık 1917 tarihinden itibaren İkdam gazetesinde yayımlanan yazılardan bir pasaj: Fahri Çakır, *Elli Yıl Önce Anadolu ve Şark Cephesi Hatıraları*, s. 158-166, Çınar Matbası, İstanbul, 1967.

7. Otuzaltıncı Kafkas fırkasına iltîcâ eden 156. alayın 12. bölük kumandanı mülâzım Nikola'nın, Ermenilerin Müslümanlar aleyhinde tatbik ettikleri fecâyi' ve şenâat hakkındaki ifadeleri: *Askerî Tarih Belgeleri Dergisi*, yıl: 31, sayı: 81, Ağustos 1982, s. 239-242.

Ve nihayet; birinci bölüme dercedilen, *335 Senesi Temmuz Ayı Zarfında Kafkasya'da İslâmlara Karşı İcra Olunduğu Haber Alınan Ermeni Mezâlimi* adlı eserin Fransızca'sı ile, *Askerî Tarih Belgeleri Dergisi'nin* 81. sayısından bazı belgelerin fotokopileri.

Tarihçi ve araştırmacıların rahatlıkla kullanabilmeleri için, pek çok belge içeren eser ve alıntılara herhangi bir müdahalede bulunulmamış, ancak bazı kelimelerin yanına, parantez içerisinde bugünkü karşılıkları verilmiş ve Paşa'nın, karargâhtan aldırıp *İslâm Ahalinin Duçar Oldukları Mezâlim Hakkında Vesâika Müstenid Malumat* adlı eseri içerisinde yayımladığı altmışdokuz fotoğraf konulmuştur.

Son verirken; kütüphanedeki çalışmalarım sırasında ilgi-alaka ve yardımlarını esirgemeyen, Ali Emîrî Kütüphanesi memuru Kadir Araş ve Bayezid Devlet Kütüphanesi görevlilerinden Latif Dinçaslan Beylere teşekkürü borç bilirim.

Ömer Hakan Özalp

BİRİNCİ BÖLÜM
ERMENİ MEZÂLİMİ

İSLÂM AHALİNİN DÜÇAR OLDUKLARI MEZÂLİM HAKKINDA VESİKALARDAN İBARET MALUMAT[11]

Mukaddime: Âtide zikrolunan vukuat hakkında gerek meâlen ve gerek aynen dercolunan vesâikin asılları mahfuzdur.[12]

Bu esnada bizim üçüncü ordumuza gelen malumattan Lenin'in inkılabı sebebiyle Rus efrâdının subaylarını dinlemeksizin kendiliklerinden cepheyi terk ile memleketlerine

---

11 İkinci tab'ı, (İstanbul), Şubat (1)335-(1)919, 68 sayfa, 69 fotoğraf. Eser, Halil Kemal Türközü tarafından sadeleştirilerek -fotoğraflarıyla birlikte- Osmanlı ve Sovyet Belgeleriyle Ermeni Mezâlimi adıyla yayımlanmıştır. Ankara, 1982.
1918'de yapılan ilk baskısı (70 sayfa, 69 resim) Ermenilerce piyasadan ve kütüphanelerden toplattırılmıştır. Fotoğrafları, Ermeni mezâlimiyle ilgili eserlerde kullanılan kitabın bir bölümü ile, Milli Kongre tarafından bastırılan ve Ahmet Hulki Sarel'in Ermeni Meselesi adlı eserine dercedilen (Ankara, 1970, s. 447-478) Documents Relatifs aux Atrocites Commi ses par les Armeniens sur la Population Musulmane adlı Fransızca tercümesinin (İstanbul, 73 sayfa, 69 resim) "Atrocites commises par les forces Armeniennes au Caucase (Kafkasya dahilinde Ermeni askerlerinin zulüm ve vahşeti)" başlıklı kısmının (s. 56-59) tercümesi A. Alper Gazigiray'm OsmanlIlardan Günümüze Kadar Vesikalarla Ermeni Terörünün Kaynakları adlı esere de alınmıştır, s. 486-495, İstanbul, 1982.
12   Burada "(1)333 senesi nihayetinde Rus Kafkas ordusuyla Osmanlı Kafkas orduları grubunun vaziyetini gösteren harita mevcuttur." şeklinde bir not varsa da, eserin yararlandığımız nüshasında sözkonusu harita düşmüş olup, başka nüshasına da ulaşamadığımızdan, bahsi geçen harita alınamamıştır.

gittikleri ve cephede yalnız bazı Gürcü efrâdıyla, Rus askeri birliklerine mensup Ermeni efradı kaldığı anlaşılıyor. Aynı zamanda Rus ordusuyla aynı safta olan Ermeni çetelerinin, cephede Rus kuvvet ve nüfuzunun bertaraf olmasından ve yalnız Ermeni subay ve efradı kalmasından faydalanarak, silahsız ve müdafaasız bulunan İslâm ahaliyi gizli ve aşikar bir şekilde kati-u imhaya başladıkları hakkında İslâm ahaliden belgeli haberler vukubuluyor (Müracaatname dosyası.) İstila altında bulunan mıntıkalardan firar ederek orduya iltica eden ahaliden bazı adamların bizzat hikayeleri dehşet verici olay tarzındadır.

Erzincan havâlisine, meşhur Ermeni sergerdelerinden olup Harb-i Umumi öncülüğünde Doğu Karahisar da İslâmlara karşı vukubulan katliamı tertip ve icra ettiren ve bilahare Ruslar tarafına firar etmiş olan Sivaslı Murad, Erzurum havâlisine Ermeni serdarı Antranik'in, Bayburt'a dahi, Harb-i Umumi hidâyetinde Muş civarında Talori havâlisinde katliam yapan ve bu havâlide ordunun menzillerine ve menzil kollarına taarruzda bulunan Bayburtlu Arşak'ın askerleriyle birlikte geldiği ve katl-i umumi fecî'asını deruhte ettikleri teeyyüt ediyor.

Bu ahval üzerine Kafkas ordularımız kumandam, Rus Kafkas orduları başkumandanı General Perjevalski'ye fî 24 Kânun-i Sâni (1)334 tarih, 7.312 numara ile Suşehri'nden gönderdiği tahriratta, İstanbul'dan aldığı emir üzerine kendisine müracat ettiğini beyan ederek, "Rus ordusunun taht-ı işgalinde ve ordularımın cephesi karşısında bulunan mıntıka-i arazide ikame eden Osmanlı teb'asının gerek yerli ve gerek hariçten gelen Ermeniler tarafından mal ve can ve ırzları(nın) heder ve pâymâl edildiği belgelerden anlaşılıyor, Rus ordusu kumanda heyet-i âliyesinin insanlık anlayışına tamamıyla muhalif olan bu halin insanlık dışı-kabul edilemez olduğu ve bu durumun kumandanlarıyla men'ine ifadesiyle ricada bulunuyor.

Hâşiye

Bu tarihte Brest Litovsk (anlaşma-barış) metni düzenlenmemiş ve henüz müzakerât cereyan etmekte bulunduğu için, Müslüman ahaliye vukubulan tecavüzat Brest Litovsk'taki elçilerimiz aracılığıyla Rus elçileri nezdinde yalnız protesto edilmekle iktifa olunmuştu.

Bu mektuba henüz bir cevap verilmediği ve İslâm ahali aleyhine mezâlim hakkında müracaat kesintisiz eylediği cihetle Kafkas ordusu grubundan Rus Kafkas ordusu kumandanı General Odişelidze'ye de Suşehri'nden 516 numara ve 16 Kânun-i Sâni (13)34 tarih, 818 (numara) ile yazılan tahrîratta aynen:

"Erzincan'da imza edilen ateşkes anlaşmasından sonra mütarekenin şâmil olduğu cephedeki Rus askerlerinin yerden ve denizden geriye nakledilmesi hasebiyle kısmen boşalan ve kısmen de çoğunluk askeriyyesi azalan arazi dahilinde ve Trabzon, Erzurum, Bitlis vilayetlerine bağlı belde, arazi ve yollarda, özellikle Ermeni çetelerinin ve Rumlarla meskun havâlide de Rumların düzenli ve bir program dahilinde olarak ahali-i İslâmiyye'nin ırzına, canına ve malına taarruza başladıkları ve hatta bazı mahallerde katliam icra eyledikleri, bu gibi feci olaylara maruz kalan İslâmlardan hatt-ı fâsılları muhtelif mahallerden geçerek askerlerimize katılan bazılarının ifadelerinden anlaşılmış ve sonunda tarafımıza ilticâ eden iki Rus zabitinin vermiş oldukları ifadeler ile teyit derecesini bulmuştur." denildikten ve General Perjevalski'ye de müracaat olunduğu kaydedildikten sonra bu durumun evâmir-i müşeddede (büyük istişare kurulu) ile men'edilmesi rica olunuyor.

Rus-umum Kafkas orduları başkumandanı piyade Generali Perjevalski'den Osmanlı grup kumandanına gelen 19 Kânun-i Evvel sene 1917 tarih ve 56057 numaralı hukuk metni aynen ektedir:

Trabzon'da Ermeniler tarafından tahrip edilen
Yavuz Sultan Selim'in validesi Gülbahar Sultan'ın türbesi

General Hazretleri;

24 Kânun-i Evvel (13)34 tarih ve 7336 numaralı tahrîrât-ı (hukuk) devletlerinde bulunan isteğe binâen Erzincan mütarekenamesinin (anlaşma) onikinci maddesine istinâden onüçüncü maddenin tamamen tayyı (kaldırma-ilga etme) için bence hiçbir mevcut şüphe olmadığını arz ederim.

"Kumandanı altındaki ordular tarafından işgal edilmiş bulunan sahadaki ahaliyi müslimeye (Müslüman toplum) karşı Ermeni milletine mensup olanlar tarafından icra edildiği taraf-ı âlîlerinden bildirilen mezalim ve harekât-ı nâbecâya (uygunsuz hareket) gelince; bu bapta, hakk-ı harp olarak işgal edilmiş vilayetler eski haline bu madde hakkında hemen tahkikat başlatılmasına ve derinlemesine incelenmesi ve aynı zamanda mezkur vilayetlerdeki Osmanlı teb'asına karşı muhtemel her olay her kötü muamelenin hemen son bulması bu sebeplerin ortadan kalkması için kuvvetli tedbirler alınması ve kötü muamelelerin son bulması hakkında evâmir-i müsta'cele (acil emirler) verdiğimi arzeylerim."

General Odişelidze'den gelen telsiz telgraf dahi ekte aynen eklenilmiştir:

General Odişelidze'nin telgrafı yalnız Erzincan'da bir katliam vukubulmuş olduğunu değil, aynı zamanda bu katliamın tertip ve idare edilmiş olduğunu tasdik eden bir belge hükmündedir. Bu esnada Erzincan'da Sivaslı Ermeni Murad hakim idi ve umum kumandan olarak Fransız miralayı Morel bulunuyordu; şehirdeki asker Ermeni idi. (Erzurum'da esir edilen Rus kale topçu alayı kumandanının *Hatırat*'ında, sahife 7 (ye) müracaat- Erzincan katliamını General Odişelidze'nin bizzat hikaye ve şiddetle nefretini belli ettiği okunacaktır.)

Erzincan'da büyük kıyasla katliam vuku bulduğu muhtelif habercilerin haberleri ile ulaştırılıyor. (Üçüncü ordu mezâlim dosyasına müracaat) ve Erzincan'dan firar eden şahısların kaydedilen ifadeleri de bunu teyit ediyor. General Perjevalski'nin yukarıdaki mektubunda Ermenilerin işgal ettiği yerler

dahilindeki İslâmlara tecavüz ettiklerinin zımnen tasdik edil-
diği görülüyor. Bu esnada Odişelidze'den Kafkas cephesi
Osmanlı orduları kumandanına gelen telgraf aynen ektedir:

Âtideki şayan-ı teessüf vukuatı zat-ı devletlerine kemâl-i
teessür ve elemle arzetmeyi vazifemden addederim: (ekteki
tiksindirici olayları zatınıza tam bir etkilenmişlik ve öfkeyle
arz etmeyi vazifem bilirim)

Güya Müslümanların ihtilal çıkaracağı hakkında bazı
müfsitlerin haber yayması bulunması üzerine Erzincan'da
15-16.I.(19)18'de şehirde bulunan kıtaât-ı askeriyye efradı
(ermeni askerleri) tarafından Müslüman hanelerinde hod-be-
hod (aralıksız) aramalara kalkışılmış ve bu esnada rovalver
(makinalı tüfek) ateşiyle bir neferin yaralanması, şehrin bir
noktasında hane aramalarına karşı mukavemet gösteren Müs-
lümanlar aleyhine silah kullanmaya sebebiyet vermiş ve neti-
cede tarafeynden birçok ölen ve yaralanan olmuş ise de adet-
lerini henüz belli etmemiştir.

"Zabitanın işe müdahalesi kan akıtmaya son vermiş ve kar-
şılıklı çatışmaya mani olmuştur. Vakadan dolayı derin teessüf-
lerimi zât-ı devletlerine beyan eder ve gerek önayak olanlarla
asayişi ihlal edenler hakkında ve gerek Müslümanlar hakkın-
da fesat haberlerde bulunanlar hakkında tarafımdan en kat'i
ve şedit tedbirler alındığını ve mücrimlerin en şedit cezaya
düçar edileceklerini arz ve bütün saygımla kabulünü temen-
ni eylerim."

Numara: 10132

Kânun-i Sâni 1918

Odişelidze

Osmanlı kumandanının General Odişelidze'ye gönderdiği
ekteki mektupta dahi olay zikredilmiştir:

Rus Kafkas Ordusu Kumandanı
General Livetnan Odişelidze Cevaplarına;

"General Hazretleri!..

Evvelden beri araziyi istila eden ötede beride tesbit ve tevsik edilmiş olan Ermeni mezâlimine, bilhassa Rus birinci Kafkas kolordusu karargâhının Erzincan'dan hareketinden sonra, Erzincan ve havâlisindeki köylerde daha büyük ölçeklerde devam edildi. Ermeniler tarafından İslâmlar hakkında yapılan işbu mezâlimin yalnız tenha yerlerde bulabildiklerini katletmekle kalmayıp, son zamanlarda bazı köylerde ahali-i İslâmiyye'nin namusuna tecavüz, mallarını yağma ve hanelerini yakmaya kadar ileri gidildi. Ve ez-cümle 12 Kânun-i Sâni (13)34 tarihinde Erzincan'ın onsekiz kilometre yakınındaki Zenkih köyü, ahalisine her nevi mezâlim icrasından sonra tamamen yakıldı. Bu manada, takriben bir hafta evvel de Ardasa'nın üç kilometre batısındaki Koska İslâm köyü 30 kişilik bir Ermeni çetesi tarafından basılarak, İslâm kadınlarına tecavüz ve köyün yakıldığı anlaşılmıştır.

Başkumandan piyade Generali Perjevalski tarafından 19 Kânun-ı Evvel sene 1917 tarifi ve 56057 numaralı (dördüncü sahifeye müracaat) kanunuyla buyurulan teminata tamamıyla itimat ettiğim halde olayı ve olay sorumlularını kesin bir şekilde ile engellendiğini zât-ı âlî-i kumandânîlerinden büyük bir hürmet ve samimiyetle rica eder ve insaniyyet ve medeniyet namına olarak Osmanlı ahali-i İslâmiyye'sinin ırz, can ve mallarını muhafazaya sarf edilmiş olacak himmet ve inâyet-i devletlerinin müteşekkir-i daimî ve minnettar-ı ebedîsi kalacağımı arzeylerim General hazretleri!"

Olay şiddetini arttırıyor. Acıklı haberler geliyor, bâhusus Rus birinci Kafkas kolordusu karargâhının Erzincan'dan hareketi ve Rus askerinin büsbütün Erzincan'ı terketmesi, Ermeni çetelerinin Erzincan'a hakim olduğunu gösteriyor. General Perjevalski'nin gelen mektubuna cevap verilmekle beraber, mezâlim hakkında elde edilen malumat generale peşin peşin ekte bildiriliyor:

Trabzon'da, boğulmak suretiyle itlaf edilen bir mazlum

Rus Kafkas Orduları Başkumandanı
Piyade Generali Perjevalski Cevaplarına
"General Hazretleri:

"19 Kânun-ı Evvel (Ocak) sene 1917 ve 56054 numaralı cevapname-i devletlerinin vârid-i câyı i'zâz olduğunu (bana ulaşan mektuba) arz ile kesb-i şeref eylerim (hürmetle karşılık veririm.)

"Brest-Litovsk mütarekenamesinin (anlaşmasının) beşinci maddesi Erzincan mütarekenamesinin onüçüncü maddesi yerine kâim olacağına nazaran, bu sonuncu maddenin ol baptaki muvâfakat-ı âlîleri üzerine mütareke metninden ihraç edildiğine dair mütarekenameye şerh verildi. El- yevm Rus orduları taht-ı işgalinde bulunan havâli-i ma'lûmedeki İslâm teb'a-i Osmâniyye'sinin Ermeniler tarafından hiçbir suretle düçar-ı zulm-ü i'tisâf olmamaları için makamât-ı âide ve mes'ûlesine evâmir-i kat'iyye i'tâ buyurulduğunu ve muhtemelü'l-vuku her türlü harekat-ı nâbecâya karşı tedâbîr-i müessire ve şedîdenin ittihaz kılınacağı hakkındaki iş'ârât-ı devletlerine bütün kalbimle arz-ı şükran eylerim. Ahiren serzede-i zuhur olan bazı vekâyi', tedâbîr-i mâni'anın ittihazı ricasıyla Kafkas ordusu kumandanı General Livetnan Odişelidze cevaplarına bildirdiğim gibi, Ermenilerin mezâlimi hakkında elde edebildiğim bir kısım malumatı zât-ı devletlerine de bervech-i âtî arzeylemeyi lüzumlu ve faideli gördüm. Bilhassa, Rus birinci Kafkas kolordusu karargâhının Erzincan'dan hareketinden sonra, nefs-i Erzincan kasabasıyla civar köylerinde Ermenilerin mezâlimi, yalnız tenha yerlerde tesadüf eylediklerini katletmek, gece birtakım haneleri basarak ashâbını öldürmek gibi fecâyi' ve şenâat-ı münferide (işkence ve tiksindirici çirkinlikler) halinden çıkarak bazı kurânın (köylerin) kâmilen ihrâkı (tümden yakılması), kadınların namusuna tecavüz ve yaktıkları köylerdeki ahalini katliam derecesine vardığının kemâl-i teessürle (tam bir etkilenmişlikle) simâ'-ı devletlerine îsâlini vazifeden addeyledim (bunu devlete iletmeyi görevim bildim.) Bu cümleden olarak 12 Kânun-ı Sâni sene (l)334'te

Erzincan'ın onsekiz kilometre cenûb-ı garbisindeki (güneyba-
tı) Zenkih karyesi Ermeniler tarafından âkıbet-i elîmeye (kötü
sona) uğratılmış ve takriben bir hafta evvelisi de Ardese'nin
üç kilometre cenûb-ı garbisinde Koska İslâm karyesi otuz kişi-
lik bir Ermeni çetesi tarafından basılarak insaniyet ve beşeri-
yeti dil-hûn (insanın içini kan ağlatacak) edecek şenâyi' (çir-
kin fiiller) ve fecâyi' (işkence) irtikap edildikten sonra karye
(köy) de ihrak (yakılmıştır) edilmiştir. Rus Kafkas ordusunun
berâyı istirahat köylere çekilmesiyle işbu ordu cüz'ütamlarının
istihlaf eden, kısmen memâlik-i müstevliye halkından bulunan
Ermeni kıtaâtının bu kabil vekâyi'a karşı emr ü nehy-i devlet-
lerini fi'len ne derece hulus ve muhabbetle ifa edebilecekleri-
nin takdirini mine'l-kadim bu hususta hâiz oldukları fikr-ü
kanaât-ı âliye ve nâfizenin takdirat-ı muhikkasına terk ü hava-
le ve tedâbîr-i ciddiye-i mâni'anın tesrî'-i ittihazı hususunda-
ki karar-ı musîb-i devletlerine intizar eyler ve bu münasebet-
le kadîm ve samimi olan ihtiramâtımın kabulünü rica eylerim,
general hazretleri!"

(İşbu mektupta mezkur vekâyi' hakkında üçüncü ordu
mezâlim dosyasına müracaat.)

Bu mektuptan sonra toplanan malumat da ayrı ayrı hem
General Perjevalski'ye hem General Odişelidze'ye Kafkas cep-
hesi Osmanlı orduları kumandanı tarafından aşağıdaki gibi
yazılıyor:

Suşehri'nden
29.1.(13)34

General Hazretleri;

Rus orduları işgal-i askerîsi altında bulunan memâlik-i
Osmâniye'deki teb'a-i İslâmiyye hakkında Ermeniler tara-
fından mütemadiyen icra edilegelmekte olan zulüm ve i'ti-
safâtın (bozgunculuk) ne derece feci ve elîm olduğunu gös-
teren ve bu defa haber alınan bazı vekâyi'i (olayları) de pek
azîm bir hüzn-ü teessürle simâ'-ı devletlerine îsâle mecbur

olduğumdan dolayı müteessirim. Rus kumanda hey'ât-ı âli-
yesinin ve hür Rus ordusunun hissiyat-ı ulviyyesine tama-
men münâfî olduğundan emin olduğum bu halin bir an evvel
önüne geçmek için ortada mübrem ve fakat fikr-i medeniyet
ve insaniyetle meşbû' bir lüzumun bütün kuvvetiyle elyevm
hüküm sürdüğüne muhlisleri kadar zât-ı devletlerinin de kâil
olduğu şüphe ve tereddütten bitamâmihâ vârestedir.

Trabzon İslâm mezarlığında yapılan tiyatro

1. Anaslin Zazalar karyesi ahalisinden olup Erzincan'da ikâmet eden Kara Mehmed'in oğlu ile dört refiki (arkadaşı) mâh-ı hâl evâilinde Haşhaş değirmeninde Ermeniler tarafından parçalanmışlardır;

2. Erzincan'da Demirciler civarında Kürt Mehmed Ağa'ya Ermeniler taarruz etmişler ve aynı mahallede ikâmet eden bir İslâm kadınını cebren (zorla) alıp götürmüşlerdir;

3. Mukaddimâ Erzincan'da belediye katibi bulunan Mehmed Efendi'yi Ermeniler esir alarak bir semt-i meçhule (bilinmeyen bir yere) götürdükleri gibi, vâlidesiyle zevcesini ve dört yaşındaki çocuğunu parçalamışlardır;

4. Ermeniler, Ardoslu Gülbahar oğlu Veysi'nin zevcesini cebren almak istemişler ve muhalefeti üzerine Veysi'yi katleylemişlerdir;

5. Ermeniler, Mezraa karyesinde Şaşo'nun Hüseyin oğlu Dursun'u yine kendi hanesinde katletmişlerdir;

6. Paçiçli Mahmud oğlu İsmail Ermeniler tarafından öldürülmüştür;

7. 12 Kânun-ı Sâni (l)334'te Ermeniler Geleraş karyesini basarak, onyedi Müslümanın kollarını bağladıktan sonra kurşuna dizmişlerdir;

8. 7 Kânun-ı Sâni (13)34'te, Rus elbise-i askeriyyesini lâbis (rus elbisesi giyen) Ermenilerin Karadeniz sahilinde, Ful kasabasında elliye yakın kadın ve erkeği Trabzon cihetine götürdükleri ve bunlardan, Şarlıpazarı'nın dört kilometre cenûb-ı şarkîsindeki Şah Melek karyeli Çakıroğulları'ndan Hüseyin Çavuş'un cenazesi(nin) bilahare Ful deresinde bulunduğu anlaşılmıştır;

9. Şarlıpazarı'nın yedi kilometre cenubundaki (güneyindeki) Kızılağaç köyünden iki İslâm'ın, Ermeniler tarafından elleri ve kolları bağlanmış ve sonrasında süngülenmiş oldukları halde cesetleri bulunmuştur;

10. Karslı Rum milletine mensup bir zabit(asker) birkaç Ermeni ve Rum askerlerini de teşvik ederek, Ful

kasabası camiinin minaresine çıkmış ve attıkları silahların mermileri kasabada dolaşan dört Müslümana tesadüfle vefatlarını mucip(tesadüfen ölmelerine neden) olmuştur;

11. Torul'un Erikler karyesinden olup Görele'de mutavattın bulunan Cenbelioğulları'ndan Vasil ve Kasti, Rum ve Ermeni askerleriyle civar kurâdaki ahali-i İslâmiyye'yi katliama başlamışlar ve bu kıtâle Ful kasabasındaki Rus askerleri de maatteessüf (istemeden) kısmen iştirak(etmiş) ve bu vekâyi' esnasında kadınlara alenen icra-yı şenâat (çirkin eylemlerde bulunmuşlardır) eylemişlerdir;

12. Bir aydan beri Rus asker üniforması altında Rum ve Ermeni çeteleri Şarlıpazarı'nın garbında Nefs-i Şarlı, Akkilise, Eynesil karyeleri ahali-i İslâmiyye'sini kati, emval ve eşyalarını yağma ve namuslarına tecavüz etmişlerdir;

13. 5 Kânun-i Sâni (Ocak) (1) 334 tarihinde Çavuşlu'nun yedi buçuk kilometre cenûbundaki Kırıklar karyesini ve Görele şarkında, Filizoğlu ile Gögeli arasında bulunup Aralıkos tesmiye edilen İslâm köyünü Ermeni ve Rumlardan mürekkep çeteler basarak yağma etmişlerdir;

14. Elli kişilik bir Ermeni çetesinin Ardese'yi basarak kasabayı yağma ve çarşıyı ihrak eyledikleri istihbar (haberi gelmiştir) edilmiştir.

Ittılâ'-ı devletlerine arzettiğim bâlâda münderiç vekâyi', vesâika ve kanaata müstenit haberlerden muktebes olup vukuuna cezm-i kavî hâsıl olmayanların zikrinden sarf-ı nazar edilmiş ve malumat alınamayanların mevcut olabileceği de vâreste-i arz bulunmuştur. Husûsât-ı ma'jûza hakkında tedâbîr ve mukarrerât-ı âtiye ittihaz ve icraât-ı âcile ve şedide tatbik buyuracaklarını tamamen ümit ettiğim halde ihtiramât-ı fâika-i derûniyemin kabulünü ricaya müsâraat eylerim general hazretleri!

Vekâyi'in teâkub ve kesb-i vehâmet ettiği ve Rus kıtaâtının terhisi hasebiyle, Rus kumanda hey'âtının vekâyi'in önüne geçemediği görülüyor. İkinci Türkistan kolordusu karargâhının Kelkit'ten hareketi o havâliyi de bir sahne-i kıtâle çevirip, hatta Kelkit'teki mütareke komisyonu heyetinin hayatları(-nın) da tehlikede olduğu anlaşılıyor. Bu fecâyi' ve hâdisâta bir an evvel nihayet verdirilmesi için tarafeynce tedâbîr ittihazı Osmanlı orduları kumandanlığı tarafından teemmül ve Rus kumandanlarına aşağıdaki gibi teklif ediliyor:

(Üçüncü ordu mezâlim dosyası)

Suret

Numara: 815   Suşehri'nden
2. II. (13)34

General Hazretleri!

Memâlik-i Mahrûse-i Şâhâne'nin taht-ı istilanıza giren eczayı asliyesinde mütemekkin ahali-i İslâmiyye'nin, Rus askerlerinin çekilmesiyle ve yerlerine Ermenilerin kâim olmasıyla uğradıkları mezâlim ve i'tisafâtın pek ilerilere vardığını ve Müslümanları diri diri yakmak, yek-diğerine bağlayarak kurşuna dizmek gibi tüyleri ürpertecek cinayâtın birbirini vel-yü takip edegelmekte bulunduğunu istihbar ederken hissettiğim âlâm-u te'sîrâtın hadsiz ve keyfiyetten zât-ı devletlerini haberdar eylerken de elemlerimin nihayetsiz olduğuna itimat buyurmanızı hâssaten rica ederim.

İşbu mezâlimin emr ü tembih ile önünü almak zamanının geçtiğine kanaat hâsıl buyurduktan sonra, bu bapta tarafeynce ittihazı lazım (yapılması gereken) gelen tedâbîr-i âcile (acil tedbirlere) ve müessirenin suret-i tatbikinde ihmal buyurulmayacağına hiç şüphe yoktur. (Olaylardan etkilenmiş biri olarak bu isteğimin ihmal edilmeyeceğini umuyorum.)

29.1.(13)34 tarih, 838 numara ile fecâyi'-i mümâsilenin (benzer vahşet ve işkenceler) gittikçe tevessü' (çoğalmakta olup) etmekte olduğunu ve hatta ikinci Türkistan kolordusunun Kelkit'ten müfârakatını (ayrılmasına) müteâkip, orada bulunan muhtelit komisyon azalarının da hayatlarının emin olacağının iddiaya değer yeri olmadığını zikr-ü beyandan sonra, yed-i ihtiyârda bulunmayan esbâbdan dolayı, Rus askerlerinin çekildikleri menâtıktaki ahali-i mazlûmenin muhafaza-i ırz-u mâl ü canları mevzu-i bahs oldukta, tensip buyurulacak suret-te tarafımdan ifayı muâvenet imkanının her daim mevcut bulunduğunu zât-ı devletlerine iblâğ (iletir) ile kesb-i şeref eder (şerefle takdim eder) ve bu münasebetle takdim ettiğim ihtiramât-ı derûniyemin kabulünü rica eylerim general haz-retleri!

Erzincan'da Odabaşı mahallesi ahalisinden olup
Ermeniler tarafından gözlerine süngü sokularak bir suret-i fecî'ada
şehid edilen Müslümanlardan

General Perjevalski'ye gönderilen yukarıdaki mektubun bir sureti de General Odişelidze'ye gönderiliyor. Ve biçare kalan Osmanlı ahali-i İslâmiyye'sine karşı kıymetli yardımı rica ediliyor.

Erzincan'daki katliamın suret-i icrası hakkında menâbi'-i muhtelifeden (çeşitli haberlerden) malumat almıyor. Bu umumi kıtâlin pek feci surette cereyan ettiği hakkındaki istihbarat yek-diğerini teyit ve tevsik ediyor. Fecâyi' o derece şenâatla (çirkinlikle) devam ediyor ki, memeden kesilmemiş çocukların katli, hâmile kadınların karınları yarılarak çocuklarının çıkarılması, insanların diri diri yakılması, bâkir(e) kızlara her türlü şenâat ve rezalet tatbik edildikten sonra parçalanması ve birçok insanın evlere doldurularak yakılması gibi mezâlim ve fecâyi'a tesadüf olunuyor.

Erzincan asâkiri kumandanı miralay Morel'den, Osmanlı karargâh-ı umumisine iblâğ edilmek üzere Refahiye Rus mütareke komisyonu azasından Çabliknin'e verilen ve aynen neşrolunan telefonname cidden câlib-i dikkat (dikkat çekici) ve ehemmiyettir. General Odişelidze'nin yukarıdaki telgrafıyla mütebâyin (ortada) olan bu telefon fecâyi'i bütün gerçekliğiyle isbat ediyor. Dahilinden asker üzerine ateş edilen bir hanenin ihrak (yakıldığı) edildiğini bildiriyor ki, bu haneye yüzlerce kadın, çocuk, ihtiyar doldurularak ihrak edilmiştir. Bâhusus Erzurum'da esir edilen ikinci Kafkas topçu kumandanının *Hatırat*'ından (sahife 7(ye) müracaat.)

General Odişelidze'nin vaka hakkındaki hikayesi ve bilahare Erzincan'ın işgalinde Türk kumanda heyetinin ve kıtaâtının meşhûdâtı (şahit oldukları) ve bu fecâyi'a maruz kalanlardan bir kısmının mevcut fotoğrafları ve alelhusus (özellikle) Alman, Avusturya gazete muhabirlerinin memâlik-i müstevliyedeki (mevcut yerlerdeki) Ermeni fecâyi'ini kayd-u tesbit etmek üzere icra ettikleri seyahat esnasında Erzincan'da Ermeniler tarafından katledilip kuyulara doldurulan mazlûmînin, müşahede maksadıyla ihraçları esnasında muhabirler de hazır oldukları halde alınan fotoğrafları, fecâyi' ve mezâlimi bütün çıplaklığıyla tesbit ve tevsike kafi geliyor. General Odişelidze'nin hikayesi veçhile (hikayesine binaen) kuyulardan seksener seksener mazlum cenazeleri çıkıyor ve bu kuyuların adedi bazen ikiyüzü buluyor. Türk kıtaâtının Erzincan'ı işgali esnasında nefs-i kasaba ve civarında topladığı sekizyüzü mütecaviz cenaze, bu kuyulardakinden hariçtir. Çardaklı boğazından Erzincan'a kadar olan bütün köylerin kamilen ihrak (tümden yakılması) ve tahrip edilmiş ve sükkânı(nın) nâbedîd (ortadan kaybolmuş) olmuş ve bilcümle meyve bahçelerinin mahv-u tahrip edilmiş olduğu müşahedât raporlarından anlaşılmıştır. Kuyularda medfun bulunan şühedânın cesedleri ve bir virane haline gelmiş olan Erzincan ve ovası bütün cihan-ı medeniyetin enzâr-ı ıttılâ'ına vaz'a hazırdır. (Bilginize sunarım.)

Miralay Morel'in Çapliknin'e Çektiği Telefon

Âtideki (ekte olan) şeyin Osmanlı ordu kumandanlığına arzını sizden rica ederim: Erzincan'da 15-16 Kânun-i Sâni'de garnizonumuz asâkiriyle şehrin yerli Müslüman ahalisi arasında müsâdeme (çatışma) vukubuldu. Müslümanlardan yüzü mütecâviz maktul vardır ve dahilinden askerimiz üzerine ateş edilen bir hane ihrak edilmiştir.

Kürtlerin Erzincan-Erzurum yolu üzerindeki askerimize, katarlarımıza ve ambarlarımıza mütemadi taarruzâtı ve Kürtlerin de şehirli Müslümanlar muavenetiyle (yardım) Erzincan'a taarruz edeceklerine dair vâki olan istihbarat ve şehirli ahalinin pencerelerden asâkir ve zabitan üzerine ateş etmesi bu müsâdemeye zemin teşkil etmiştir ki, bu ateşe ben ve erkân-ı harbiye reisi de maruz kaldık. Silah saklandığı mazlum bir hanenin taharrisi (ev araması) esnasında bir Türk tarafından bir neferimizin cerhedilmesi (yaralanması) müsademenin(çatışmanın) zuhuruna sebep olmuştur. Neferin yaralanması haberi asker arasında düşmanlığın artmasına sebep oldu ve çatışma hasıl oldu. Müsâdeme zabit devriyeleri ve aklı başında olan efrad muavenetiyle (yerli halkın yardımıyla) teskin edildi. Rusya ile Türkiye beyninde münasebât-ı vidâdiyenin (sevgi bağının) teessüs (devam) etmekte bulunması hasebiyle, bâlâda (malum yerde) ma'rûz mûris-i elem ahvalden (elde olmayarak ortaya çıkan olaydan) dolayı amîk teessüfümü (özrümü) ve bu gibi ahvâlin adem-i tekerrürü için (tekrarlanmaması için) tarafımdan her türlü tedâbîr ittihaz edilmiş bulunduğunu Osmanlı karargâh-ı umumisine arzetmenizi rica ederim."

Erzincan asâkiri kumandanı

Erkân-ı Harbiye Miralayı

Morel

Ermenilerin Erzincan kasabasından toplayıp kışlalara götürdükleri ve orada ef'âl-i leîmeyi tatbikten sonra Harbiye kışlası önünde şehid ettikleri Pakize Hanım

Hâşiye

Yüzbaşı Çapliknin, telefonla âtideki teklifatta bulunuyor:

"Bu hali biz, yani muhtelit (karma) komisyon müzakere ettik ve işin tahkiki için vakanın cereyan ettiği muhitle temasta bulunmayı gerek şu hal dolayısıyla ve gerek ahvâl-i müstakbele nokta-i nazarından muvafık gördüğümüzden, kumandanlar beyninde ittifak hâsıl olursa Erzincan'da in'ikâdı (sonuç) daha muvafık bulduk. Bunu da kumandan paşa hazretlerine arzetmenizi rica ederim."

Yüzbaşı Çapliknin

Yerli ahaliyi mesai-i sâkitâneye davetime rağmen Erzurum-Erzincan tarîki üzerinde Kürtlerin askere, nakliyata, ambarlara mütemadi taarruzlarından dolayı tarîkin tarafeyninde bulunan ve Kürt eşkiya çetelerine yataklık eden köyleri tahrip suretiyle tedâbîr-i te'dîbiye ittihazına mecburum.

"Türkiye ile Rusya arasında teessüs (devam) etmekte bulunan münasebât-ı dostâne hasebiyle, bâlâdaki mezkur tedâbîre müracaat mecburiyetinde bulunmaklığımdan dolayı teessürât-ı arnikamı (kötü hissetme) ve Kürt aşiret rüesâsma (reislerine) taarruzât-ı mezkûreden sarf-ı nazar edilmesi için tembihat-ı lâzimede bulunulmasını Osmanlı karargâh-ı umumisine iblâğ buyurmanızı arz ve istirham eylerim."

Morel

Mütareke komisyonu azalarının Refahiye'de in'ikâdı (sonuç) esasen takarrür etmiş bulunduğundan, mahallinin tebdiline Türk ordusu kumandanlığınca lüzum görülmeyerek, yalnız mütareke komisyonu azasından iki kişinin Erzincan katliamı hakkında mahallinde tedkikatta bulunmak üzere Erzincan'a gidip gelmelerinin orduca muvafık görüldüğü hakkında âtideki telefon yüzbaşı Çapliknin'e veriliyor.

Refahiye'de Rus Mütareke Komisyonu Azasından
Yüzbaşı Çapliknin'e

Suşehri'nden

5.II.(1)334

"Üç numaralı komisyonun Refahiye'de in'ikâdı esasen takarrür etmiş bulunmasından dolayı kumandan paşa hazretleri bunun tebdiline lüzum görmemektedirler. Yalnız miralay Morel'in telgrafnamesinde bildirdiği Erzincan katliamının mahallinde tedkiki için zât-ı âlîleri ile erkan-ı harp yüzbaşı Talat Bey'in Erzincan'a gidip gelmek üzere memur edilmenizde ordumuz için bir mahzur görmediklerini Rus Kafkas ordusu kumandanı General Livetnan Odişelidze'ye telsiz telgrafla yazdılar ve mütalaalarını sordular, alınacak cevabı zât-ı âlîlerine bildireceğim; ihtiramâtımı kabul buyurunuz efendim."

Ordu Erkân-ı Harbiye Reisi

Miralay Ömer Lütfi

Mütareke komisyonu azasından iki kişinin Erzincan'a gönderilmesi hakkında General Odişelidze'ye telgraf veriliyor.

İkinci Türkistan kolordusu karargâhının ve fırka karargâhının Kelkit'ten hareketleri hasebiyle Kelkit'te hayatlarının tehlikede bulunduğunu anlayan mütareke komisyonu azalan müşterek mazbata (yetki) ile Osmanlı kıtaâtından bir müfrezenin Kelkit'i işgal eylemesi için bervech-i âtî müracaatta bulunuyorlar:

Kelkit Muhtelit Mütareke Komisyonunun Kararnamesidir

Kelkit

4.II.(13)34

İkinci Türkistan kolordusu kıtaâtının kolordu ve fırka karargâhlarının azimetinden sonra Kelkit kasabası dahilinde ve civarında bulunan eşya, evrak mağazalarını, ahaliyi ve Kelkit mütareke komisyonunun emniyetini eşkıyaya karşı te'mîn ve tesis etmek üzere Kelkit'e Rus kıtaât-ı muntazamasının vürûduna veyahut her iki taraf karargâh-ı umumilerinden vürûd edecek emre kadar miktar-ı kâfi Türk kıtaâtının celbine karar verdik.

Bu kıtaât, Rus kıtaâtının vürûduyla geriye çekilecektir.

Türk kıtaâtının celbi Rus ordusuna karşı tecavüzî bir mahiyeti hâiz değildir.

İşbu kararname Türkçe ve Rusça olarak yazılmış ve tarafeynce teâtî (mübadele)edilmiştir.

4 Numaralı Muhtelit Mütareke Komisyonu Azaları

Kaymakam

Pozmekof   Vorofof   Rüşdi   Cemil Câhid

Erzincan'da Odabaşı mahallesinde Kürt muhacirinden olup
yek-diğerine bağlanarak katledilen ihtiyar, kadın, çocuk ecsâdı
(cesetler) kümesi

Refahiye mütareke komisyonundan iki kişinin Erzincan vekâyi'ini mahallinde tedkik etmek üzere General Odişelidze'ye yazılan telgrafa bervech-i âtî (aşağıdaki gibi) cevap alınıyor:

"Miralay Morel'in yüzbaşı Çapliknin'e gönderdiği mektupta münderic iş hakkında icrayı tahkikat etmek üzere muhtelit (karma) komisyonun Erzincan'a i'zâmı imkanı hususundaki suâl-i devletlerine maatteessüf muvâfakat edemeyeceğimi arzeylerim; çünkü, mütareke mukavelenamesi ahkamına göre mezkur komisyonun salahiyeti ancak mukavele-i mezkûrenin tatbik-i ahkâmı esnasında zuhur edebilecek su-i tefehhüme ve mıntıka-i bîtarafîde zuhur edebilecek hâlâta münhasırdır. Binaenaleyh ben, bu komisyonların tevsî'-i salahiyetlerine taraftar olmadığım gibi, istikbalde her iki taraf için su-i misal teşkil etmesini de arzu etmem ve bundan maada evvelce 23 Kânun-ı Sâni 1918 tarih ve 15132 numaralı telgrafnamede arzettiğim veçhile Erzincan vakasının önü(nün) alınması ve mücrimlerin en şedîd cezalara çarptırılması için tarafımdan en kat'i tedâbîr ittihaz edilmiştir. İhtiramât-ı arnikamın (önemli bildirimimin) kabulünü temenni eylerim."

numara: 15147   25 Kânun-ı Sâni 1918

Odişelidze

Refahiye muhtelit mütareke komisyonunun yukarıdaki mazbata ile vukubulan teklifi orduca kabul olunuyor ve Kelkit'e bir müfreze gönderiliyor. Keyfiyetten General Odişelidze bervech-i âtî telgrafla haberdar ediliyor:

Rus Kafkas Ordusu Kumandanı
General Livetnan Odişelidze Cevaplarına
numara: 827   *Suşehri'nden*
                                                         6.II.(13)34

"3 Kânun-ı Sâni (13)34 günü öğleden sonra saat 3'te ikinci Türkistan kolordusu ve beşinci Türkistan fırkası kumandanlarının maiyyetleriyle beraber Kelkit'ten azimetlerinden itibaren, kendilerini Ermeni çetelerinin tecavüzatına karşı taht-ı tehlikede gören dört numaralı muhtelit komisyon azası, emniyetlerinin istihsali, Kelkit ha- vâlisindeki ahali-i mazlûmenin hayatının ve erzak ve eşya depolarının muhafazası için Kelkit'in bir Osmanlı müfrezesiyle işgaline müşterek bir mazbata ile lüzum gösterdiklerinden, ehemmiyet ve müsta'celiyet-i maslahata binaen arzularını derhal is'âf (rica) eyledim. Bunun hüsn- i telakki buyurulacağına tamamen emin olarak ihlasât ve ihtiramât-ı mahsûsamın kabulünü rica eylerim."

General Odişelidze yukarıdaki telgrafa zîrdeki cevabı veriyor:

"Şubat 1334 tarih ve 827 numaralı telgrafname-i devletlerini aldım. Gerek komisyon azalarının ve gerek ahali-i mahalliyenin, her kim tarafından olursa olsun, emniyetlerine vâki olacak taarruzâta karşı ittihaz-ı tedâbîr (hızlı tedbir) buyurulduğundan dolayı teşekkürât-ı arnikamı arzeylerim. Bununla beraber, şunu da arzeylerim ki, yakın zamanda Kelkit'e mürettep kıtaat gelecektir. Binaenaleyh, Kelkit'teki kıtanızın ifa etmekte olduğu vazife, bu mıntıkaya gelecek Rus kıtaâtına terettüp edeceğinden, vürûdlarında Kelkit'teki kıtanızın geriye celbini istirham ve ihtiramât-ı kâmilemin kabulünü temenni eylerim."

numara: 1518   21 Kânun-i Sâni 1918

Odişelidze

Erzincan, Bayburt, Trabzon kasabaları dahilinde ve havâlisindeki ahali-yi müslimeye tatbik edilen fecâyi' (işgal) ve mezâlim (zulüm) hakkında yeni malumat geliyor. Ermenilerin zulm ve isâ'etinden (eziyet) firara muvaffak olup orduya ilticâ edenler pek acıklı haberler veriyorlar. (Üçüncü ordu mezâlim dosyası) bu malumatın hülasası aşağıdaki telgrafla Odişelidze'ye iblâğ olunuyor:

Rus Kafkas Ordu Kumandanı
General Livetnan Odişelidze Cevaplarına
numara: 967   *Suşehri'nden*
                                                    11.II.(13)34

General Hazretleri!

24 Kânun-i Evvel 1918 tarihinde 15132 numara ile telsizden aldığım telgrafname-i devletlerinin mazmûn ve mefâdı malum-ı âcizânem oldu. Ermeni mezâliminin ve bilhassa Erzincan kıtâline sebebiyet verenlerin şiddetle tecziye (ceza) buyurulacağı hakkındaki va'd-i devletlerine karşı pek amik (içten) teşekkürâtımı takdim etmekle kesb-i şeref ettiğimi arz ve ancak Ermenilerin kılıncı altından kurtularak tarafımıza ilticâ ve müstemendâne istimdat ve istiâne için tavassut talebiyle gelen ve hadisat-ı rûzmerreye şahit olan eşhasın verdikleri malumat ile zât-ı devletlerine bildirilen vekâyi'in keyfiyetçe kısmen müşâbeheti olmakla beraber kemiyyeten birbirinden pek uzak olduğunu arzetmekliğime müsade buyurmanızı rica ederim.

1. Kânun-i Sâni evâilinde Ermenilerin, yollarda çalıştırılacağı bahanesiyle Erzincan kasabasından toplayıp götürdükleri altıyüz zavallı Müslümanın semt-i azimeti meçhul ve fakat âkıbet-i elîmeleri vâzıhtır; (açık-anlaşılır)

2. 31.1.(13)34'te ve tarihinize nazaran 18 Kanun-i Sâni (1) 918 tarihinde Erzincan'da bulunan Ermeni sergerdelerinden Sivaslı Murad'ın emriyle şehir dahilinde gezdirilen devriyeler, umum Müslümanlara Erzincan kasabasının Kilise meydanında toplanmasını ilan ederler. Esbâbını anlamak için müracaat eden heyet-i ihtiyâriyeyi çete reisi Murad derhal tevkif ve idam ettirmiş ve müteâkiben Ermeni devriyeleri ahaliyi evlerinden çıkararak posta, telgrafhaneye ve oradan kasaba dahilindeki Vâhid Bey'in konağına götürmüşler. Gece saat üçte binbeşyüz Müslümanla hıncahınç doldurulan konağın her tarafına Ermeniler tarafından ateş verilmiş, yanmamak için kendilerini pencereden atmak isteyenler dahi konağı abluka etmiş bulunan Ermenilerin kurşun ve süngüsüyle öldürülmüştür;

3. Bu maanda, aynı gecede, kasaba dahilindeki Kale kışlasında ve üç büyük konağa kadın ve çocuk doldurularak yakılmıştır. Kasabada bine yakın haneyi tahrip ve ihrak eylemişlerdir;

4. Bayburt'ta bulunan Ermeni sergerdelerinden Arşak civar Müslüman köylerine 7.II.(13)34'te Bayburt'ta toplanmaları hakkında haber göndermiştir. Akıbeti malum olan bu halden tevahhuş(korkma-ürkme) eden bir kısım ahali berâyı iltica ve istimdat Kelkit'teki mütareke komisyonu nezdine kadar gelmişlerdir. Celp ve avdete(geri dönen) icabet edenlerin neye uğradıkları meçhul değildir;

5. Köse ile Trabzon caddesi üzerinde yirmiüçüncü Türkistan alayının re'ye'l-ayn (çıplak gözle) gördüğü İslâm maktullerinin adedi alayın tüylerini ürpertecek dereceyi bulmuştur;

6. Velhâsıl, Rus ordusundan Ermeni ırkına müdevver arazide ahali-i İslâmiyye'nin yeni doğmuş çocuklara kadar âmmeye şâmil (toplumsal) olan kıtali Trabzon çarşı ve pazarının nehb ü ihrâkı (yağma ve yakma), Görele ve Trabzon reji tütünlerinin gasbı, Rize'nin alev içinde kalması ve buna mânend bütün fecâyi' ve vekâyi' zât-ı devletlerinin nazar-ı merhamet ve muâvenetini celp için âcizlerini müracaata ve icraat-ı müessire ve âcilenin hemen tatbiki için de bast-ı temenniyata mecbur kılmaktadır;

7. Erzincan'daki reis-i usât Ermeni Murad'ın Mamahatun vasıtasıyla Bayburt'taki Ermeni sergerdelerinden Arşak'a verdiği talimat ve Arşak'ın yine aynı suretle Murad'a vukubulan tebligatından, memâlik-i müstevliyedeki ehl-i İslâm'ın Ermeniler tarafından kâmilen kati u imhasının tasmîm edildiğine bizce şek ve şüphe götürür yer bırakmamıştır.

"Bugün mukadderatı Ermenilerin yed-i zulm (zulm eli) ve esaretine terkedilen Osmanlı Müslümanlarından hiçbirinin ırz ve mal ve canı zerreten emniyette değildir. General Hazretleri! Tedâbîr-i mâni'a ve kâhire ile bu mezâlimin önüne geçmek için perverde buyurulan hiss-i ulvî-i insaniyetkârînin meftun ve minnettar-ı dâimîsiyim. Şu kadar ki, bu niyet-i hâlisanın fiilen müessir olması için icraat ve tatbikat ile maksadın telif ve bu baptaki imkan ve kabiliyetin halk-u ihyâsı lazımdır ki, zât-ı devletlerinden kemâl-i hürmetle ricaya müsâraat (acele girişim) ettiğim cihet de budur."

Erzincan'da su kuyusuna at(û)mak suretiyle şehit edilen ve bilahare kuyudan çıkarılan ellidört yaşındaki Mahmud Ağa

Her taraftan katliam haberleri geliyor. Rus efradının tamamen memleketlerine avdeti, arazi-i müstevliyedeki Ermeni çetelerinin vaziyete hakimiyeti, Rus kumanda heyetinin acz-i tâmm (görmezden gelme) içinde bulunduğu görülüyor. Bu suretle ahali-i İslâmiyye'nin mürettep bir plan dahilinde imhasına doğru gidildiği anlaşılıyor. Köyler mahv-u tahrip ediliyor; emval nehb ü gâret (yağma-yağmacılık) olunuyor. Osmanlı Kafkas orduları kumandanı kıtaatından bir kısmını ileri sürmek mecburiyetinde kalıyor ve âtideki telgrafla keyfiyeti Rus Kafkas orduları başkumandanı General Perjevalski'ye iblâğ eyliyor:

"Rus hatt-ı fâsılı gerisindeki arazide bulunan Rus kıtaât-ı askeriyyesinin geri çekilmiş bulunması menâtık-ı ma'rûzadaki (bölgedeki yerlerde) teb'a-i ahalimizin Ermenilerin dest-i mezâlimine terkini (Ermeni zulmüne terkedilmiş) ve buralarda emn ü asayişin (emniyet) tamamen inhilâlini (dağıldı-bitti) mûcip oldu. Tevârih-i muhtelif ede Ermeni vekâ- yi'-i cinâiye (öldürme) ve ef'âl-i şenâatkârânesi (kötü fiiller) hakkındaki ma'rûzâtıma şunu da arzetmek isterim ki asayişsizlik gün-be-gün tezayüt (artma) etmekte ve elde edebildiğim malumata nazaran Erzincan, Ardese, Gümüşhane, Vakfıkebir, Polathane havâlisi birer sahne-i katliam olmaktadır."

Erzincan asâkiri kumandanı erkan-ı harbiye miralayı Morel tarafından Refahiye mütareke komisyonu Rus azalarına gönderilen ve yüzbaşı Çapliknin'in imzasıyla Refahiye'den telefonla acizlerine aynen verilen telgraf mündericatından, 15-16 Kânun-i Sâni-i Rûmî gecesi nefs-i Erzincan kasabasında pek elîm vekâyi' cereyan ettiğini azîm hüzn-ü matemle öğrendim. Ma'rûz (gelen-arzedilen) mektupta, silah saklandığı maznun (zan) olan bir hanenin taharrisi esnasında güya bir Müslüman tarafından bir neferin cerh edilmiş olmasının vakaya sebep olduğu ve Erzincan'daki asâkirin asabiyetleri feverân ederek, Müslümanlardan (bendenizce cürümsüz ve kabahatsiz) yüzü mütecaviz nüfusun katledildiği ve bir hanenin ihrak olunduğu itiraf edilmektedir. Bugün Erzincan'da Rus kıtaâtı mevcut olmamasına ve yirmibeş seneden beri Erzurum, Van ve bilhassa Bitlis vilayetleri dahilinde harekât-ı ihtilalkârîsiyle hükümetin huzur ve rahatını selbetmiş ve bi'ddefeât mukâteleye bâis olmuş ve gıyâben mehâkim-i Osmâniye tarafından idama mahkum edilmiş eski Ermeni çete rüesâsından Sivaslı Murad nam şeririn başına topladığı hempâlarıyla yed-i idareyi ellerine almış bulunmasına ve miralay Morel'in şekilden başka bir mahiyeti ve emr ü nehyi ifaya kudreti bulunmamasına nazaran bu hadise-i ahîrenin de 24.XI.(13)33, 22.1.(13)34, 26.1.(13)34, 2.111.(13)34 tarih ve 7212, 632, 738, 816 numaralı muharrerât ve telsiz ile verdiğim(1)334 tarih ve 917 numaralı telgrafname-i âcizânemde bast u tafsil (genel-geniş açıklama) eylediğim vekâyi' ve hadisatın mâba'di olup Ermenilerin mürettep bir plan dahilinde birbirini vely ü takip eden ve edeceğinden zerre-i şüphe olmayan ihrâk-ı büyüt, (evleri yakma) katl-i nüfûs, (nüfusu katletme) nehb-i emvâl (malı gasp) ve hetk-i ırz (ırza geçme) gibi cinayetlerle Osmanlı ehl-i İslâm'ının mahv-u ifnâsını (fenalık) tasmîm eyledikleri ve Rus kumanda heyet-i âliyesinin hulûs-ı tânımını bütün kalbimle mu'terif olmakla beraber, maatteessüf,(üzülerek) yed-i ihtiyârda (elde olmayan) bulunmayan esbaptan nâşi işbu anarşinin hâlen önüne geçmeye muktedir olmadığı işbu vekâyi'in mütezâyiden (çoğalan) devam etmekte bulunmasıyla vâzıhan müeyyed ve sarâhaten (teyit ve açık olarak) müsbettir. Miralay Morel'in yüzbaşı Çapliknin'e mersûl telgraf- namesinin bir fıkrasında aynen "Erzurum, Erzincan tarîki üzerinde Kürtlerin askere, nakliyat ve ambarlara mütemadi taarruzlarından dolayı tarîkin tarafeyninde bulunan ve Kürt eşkiya çetelerine yataklık eden köyleri tahrip suretiyle tedâbîr-i te'dîbiye ittihazına mecburum." muharrer olup icabât-ı askeriyye ve mukteziyat-ı harbiyyenin istilzam ettiği tedâbîre karşı ref'-i nidâyı şikayet etmek hatıra gelir mesâilden değil ise de, köylerin ihrâkı keyfiyetin icabât-ı askeriyye ile kabil-i telif kabul eder yeri bulunmadığı ve işbu köylerin muharrerât-ı mütekaddime-i âcizânemde arz u izah eylediğim veçhile Ermeniler tarafından îkâ' edilmiş ve sebebin mine'l- esbâb bu şekilde gösterilmesi istilzam olunmuş vekâyi'den ayân olduğu kanaatim beslediğimden ve Ruslarla Osmanlılar arasında ebedî ve gayr-i mütezelzil bir samimiyete doğru müşterek hatveler (adımlar) atılırken, Ermeniler tarafından îkâ' olunan bu gibi cinayât ve tahribatın yanlış bir zan ve telakki ile Ruslara atfolunacağı derkâr (aşikar-belli) ve bu sebeple ahali-i mahalliyede hâsıl olacak itimatsızlık ve ümitsizliğin taammüm ve tevessü' edeceği de aşikar olup ve bununla tesisine savaşılan vifâk ve meveddetin (sevgi ve barış) düçar-ı zaaf (zayıf düşmesi) olması tabii ve bunun fiilen tekzibi(nin) de lazım ve zaruri bulunduğuna kâni bulunduğumdan dolayı âcizlerini haklı ve mazur görmelerini zât-ı devletlerinden rica ederim.

Erzincan'da Ermeniler tarafından namuslarına
tecavüz edilen kızlar

Kelkit'teki muhtelit (karma) mütareke komisyonunun Osmanlı ve Rus azalarından aldığım bir telgrafnamede dahi kolordu ve fırka kumandanlarının 4.11.(13)34 saat üç sonrada Kelkit'i terk ile hareket eyledikleri ve müşâru'n- ileyhânın (ilim ve resmi makamda mevkisi yüksek olanlar) Ermeniler tarafından ahali-i madûme-i İslâmiyye'nin düçar olagelmekte oldukları zulm ü i'tisafâttan son derece müteellim (acı duymak) oldukları bildirilmiş ve bugün Kelkit'te tek bir Rus neferi dahi kalmadığı cihetle, komisyon azalarının ve Kelkit ve civarındaki ahalinin hayatını ve Kelkit dahilinde ve civarında bulunan eşya ve erzak mağazalarım eşkiyaya karşı muhafaza için miktar-ı kafi Osmanlı kıtaâtının i'zâmı mezkur muhtelit mütareke komisyonu azalarının müştereken tanzim ve imza ve irsâl eyledikleri mazbata ile istirham edilmiş ve malum-ı devletleri olduğu vechile işbu arzuları is'âf (isteği yerine getirme) kılınmıştır.

"Iş'ârât-ı hâlisa ve mevâ'îd-i ciddiye-i devletlerine (güvenli bölge ve verilen sözler) rağmen, askerden tahliye buyurulan mahallerdeki fenalıkların önü(nün) alınması şöyle dursun, fecâyi' ve mezâlim hudud-ı ittisâiye-i (sınırı aşan) ma'rûfesini dahi geçerek, ebeveyn ve evladlarının familya ve akraba-u taallukâtının mahkum ve mahv-u fenâ olduğunu işiten ve anlayan askerimi seyirci sıfatında tutamayacak bir vaziyet hâdis olmuş ve binâenaleyh, Rus askerlerinin tahliye ettikleri menâtıktaki hâl ü vaziyeti tedâbîr-i âcile ve mukarrerât-ı müsta'cele (acil tedbir ve karar) ile ıslah ve te'mîn hususunun insaniyet ve medeniyet namına meşrûiyeti sübut bulmuştur.

Yalnız bu sebeple, kumandanın altında bulunan iki ordunun bazı kıtaâtı ileri sürmek zaruretinde bulunduğumu zât-i sâmîlerine arz-u iblâğ eder ve işbu hareketin Rus ordusuna karşı ibrâz-ı husûmet ve adâvet (düşmanlık) manasında olmayıp Rus ordusu kıtaâtıyla kat'iyyen müsâdeme etmemek ve her nerelerde Rus askerlerine tesadüf olunursa mevedet ve muhâlasatla ve muhâdenetle (sevgi ve barış) muamele ifa etmek hususunu suret-i müşeddedede maiy-yetim kumandanlarına emrettiğimi ilave eylerim. Bu vesile ile, Erzincan mütarekenamesinin Rus kıtaâtının çekilmiş olmasından dolayı mer'iyyet-i ahkâmını gâip eden hatt-ı fâsıla ait mevâddından gayri bil'umum mevâddının kemâkân bâki ve câri olduğunu ve bu harekatın bir sevk-i zaruret ve bir hiss-i medeniyet ve insaniyetle yapılıp, başka bir manayı mutazamımın bulunmadığını izah eder ve hulûs-ı niyet ve tamâmi-yi ciddiyet-i muhibbîye tamamen emin olmalarını ve ihtiramât-ı mahsûsa-i âcizânemin kabulünü..."

Erzincan, Bayburt, Trabzon vekâyi'ine dair General Odişelidze'ye yazılan 11 Şubat (1) 334 tarih ve 967 numaralı telgrafa bervech-i âti cevap geliyor:

Erzincan'da babaları, anaları Ermeniler tarafından şehit edilen
yetimler, öksüzler

"11 Şubat (13)34 (tarih) ve 967 numaralı telgrafname-i dev-letlerini aldım. Şunu arzetmekle kesb-i şeref eylerim ki, zât-ı devletlerine mezâlime dair vârid olan malumatın kâffesi (hep-si) son derecede mübalağalıdır. Mesela, Trabzon havâlisinde ve cenûbunda Osmanlı çete askerinin mahallî Rum karyesi-ne taarruzu tabii ahali-i mahalliye ile askerin mukabelesini mûcip oldu. Bayburt havâlisinde ise; Bayburt havâlisi komise-rinin raporuna nazaran, ahali-i müslimenin Bayburt'ta içtimâi hakkında hiçbir emir verilmediği gibi, bilakis mezkur ahali tarafından komiserin Türklere karşı hayırhahlığından dolayı berâyı teşekkür bir heyet-i murahhasa vürûd etmiştir. 15-16 Kânun-i Sâni'de Erzincan'da cereyan eden vukuata gelince; bu vukuat, zamanında, gerek tarafımdan ve gerek miralay Morel tarafından zât-ı devletlerine bildirilmişti. Fakat, bu vaka zât-ı devletlerine son derece mübalağalı olarak vâsıl olmuş-tur. Miralay Morel'in raporuna nazaran ahali-i mahalliyenin zayiatı asla ikiyüzü tecâvüz etmemiştir. Bâlâdaki mesrûdât-tan (ortaya çıkan olay) sonra zât-ı devletlerinden şu hususa da itimat buyurulmasını istirham eylerim ki; Rus asâkirinin işgali tahtındaki mıntıka dahilinde bulunan ahali-i müslime-i mahalliyenin menâfi' ve emniyet-i şahsiyeleri hususunda üç seneden beri bir arada yaşamış olmak haysiyetiyle, gerek biz-zat ve gerek Rus asâkiri bî taraf bulunamayız Binaenaleyh Rus asâkirinin taht-ı işgalindeki mıntıkada sâkin ahali-i İslâmiy-ye'nin katliamı meselesi hakikatle tevâfuk edemez. Ben ise, gerek tarafımdan Osmanlı Müslümanlarının hayatı, namusu ve emvallerinin vikayesi için bütün tedâbiri ittihaz edeceğim gibi, Erzincan vakası fiillerinin de evvelce arzettiğim veçhile cezasını bilhassa tertip edeceğim. İhtiramât-ı arnikamın kabu-lünü temenni ederim."

numara: 14195   31 Kânun-i Sâni 1918

                                                Odişelidze

Bu telgrafın, generalin ne derecede fikr-ü kanaati hari-cinde yazıldığı, altıncı sahîfede 1/1032 numaralı telgrafıyla mukayese olunduğu takdirde anlaşılır. Rus askerlerinden bahsolunuyor; halbuki, bu tarihte arazi-i müstevliyedeki Rus asâkirlerinin Lenin'in inkılab-ı malumundan sonra zabitlerini (subay) tanımayarak memleketlerine sıvıştıkları ve yerlerine Ermeni çetelerinin ikâme olunduğu tahakkuk etmektedir.

Ermeni kıtaâtının îkâ ettikleri mezâlimin önüne geçemeyeceği generalin telgrafından anlaşılmaktadır. Zaten, bu işin generalin yed-i kudretinde olmadığı görülüyor. Hâssaten, Erzurum Rus ikinci kale topçu alayı kumandanı kaymakam Tverdo Khlebof'un neşredilen *Hatırat*'ında, yedinci ve sekizinci sahifede Erzincan kıtâline dair General Odişelidze ber-vech-i âti nakl u hikaye etmiştir:

Bundan bir müddet sonra Erzincan'da Ermenilerin Türkleri katliamı havadisi vâsıl oldu. Bunun tafsilatını bizzat başkumandan Odişelidze'nin ağzından işittim ki, bervech-i âtidir:

Kıtâl doktor ve müteahhit (bilgin kişilerce) tarafından tertip edilmiş, yani her halde eşkiya tarafından tertip edilmemiştir. Bu Ermenilerin isimlerini, suret-i kat'iyyede bilmediğim için burada zikredemeyeceğim. Her türlü müdafaadan mahrum ve silahsız sekizyüzden fazla Türk itlaf edilmiştir. Büyük çukurlar açılmış ve biçare Türkler bu çukurların başına sevkolunup hayvan gibi boğazlanmış ve bu çukurlara doldurulmuş, her kangı (çukuru) bir Ermeni sayarmış: 'Yetmiş mi oldu? On kişi daha alır! Kes!' deyince on kişi daha keserler, çukura atıp üzerine toprak doldururlarmış. Bizzat müteahhit eğlenmek için seksen kadar biçareyi bir eve doldurup kapıdan çıkarlarken bir bir kafalarını parçalamış...."

Generalin şu suret-i itiraflarıyla bu telgraf arasındaki mübâyenet, telgrafın nasıl fikr-ü kanaatı haricinde yazıldığını göstermektedir.

General Odişelidze'den, yukarıdaki telgrafa zeylen âtideki telgraf da gelmiştir:

31 Kânurı-i Sâni 1918 Tarih ve

15195 Numaralı Telgrafa Zeyldir:

Miralay Morel'in Erzincan vakasına dair icra eylediği tahkikata istinaden verdiği son rapora nazaran, zât-ı devletlerine vârid olan malumatın fevkalade mübalağalı olduğunu bervech-i âti arz ile kesb-i şeref eylerim:

Mesela, Erzincan'dan 650 Müslümanın götürülmesi, Vâhid Bey'in konağında 1500 kişinin yakılması, aynı veçhile bir kışla ve üç haneye kadın, çoluk çocuk doldurup yakılması, bin kadar hanenin ihrâkı kat'iyyen hakikate tevâfuk etmemektedir. Bu vekâyi' Erzincan'da cereyan etmemiştir.

Erzincan'da Harbiye kışlasında katledilen İslâm çocuklarından

15-16 Kânun-i Sâni vekâyi'i gayr-i kabil-i itirazdır; fakat, miralay Morel'in zât-ı devletlerine arz ile kesb-i şeref eylediği miktâr-ı zayiattan fazla birşey yoktur; bu manada Zenkıh ihrak edilmiştir. Buna dair de rapor aldım. Gayet bitaraf nokta-i nazardan bu işi tedkik ederek tekrar arzeylerim ki, benim için mûcib-i elem olan Erzincan vakasının başlıca sebebini Kürtlerin asker ve nakliyata taarruzu teşkil etmekte ve buna mukâbeleten tedâbîr-i te'dîbiye ittihaz (tedbir alma ve ceza verme) olunmaktadır. Kürtlerin taarruzât-ı şekâvetkârânelerinin ne derecelere vâsıl olduğunu âtideki vaka pek güzel isbat eder. Kânun-i Sâni hidâyetinde tarafımdan Erzincan'a miralay rütbesinde bir askerî mühendis gönderildi. Esnâ-yı râhta Fırat'ın sol sahilinden geçen Kürtler mûmâileyhi (adı geçen) çırçıplak soyduktan sonra salıvermişlerdir. Bâlâdaki ma'rûzatım 12 Şubat 1334 tarih, 1020 numaralı telgrafname ile ittihaz edileceği tasavvur edildiği bildirilen tedâbîr-i fevkaladeye bir ihtiyaç olmadığını ve bunun için esaslı esbâb olmadığını zât-ı devletlerine arzetmekliğime hak vermektedir. Eler ne bahaya olursa olsun, harbin hidâyetinden beri her iki tarafın pek çok döktüğü kanı tevkif etmek arzu-yı samimisiyle, bütün efkârımın rûhen yıpranmış olan milletlerimizi istikbal-i karîbde (yakın gelecek) her iki taraf için şerefli bir sulhe îsâl edecek olan münasebât-ı hasenenin tesisine matuf olduğuna itimat buyurulmasını rica ederim. Binaenaleyh, ordularımız beyninde mün'akid bulunan mütarekenin infisâhını arzu etmediğimden, zât-ı devletlerinden münasebât-ı hasenenin muhafazası namına 12 Şubat 1334 tarih ve 1020 numaralı telgrafname mündericâtının mevki-i fi'le konmamasını ve şayet bu hususta fevkalade bir lüzum hâsıl olursa, bu gibi tedâbîrin hangi istikamette ve nerede ittihâzı için bir lüzum-ı mübrem (kaçınılmaz) hâsıl olduğunun iş'ânna inayet buyurulmasını rica ederim. Osmanlı Müslümanlarının himâyeten hayat, namus ve mülkleri hususunu nazar-ı itibara alarak zât-ı devletlerinin meşru arzularını belki şayan-ı itiraz da bulmam. Bu manada haya ve vicdanı unutarak, kendi halinde yaşayan Osmanlı Müslümanlarına dest-i tecavüzünü kaldırmaya cüret edenleri ibrete'n-li's-sâirîn tecziye (ibretlik ceza) ederim.

"Bununla beraber, askerime karşı taarruzât-ı şekâvetkârâ-nelerinin (haydutluk-eşkiyalık) men'i zımnında Kürtlere icra-yı tesir etmenizi arz ve istirham eylerim. Eminim ki, bu şerâit tahtında en karîb âtide (yakın zamanda) en sıkı münasebât-ı hem-civârîyi tesise muvaffak olacağız. İhtiramât-ı arnikamın kabulünü ve bununla beraber memâlik-i müstevliyede (mül-kü işgal eden) bulunan Osmanlı ahalisine karşı en parlak hissi-yat-ı hayırhâhâne ile meşbû' (iyilik dolu duygularımla) bulun-duğuma itimat buyurulmasını arz ve istirham eylerim."

15201   1 Şubat 1918

Odişelidze

Cereyan eden ahval ve vekâyi' hakkında malumat almak üzere hatt-ı fâsılın şarkına (sınırın doğusu) gönderilen bî-ta-raf adamlardan ve hâssaten Rumlardan Giresun'un Çınarlı mahallesinden İstatyosoğullarından İstatyosoğlu Yako müşâ-hedâtını 26 Şubat (13)34 tarihli mektubuyla bildiriyor.

Bu mektup vesâik dosyası numara 19'dadır. Türkçe ken-di el yazısıyla yazılan mektuptaki mezâlime ait fıkralar aynen zîrdedir:

"Daldaban'da bulunduğumuz esnada, düşman askeri Zağ-na muhtarını altı refikiyle (arkadaşıyla) der-dest (yakalayarak) ve Daldaban'a götürdüler. Esna-yı râhta bunları fena halde darp ve kanlar içinde bıraktılar. Muhtar(ın) rüfekasıyla (arka-daş) düşman ambarından otuzyedi tüfenk sirkat (tüfek çalma) eyledikleri isnadı üzerine bunları bu suretle darbeylediklerini askerler söylüyorlar idi. Ba'dehû (sonra) onbeş nefer Rus ve Ermeni'den ibaret asker muhtarın hanesini basarak zevcesiy-le kızını dağa kaldırdılar. Muhtar ile rüfekâsının ne olduklarını öğrenemedik, oradan nereye götürdükleri malum olmadı.

"Daldaban'dan iki saatlik mesafede bulunan Tekye karye-sinde Ermeniler iki İslâm'la bir Rum katlettiler. Trabzon'dan berren Batum'a hareket eden bir kısım asker Sürmene'nin mağazalarını basıp yağma etmek istediler ise de ahali silaha davranarak bunlardan bazılarını katlettiler. Ertesi günü, bu askerlerin bazıları vapur marifetiyle gider iken, iskelede aynı günde vürûd eden beş Sürmeneli kayığının bulunduğunu gördüler. Derhal Sürmene'de Ruslara silah atanlar(ın) bunlar olduğunu işâ'a ile, bunlardan bazıların der-dest ve kayıklarını taharri(arama) ile iki kayıkta üç tüfenk buldular. Bu tüfenkleri, mesmû'âtımıza (duyumlarımıza göre) nazaran kendileri Sürmenelilere füruht (satmak) eylediler. Bu sırada da Sürmeneliler üzerine ateş açarak bunlardan bazılarını iskele üzerinde kati ve diğerlerini denize atarak katleylediklerini müşahede eyledim."

"Aynı zamanda mezkur askerden bir miktarı Trabzon'a süngü ile gelerek Gâvur maydanına geldiler. Orada derhal Rus, Tatar, Ermeni saldatları (asker) içtima ile ahalinin hanelerine iltica etmesini bağırıyorlar. Bunlardan bir kısmı çarşıda fesli görüp, İslâm zannettiklerini toplayarak, dediklerine göre altıyüz kişiyi topladılar. Bunları berâ-yı kati Değirmen deresine götürdüler. Esnâ-yı râhta üç kişiyi itlaf ettiler. Diğerlerinden bazıları esnâ-yı râhta firar ve diğerleri mesmû'âtımıza nazaran müftü efendi ile metropolit efendinin tavassutu üzerine tahlîs-i girîbân (yakayı kurtarma) eylediler."

Aynı günde, Ermeniler(in) Trabzon'un tenha mahallerinden otuzsekiz İslâm katleyledikleri rivayet olunuyordu.

"Kisarna karyesinde Ermeniler Aykozoğlu Yusuf Ağa'yı katleylediler. Merhum Yusuf Ağa için, iyi adam olduğunu kendisini tanıyan Trabzonlular söylüyorlar. Merhumun ailesi bir Hristiyan hanesine ilt001 ile tahlis (kurtuldu) edildi. Birkaç gün sonra Yusuf Ağa'nın hanesini basarak, zevcesiyle yeğenini kati ile üzerlerinde iki altın beşlik ile ikibinbeşyüz manatı[13] (Rus parası) ahz (esir) ve haneyi ihrak ile savuştular."

---

13 Rusya'da kullanılan bir para. (Haz.)

Erzincan civarında ve Ağavir köyünde katledilen çocuk,
kadın, ihtiyar kümesi

Yukarıda tesbit ve tasnif edilen vesâik (belge) mütareke zamanındaki vekâyi'a aittir.

Mezâlime nihayet verilmek üzere Türk kıtaâtından bir kısmının ilerlemek mecburiyeti hâsıl olduğu hakkında Kafkas cephesi Osmanlı orduları kumandanının Rus Kafkas ordusu kumandanlığına çektiği telgrafı müteakip ordu kıtaâtından bir kısmı ileri yürüyüşe geçmiş ve ileri kıtaâtıyla Erzincan ve Kelkit-Trabzon hattında bulunmuştur. Bu hatt'a gelinceye kadar yalnız Erzincan'da Ermeni kıtaâtının birkaç saatlik mukâvemetine tesadüf olunuyor.

Kasabayı işgal eden kıtaât, tüyleri ürpertecek bir manzara-i vahşet karşısında kalmıştır. Kasabanın birçok mahallerinde yangın alevleri yükseliyor. Sokaklarda ve tenha mahallerde parçalanmış küme küme kadın, ihtiyar, çocuk ecsâdı (cesetler) görülüyordu.

Bununla beraber Erzincan'a kadar tahrip ve imha edilmemiş hiçbir köye tesadüf olunmadı.

Erzincan'a gelmiş olan Osmanlı orduları kumandanı, başkumandanlık vekâletine 16.II.(13) 34'te yazdığı raporda "Çardaklı boğazından Erzincan'a kadar olan bütün köyleri, hatta bir kulübe bile sağlam kalmamak şartıyla tahrip edilmiş gördüm. Bahçelerin ağaçları kesilmiş, köylerden bir fert sağ kalmamıştır. Ermenilerin Erzincan'da irtikap ettikleri fecâyi'i tarih-i âlem bugüne kadar kaydetmemiştir. Üç günden beri, Ermeniler tarafından öldürülüp meydanda kalan İslâm cenazeleri toplattırılmaktadır. Şehit edilen bu bî-günah (günahsız) ve masum halk arasında memeden kesilmemiş çocuklar, doksan yaşını ikmal etmiş ihtiyarlar, parçalanmış kadınlar vardır."

Bütün bu fecâyi' ve mezâlim Ermeni ve Rusların şehâdetiyle ve bu bapta verdikleri raporla teyit ve tevsik ediliyor. Ezcümle: Erzincan'da esir edilen Erzincan'ın Gerdkendi karyesinden Haçik oğlu Kirkor'un Erzincan'da birinci Kafkas kolordusu karargâhında zaptedilen ifadesindeki mezâlime ait cümlelerden aynen: (Vesika, numara: 20)

"Osmanlı kıtaâtının Erzincan'ı işgalinden üç gün evvel

katliam icra ve namusa tecavüze başlanıldı. Vagavir ve Egrek köylerinden bir kısım ahali şehre getirilerek katledildi."

Bu manada, Ermeni kıtaâtının icra ettiği vahşete lanet ederek, mezkur kıtaâtta zabitlik etmek tenezzülünde bulunmayıp Erzincan'da kalmış olan 13'üncü Türkistan avcı alayına mensup yüzbaşı vekili Kazmir, mezâlime ait yazdığı raporda, icra edilen şenaati bütün çıplaklığıyla meydana koyuyor. Mûmâ-i-leyhin (ismi geçen kişi) hatıratında aynen şu cümleler vardır:

"Ermeniler İslâmları Sarıkamış'ta çalıştırmak bahanesiyle topladılar ve şehirden iki kilometre ayrılınca katlettiler.

Ermeniler arasında Rus zabitanı (subayı) bulunmasa idi mezâlimin daha vâsi mikyasta (büyük ölçüde) tatbik edileceği tabii idi. Bir gecede 800 İslâm'ın kesildiğini bizzat Ermenilerden işittim. 15-16 Kânun-i Sâni gecesi Ermeniler Erzincan'da ahali-i İslâmiye'ye katliam tertip ettiler. Miralay Morel'in ittihaz ettiği tedâbîr neticesiz kaldı. Zulüm ve yağma devam etti." (Vesâik dosyası, numara: 21-22)

Ve yine Erzincan'da kalmış olan madam Pasin ile nefer Aleksandr, yukarıdaki vekâyi'i tekrar ediyorlar.

Bilhassa birinci Kafkas kolordusu tarafından esir edilen, Ermeni milletine mensup istihkâm zabiti(savunma subayı) Tiflisli Morzof Mıkırdıç, Erzincan katliamının suret-i ibtidâ ve icrasını (başlangıcı ve devamı olan katliam) musavver hatt-ı destiyle (kendi eliyle) yazdığı Fransızca raporda (Vesika, 23) katliamı şu suretle hikaye ediyor:

"Bir taraftan münferit (tek-ayrı) askerlerin Ermeniler tarafından düçar-ı taarruz (saldırıya maruz kalma) olması; diğer taraftan Kürtlerin umumi bir kıyâm (ayaklanma) hazırlığında bulundukları hakkında bir rivayetin deverânı, miralay Morel'i, Ruslara karşı tecavüz edebilecek bilumum ahalinin tevkifi (durdurma) için emir vermeye mecbur etmişti. Bu dakikadan itibaren, hiçbir taraftan emir verilmeksizin katliam başladı. Katliama, gönüllüler ile beraber asâkir-i muntazama (düzenli ordu) da iştirak etmekte idi. Katliam en ziyade Ermeni Kilisesi civarında icra edilmiştir. Edilen nasâyihe (nasihat –öğüt) rağmen katliamın önüne geçmek mümkün ola-mamıştır. Erzincan ile civarında takriben 250 ilâ 300 kişi kat-lolunmuştur."

Erzincan'da Ermeniler tarafından tahrip ve imha edilen haneler

Mıkırdıç'ın bâlâdaki ifadâtı (ifadesi) fecâyi'in (vahşet) tarz-ı mübâşeret (girişim tarzını) ve suret-i icrasını (nasıl gerçekleştiğini) tamamıyla tavzih (açıklama-aydınlatma) ediyor.

Mıkırdıç'ın ifadesinde kurbanların miktarı az gösteriliyor ise de, vakanın nasıl başladığı ve nasıl tertip ve idare edildiği tavazzuh (açıklamak) etmektedir.

Bu hususta Erzurum Rus ikinci kale topçu alayı kumandanının neşrolunan *Hatırat*'ı mütalaa (müzakere) olunduğu halde, teşkil ve tensik (şekillenmiş ve düzenlenmiş) edilmiş kuvvetlerle sistematik olarak İslâmların imhasına ibtidâr (çabucak) olunduğu ve buna Ermeni mütefekkirinin de iştirak ettiği anlaşılıyor. Ordu, zulüm ve vahşetin taklîl ve tahdidi (öldürmeler ve tehditler) için ileri kıtaâtıyla yürüyüşüne devam ediyor.

Bayburt'a giren keşif kolları Bayburt kasabasında da bir katliam sahnesi görmüşlerdir. Bayburt ve havâlisindeki İslâmların imhasına memur olan Arşak, fecâyi'i bervech-i âti (aşağıdaki gibi) tertip ve icra ettiriyor:

(Bayburt hakkındaki mazbata, Vesâik, 34)

Arşak, maiyyetine aldığı 484 Ermeni'ye gündüzleri talim yaptırıyor ve geceleri ise komite başılarıyla, kable'l-harp (harp öncesi) belediye dairesi olan binada ictimalar akdederek tertibat ve teşkilat (tertip ve düzen) hakkında müşâverede (bilgi alışverişi-danışmak) bulunuyor. Yalnız Bayburt ahalisinden sanatkâr bulunanların şayan-ı itimat (saygıdeğer kimse) olanlarından bir kısmı sanatlarıyla iştigal (meşgul olma) ettirildiği gibi, kendi hanelerinde ikâmete de müsade ediliyor. Mütebâkisi (geriye kalanlar) hususi binalarda iskan (kalmak) ve askercesine muamele tatbik edilerek teşkilat ve tertibatları hakkında harice hiçbir malumatın (bilgi) çıkmamasına gayret olunuyor.

Ahali-yi İslâmiye'ye karşı gayet ciddi davranmaları ve hiçbir sızıltıya (acı) meydan vermemeleri ve daima nasâyihte (nasihat) bulunmaları hasebiyle efkâr-ı fâsideleri (bozulmuş fikirler) anlaşılamamış ve hatta Of ve Sürmene havâlisinde Ermeni çetelerini tenkil (uzaklaştırma) maksadıyla Laz çetelerinden kuvâ-yı imdâdiye (yardım) talep edildiği görülmüş ve Ruslar tarafından metruk eslihanın (silah bırakma) dahi ahali-i İslâmiye'ye tevzî'ine, (dağıtma) belediye reisi olup bilahere katledilen Hâfız Süleyman Efendi'nin mümâna'at (engel) etmiş olduğu anlaşılmıştır.

Bu suretle efkâr-ı İslâmiye'yi (Müslümanların kaygılarını) tatmin ve te'mîn ettikten sonra, 1 Şubat (13)34 tarihinde her sokak ve mahaleye birtakım devriyeler çıkartarak, birer bahane ile sokaklardaki ahali toplanmaya başlanıyor. Mahallât arasına çıkan devriyeler tesadüf ettikleri köylülere ve yerli ahaliye "Sizi Arşak Paşa (paşalık ünvanı hizmetine mükâfeten Ermeniler tarafından verilmiştir) çağırıyor, mühim mesele görüşülecektir." gibi iğfalâtla(yalan laflarla) ahali toplanarak, mahpushane ittihaz edilen Salih Hamdi Efendi'nin ticarethanesinde tevkif (tutuklu) ediliyor. Hapishaneye götürülen her şahsın kapı önünde evvela üzeri taharri (aranmak) ediliyor ve zuhur eden para ve zî-kıymet (kıymetli) eşyası alınıyor.

Envâ-i mezâlim (çeşitli zulm) ve işkence ile hapishaneye sokuluyor. Çarşı ve pazarda bulunmayanların cebren (zorla) hanelerine giriliyor. Para ve kıymetli eşya ve müzeyyenâtları (süs eşyası) alındıktan sonra bir kısmı kapıları önünde suret-i fecî'ada katli (feci şekilde öldürme) ve diğer kısmı ise enva-i mezâlim ile hapishaneye sevkediliyor. Bu hale Şubat'ın üçüncü sabahına kadar devam ediliyor. 3 Şubat sabahı İslâm kadınlarının da toplanmasına başlanıyor. Ve topladıkları muhaderattan (namuslu) ondört kadınla iki kız, Salih Hamdi Efendi'nin ticarethanesi karşısındaki Haydar Bey'in ahşap oteline dolduruluyor.

Alaturka saat 3'te mevkûfînin (tutuklu bulunanlar) katli şu suretle icra ediliyor:

İşe evvela Salih Hamdi Efendi'nin ticarethanesinde mevkuf bulunanlardan başlanıyor. Salih Hamdi Efendi'nin ticarethanesindeki Müslüman mevkûfîn, kapıdan girildiği zaman sağdan birinci odaya yirmiüç, soldan birinci odaya dört, ikinci odaya altmış, üçüncü odaya elli ve boşluğun müntehâsındaki odalardan soldakine kırk- sekiz ve sağdakine sekiz kişi, cem'an yüzdoksanüç can yerleştiriliyor.

Evvela soldan birinci odada bulunan belediye reisi Hafız Süleyman Efendi ile Kormas karyeli Ahmed ve Abraslı İrfan ve Vagandalı Pîrî odadan çıkarılıyor. Ellerinde bulunan süngü, balta ve demirle pek feci bir surette öldürülüyor; müteakiben, sırasıyla diğer odalara geçerek aynı suretle mahbûsîn katle başlanıyor. Gözleri önünde suret-i fecîa ve vahşiyede arkadaşlarının katledildiğini gören diğer mahbûsîn can-hıraş sadâlarla bağırıyorlar ve kendilerine sıra geldikçe mümkün mertebe müdafaa-i nefse çalışıyorlarsa da bütün vesâit-i müdafadan mahrum bulunmaları yüzünden, işkence ve vahşetin en büyüğüne maruz kalarak bin türlü mezâlim arasında terk-i hayat eyliyorlar. Yalnız ikinci odada bulunan altmış kişiden Murad Çavuş, Şevki, Saraç Hafız ve Zâhid mahallesinden Beydi oğlu Sâdık (Ermeniler firar ettikten sonra yangın içinden çıkarılmışlar ve elyevm ber-hayattırlar (bugün yaşamaktalar)) ölüler arasına sokularak ve kendilerine ölü vaziyeti vererek tahlîs-i nefs (canlarını kurtarmak) edebiliyorlar! Süngü ve balta ile icra edilen fecâat (vahşet) kafi gelmiyormuş gibi, cenazeler üzerine gazyağı dökülmek ve ateşlemek suretiyle, arada sıkışıp kalanlardan terk-i hayat etmemiş bulunanlar dahi yakılıyor.

Buralardaki sahne-i fecâat (vahşet sahnesi) kapandıktan sonra, boşluğun müntehâsında ve soldaki odada bulunan kırksekiz kişiye sıra geliyor. Bunlar içinde bulunan, Dağıstan'ın Konpu şehrine merbut Hokal kasabası ahalisinde olup (bu) tarihten sekiz ay evvel Bayburt'a gelerek kunduracılıkla iştigal (bir iş ile meşgul olma) eden yirmiiki yaşındaki Mehmed oğlu Abdullah, karşısında cereyan eden sahne-i fecâatı görür görmez, arkadaşlarını müdafaaya şevke karar veriyor. Mevkuf bulundukları odanın zeminine mefruş (döşeme eşyası) kemer taşlarını müşkilatla sökerek kapıyı seddediyorlar. Katle gelen Ermeniler vaziyeti görünce kapıyı kırıyorlar ve fakat seddedilen taşlardan içeriye girilmesi kâbil olamadığından bombalarla, kurşunla bu masumlara hücum ediyorlar. Müdafaaya azmetmiş bulunan zavallılar, atılan bombaları tekrar geriye atmak ve taşlarla müdafaa etmek suretiyle, bir kısmı meşgul iken diğer kısmı odanın beton duvarını delmeye çalışıyor.

Bu sahne-i fecî'a devam etmekte iken, Haydar Bey'in oteline doldurulan ondört kadını, baştan nihayete kadar soyduktan sonra çıplak bir halde Haydar Bey'in oteline muttasıl Çavuşoğlu'nun oteline nakl ve birer birer katl ve ba'dehû (sonrasında) oteli ihrak (ateşe verme) eyliyorlar.

Erzincan'da süngülenen kundaktaki çocuklar, ihtiyar kadınlar ve muhtelif sinde erkekler hastanede taht-ı tedavide

Bu ondört kadından üçü elbiselerinin tamamen çıkarılması hakkındaki teklife tahammül edemeyerek kendilerini pencereden dışarıya atıyorlar ve otel civarında bulunan Ermeni devriyeleri tarafından katlolunuyorlar. Pencereden aşağı atlayan kadınlardan birisinin kendisiyle birlikte tevkif edilen iki kızının yukarıdan feryada başlaması üzerine, hemen aşağı indiriliyor ve anneleri önünde katlediliyor; ba'dehû validelerinin kolları arasına verilerek gazla ihrak ediliyorlar.

Bu sahne-i şenâat (çirkin sahne) devam ederken mahallat arasında da kati, (öldürme) yağma ve ihrak icra ediliyor. Bununla beraber kasabanın garb-ı cenûbîsinde (güney batı) ve caddenin sol tarafında bulunan cephanelik plan haricinde ateşleniyor. Husûle gelen müthiş tarraka (gümbürtü-patlama) katliam faaliyetinde bulunan Ermeni askerlerini şaşırtıyor. "Kasabayı Türk kıtaâtı muhasara etti, toplar patlıyor!" sözleriyle kaçışmaya başlıyorlar. Salih Hamdi Efendi'nin ticarethanesinde mevkuf olup müdafaa-i metînâneleri sayesinde o zamana kadar Ermenileri işgale muvaffak olan bu kırksekiz fedakâr oradan çıkarak, gizlenmiş olan ahaliyi ihbara ve yangın içinde bulunan kasabayı itfâya şitâb (acil söndürme) ediyorlar.

İşte Bayburt fecâat ve mezâlimi bu suretle tertip ve icra olunuyor.

Bu fecâyi'den evvel Arşak Bayburt ve havâlisindeki bilumum İslâmları imha etmek maksadıyla mühim bir karar ittihazı (karar alma) için Kürt beylerine ve Müslüman köyleri imam ve muhtarânına 7.II.(13)34'te kasabada içtimâi emrediyor.

Akıbeti pek malum olan bu emre ahali mutâvaat etmeyerek (uymayarak) Kelkit'te Türk kıtaâtı himayesine iltica (sığınma) ediyorlar. (Mezâlim dosyasına müracaat)

Bu hali gören Kelkit Rus mütareke komisyonu reisi kaymakam Voronof, General Odişelidze'ye keşide (telgraf-yazı) edilmek üzere gönderdiği şifre mezâlim dosyasında mevcuttur. Arşak'a bu emir Erzincan'dan Mamahatun tarîkiyle telefonla veriliyor ve ahalinin mutâvaat etmediği Arşak tarafından bildiriliyor. Köse'deki Rus ambarlarını muhafaza etmek üzere gönderilen müfrezeden Köse'ye sevkedilen kıta (asker) bu telefonları zapt u tesbit ediyor, (mezâlim dosyasına müracaat)

Ermeniler Bayburt köylerindeki İslâmlardan yalnız ötede beride tesadüf(rastgelen) ettiklerini katledebiliyorlar. Bütün şiddet ve planlarını ancak Bayburt kasabasına tatbike muvaffak oluyorlar. Türk kıtaâtının meşhûdâtı ve Bayburt mezâlimine dair olan mazbata Bayburt'taki mezâlimin derece-i şenâatını göstermeye kafidir. Erzincan, Bayburt katliamlarının yek-diğerine müşâbeheti, (benzerlikleri) teşkil ve tensik edilmiş kuvvetlerle sistematik bir tarzda imhaya başlandığını teyit eder.

Ermeni kıtaâtının, Türk kıtaâtı karşısından ricatlarında, (geriçekilme esnasında) yol üzerinde ve yakınında bulunan bilcümle İslâm köylerinin tahrip; kadın, erkek ve çocuklarının kati u imha edildiği görülmüştür.

Mamahatun istikametinden ilerleyen takip kolu; Mamahatun kasabasının kâmilen denecek derecede ihrâk edilerek kasabanın mübeddel-i remâd olduğunu (kül haline geldiğini) ve sekenesinin (ev sakinleri) evlere doldurularak yakmak, süngü ve kurşunla itlaf edilmek suretiyle imha edilmiş olduğunu görmüştür. Mamahatun kasabası dahil ve civarında süngü ve kurşunla şehit edilip Türk kıtaâtı tarafından toplattırılan masumların adedi üçyüzü bâliğ (ulaşmıştır) olmuştur.[14]

Bayburt, Maden Hanları, Aşkale Karabıyık Hanları istikametinde ilerleyen takip kolu, bu istikameti de menba'-ı fecaat (vahşet pınarı-kan gölü) halinde buluyor (mezâlim dosyasına

14 Kazım Karabekir, Ermenilerin Mamahatun'da yaptıkları mezâlimi, bir başka eserinde şöyle tasvir etmektedir:
"Burada Ermenilerin tüyler ürpertecek bu cinayetleri karşısında çok ıztıraplar duyduk. Sekiz metre kadar kutrunda(derinde) bir çukur açmışlar; içi çoluk çocuk her yaştan ve her cinsten Türk ölüleriyle dolu. Vurmuşlar, süngülemişler ve soymuşlar; bu çukura doldurmuşlar. Mamahatun'dan yalnız bir ev halkı dağlara kaçıp kurtulabilmiş. Bu manzara karşısında duyduğum acıyı, şimdiye kadar gördüğüm en kanlı muharebe manzaralarında, gerek Çanakkale'de ve gerekse Irak cephesinde bile tatmamıştım."

müracaat), Maden Hanları'nda beş ve bu hanların cenûb-i şarkîsindeki Haroti karyesi ahalisinden üç müslim'in cenazesi yol üzerinde bulunuyor.

Erzincan'da Egrek köyünde şehid edilen memedeki çocuklar ve seksen yaşını ikmal etmiş ihtiyarlar

Şubat (1)334 tarihinde ilerleyen kıtaât kolbaşlarıyla Erzurum'un garp ve garb-ı şimâlîsi (batı ve kuzeybatı) istikametine takarrüp (yaklaşma) ediyor. Bu hatt'a kadar olan mezâlim ve fecâyi' hakkında dosyada mevcut raporların tedkikinde hülâsaten ber-vech-i âtî netâyic (aşağıdaki gibi neticelenmiştir) elde edilmiştir:

Birinci Cihan Harbi'ni Nasıl İdare Ettik? Erzincan ve Erzurum'un Kurtuluşu, cilt: III, s. 166, Emre Yayınları, ikinci baskı, İstanbul, 1995. Yüzbaşı Ahmed Refik Bey de -aynı sayfada bulunan 127. dipnota alınan- Tercan'dan Seyfi Bey'e gönderdiği telgrafında şunları söylemektedir: (Askerî Tarih Belgeleri Dergisi, sayı: 83, s. 237, belge: 1940, Mart 1983'ten naklen)

"Her taraf Müslüman ölüleri ile doludur. Yalnız Mamahatun'da Ermenilerin öldürdükleri çoluk çocuğun miktarı yediyüze baliğdir. Cesetlerin bazılarını bina içinde, bazılarını hendek kenarında, kolları bağlı olarak bırakmışlardır. Birçoklarının başları balta ile kesilmiştir."

Dr. Rıza Nur da Mamahatun katliamıyla ilgili olarak şunları yazmaktadır:

"Mamahatun'a geldik. (...) Güzel bir-iki camii var. Bir tanesi inci gibi imiş. Körolası Ermeniler, kaçarken içine dinamit koyup ateşlemişler. Bir kısmı ber-hevâ (havaya uçmuş) olmuş. Kalan duvarlarına baktım, içim delindi. Ne güzelmiş... Buralar koyun sürüleri yetiştiren bir yerdir. Koyun mühim ticaretleridir. Tuhaf hikayeler işittik: Harb-i Umumi ve 'Ermeni kırımı' -buralarda böyle diyorlar- ile koyunlar bitmiş imiş. Halk sonra birkaç koyun peyda etmiş, koyunların bir kısmı iki defa kuzuluyormuş. Ermeni kırımı dedikleri şeyin hikayeleri ise müthiş. Rus ordusu çekilirken, Ermeniler ordumuzdan kaçarken bir köyde ocağa kazanı koyup su kaynatan bir anayı yakalamışlar. Karnını yararak kesmişler. Çocuğunu kazana atmışlar, ocağa; 'Gelin! Türkler! Karnınız açtır. Size yemek hazırladık!' diye bağırmışlar. Yine, bir yerde, insanları kol, but, kelle, gövde parça harça edip herbirini bir çiviye takmışlar; üzerlerine 'Okkası on paraya!' yazmışlardır. Bu hikayeler birçok; dinleyebilmek için taştan, demirden olmak lazım."

Hayat ve Hatıratım, cilt: II, s. 618.

1. Tazegül karyesi ahalisinden otuz kadın, çocuk katlolunuyor ve yirmibeş erkek de birlikte alıp götürülüyor ki, bunların da aynı akıbet-i elîmeye (acı son) düçar oldukları anlaşılıyor;

2. Tilki tepesinin iki kilometre cenubunda (güney), Cenes köyünde mevcut altıyüz küsür zükûr ve inâs (kadın ve erkek) nüfustan onüçü müstesna olmak üzere mütebâkisi ihrak (gerisi yakılmış) olunmak ve süngülenmek ve hamile kadınların karınları yarılarak çıkarılan çocuklar kucaklarına verilmek suretiyle pek feci ve eşna' (dehşet verici) bir surette şehid edilmiş oldukları görülüyor;

3. Öreni kâmilen ihrak (eski yapılar tamamen yakılıyor) ve sekenesi mahv-u nâbûd (sakini olan evler yok ediliyor) ediliyor;

4. Karargâhını Erzurum'un önüç kilometre garbında Alaca köyüne nakleden birinci Kafkas kolordusu kumandanı, mezkur karyede Ermeni mezâlimine dair meşhûdâtını (şahit olduklarını) şu suretle naklediyor:

a) Odalara doldurularak itlafına teşebbüs ettikleri ahali-i İslâmiyye'den ikiyüz yetmişsekizi şehîden, kırk ikisinden ekserisi ağır olmak üzere mecrûhan (yaralı) bulundu;

b) İkiyüz yetmişsekiz şehit kümesi içerisinde, ırzlarına tecavüzden sonra öldürülerek ciğerleri duvarlara asılmış genç kızlar, karınları deşilmiş hamile kadınlar, beyinleri akıtılmış veya vücutlarına benzin dökülerek ihrak edilmiş çocuk ve erkek mevcuttur;

c) Ilıca kasabası da aynı akıbete düçar oluyor. Burada yüzlerce masumlar mahv-u tebâh oluyor.

Yek-diğerini takip eden bu fecâyi' sistematik bir tarzda cereyan ediyor.

Hâssaten Cenes, Alaca, Ilıca fecâyi'i bilhassa mûcib-i dehşet (dehşet veren-tüyler ürperten) bir tarzda cereyan etmiştir. Kadınları duvarlara çivilemek ve kalpleri çıkarılarak duvarlara asmak, hamile kadınların çocukları çıkarılarak kucaklarına verilmek gibi vekâyi' tesbit edilmiştir. Ermenilerin İslâmlara karşı olan tavr u hareketlerine dair Erzurum ikinci Rus kale topçu alayı kumandanının *Hatırat'*ında, "Ilıca ve Alaca vekâyi'i pek güzel teşrih olunmuştur.

Erzurum vekâyi'i

Erzurum'daki umumi kıtal, General Odişelidze'nin Erzurum'u terkini müteâkip başlıyor; yani Türk kıtaâtının Erzincan'ı istirdat(geri çekilme) tarihi olan 10 Şubat (1)334 tarihinden itibaren Erzurum dahilinde ve civarında katl-i umumi icra ediliyor.

Fakat, general Odişelidze'nin Erzurum'da bulunduğu sırada münferit(bazı) katillerin icra edildiği de tedkikat ile tahakkuk etmiştir. Hatta, Rus ve Ermeni zabitlerinden piyade mülazım-ı sânîsi (teğmen) Karagagef tarafından çarşı ve pazarda toplanan üçyüz kadar Müslümanın üzerlerinde mevcut para ve zî-kıymet eşya gasbedildikten sonra imha maksadıyla süvari kışlasına sevk ve kaymakam Tverdo Khlebof tarafından haber alınarak fecî'aya mani olduğu görülüyor. Tvendo Khlebof, Odişelidze'ye mezkur vaka hakkındaki şikayâtına mebni (binaen) Karagagef'in tevkife (tutuklanma) alındığı ve bilahare Erzincan'dan Erzurum'a gelmiş olan miralay Morel tarafından tahliye olunduğu anlaşılmaktadır. (Vesâik, numara: 24)

Erzurum katliamını Antranik ve doktor Azaryef tertip ve icra ettiriyor. Bu icraata 10 Şubat (l)334'te başlanıyor. Erzurum kasabasının bilumum (tüm) mahallâtı devriyelerle ihata(kuşatıyor) olunuyor. Çarşı ve pazarda dolaşan çocuk, ihtiyar, kadın, erkek yol yaptırtmak bahanesiyle toplanıyor. Toplanan bu ma'sûmîn kitlesi kafile kafile Kars kapısı civarında içtima ettiriliyor.

Üzerleri iyice taharri, para ve zî-kıymet eşyaları tamamıyla ahzolunduktan (almak) sonra ihzâr (açılan) edilen çukurlara dolduruluyor. Ba'dehû Erzurum garnizonlarında bulunan bilumum Ermeni askerleri hanelere taarruza başlıyor. Yağma, kati, ırza tecavüz gibi şenâat bütün şiddetiyle tatbik ediliyor. Bu fecî'a Türk kıtaâtının Erzurum'u istirdat(geri alma) tarihi olan 24 Şubat tarihine kadar devam ediyor. Erzurum'a giren Türk kıtaâtı kasaba dahilinde 2127 maktul erkek cenazesi defnetmiş ve ayrıca Kars kapısı haricinde ikiyüzelli ceset bulunmuştur. Cesetler üzerinde balta, süngü, mermi yarası, ciğerleri çıkarılmış, gözlerine sivri kazık sokulmuş ecsâda (cesetler) tesadüf olunuyor. (Mezâlim dosyası)

Erzincan'da namusuna tecavüz edildikten sonra beyni akıtılmak suretiyle şehit edilen kadın

Hülasa

Erzurum katliamına maruz kalan ihtiyar, kadın, çocuk, erkeğin mecmû'u (tamamı) sekizbini buluyor. Erzurum'un Türk pazarı kâmilen yağma ve ihrak edilmiştir.

Türk kıtaâtının Erzurum'u seri bir surette istirdâdı, (geri alma) mütebâki (geriye kalan) ehl-i İslâm'ı katliamdan kurtarıyor. Erzurum kale topçu ikinci alayı kumandanının Ermenilerin tavr u hareketlerine dair yazdığı risale, Erzurum fecâyi'i hakkında lazım gelen malumatı ihtiva eder. Yine mûmâ- ileyhin (adı geçen) bu bapta verdiği muhtıra (Vesâik dosyası, numara: 25) yukarıda arzolunan şenâat ve fecâatı (dehşet ve vahşeti) bütün vuzûhuyla tahlil ve teşrih ediyor. (Bütün yönleriyle ele alıp gözler önüne seriyor.)

Erzurum'dan ric'at (geri çekilen) eden Ermeni kıtaâtı fecaat ve şenâatın daha eşeddini (şiddetlisini) Pasin ovası köylerine tatbikten çekinmiyorlar. Hasankale kâmilen ihrak ve bilumum sekenesi kati u ifnâ (tümüyle ateşe verilip tüm sakinleri öldürüp yok edilmiş) edilmiştir.

Bu kasabaya ilk dâhil olan kıtaât, sokaklarda acı acı feryat eden köpek ve kediden, alevler içinde yanmakta olan kasabadan, sokaklarda kati u ifnâ edilmiş çocuk, kadın cesetlerinden başka birşey bulamamışlardır. Kasaba dahilindeki maktûlînin adedi binbeşyüze bâliğ olmuştur. (Mezâlim dosyası)

Hasankale'de, harabeler içinde ölmeyerek kalmış olan yüz, Köprüköyü'nde seksenbeş, Bâdicivan'da ikiyüz ki, cem'an üçyüzseksenbeş ağır yaralı kadın, erkek ve çocuk Türk kıtaâtı tarafından toplanarak berâ-yı tedavi (iyi tedavi eden) hastahanelere alınıyor.

Erzurum'un şimalinden (kuzey) çekilen Ermeni kıtaâtından bir kısmı, o havâliyi de bir sahne-i katliama çeviriyor. Hâssaten Erzurum'un şimalinde, Ereknis köyünden elli kadın, çocuk, ihtiyar katlolunduktan sonra karye kâmilen ihrak ediliyor. (Mezalim dosyası)

Erzurum şarkındaki (doğu) ova köylerinde pek çok kızların

namusuna taarruz ve pek şeni' muameleler tatbik olunduğu ve bir kısmının da birlikte alınıp götürüldüğü tedkikattan müstebân (araştırmalardan belli) oluyor.

Hoşan, Kalçık ahalisinden elli erkeğin Gümgüm'de cesetleri bulunmuştur. Makalisor karyesi ahalisiyle Gümgüm'deki bilumum erkekler yol yaptırılmak bahanesiyle götürülmüş ve bunların akıbetleri meçhul kalmıştır. Ermeni kıtaâtı, Gümgüm'ü terkettiği zaman, kasabada yirmi kadın ve çocuk katlediyor.

Hınıs'tan Köprüköy istikametinde ric'at eden Ermeni kıtaâtı, yolun tarafeyninde (iki tarafında) ve yakınında bulunan köylerin sekenesini kâmilen kati ve emval ve eşyalarını nehb-ü gâret (yağmalamak) ve karyeleri ihrak etmişlerdir. (Mezâlim dosyası)

Hülasa

Erzincan'dan 83 tarihindeki Rus-Osmanlı hududuna kadar olan köylerden pek cüz'i bir kısmı Ermeni kıtaâtının zulüm ve vahşetinden kendini kurtarabiliyor. Erzincan'dan bu hududa kadar yapılacak seyahat ve mahallinde edilecek tedkikat ile Ermeni kıtaâtının İslâm ahaliyi nasıl imha etmiş olduğunu tesbit etmek bugün dahi mümkündür.

Kafkasya dahilinde

Ermeni kıtaâtının zulüm ve vahşeti

Ermeni kıtaâtı 93 tarihindeki Osmanlı-Rus hududu gerisine çekildikten sonra o havâlideki İslâmlar da aynı mezâlim ve şenâata giriftar olmuşlardır. Sarıkamış'ta çalıştırılmakta olan binsekizyüz Türk esirinin peyderpey katledilmekte olduğu anlaşılıyor.

Sarıkamış, Kars, Gümrü, Kağızman, Ardahan, Ahilkelek mıntıkaları birer sahne-i fecâat oluyor. Sarıkamış ve Kars kasabalarının ihrak edilmiş olduğu görülüyor.

Menâtık-ı mezkûre (bahsedilen beldedeki yerler) dahilinde tesbit edilen Ermeni zulüm ve vahşetinin hülasası zîrdedir:

(Vesika, numara: 31)

1. 29.IV.(13)34'te, Gümrü'den beşyüz araba ile Ahilkelek'e nakledilmekte olan üçbin kadar kadın, ihtiyar, çocuk, erkek mahv-u ifnâ ediliyor;

2. Bin nefer, iki makineli tüfenk ve iki toptan mürekkep (oluşan) bir Ermeni kuvveti Kağızman şarkındaki Kulp ve Erivan mıntıkasındaki İslâm köylerini tahrip; kadın, çocuk ve erkeklerini katlediyorlar;

3. 1.V.(13)34'te yüz kadar Ermeni atlısı Şiştepe, Dörgene ve civarından altmış çocuk, kadın ve erkeği katlediyorlar ve 25.IV.(13)34'te Kars şarkındaki Subatan karyesinde 750 irili ufaklı nüfus-ı İslâmiyye'yi balta ve bıçakla ateşte yakarak şehit ediyorlar.

Erzincan'da Odabaşı mahallesinde Ermeniler tarafından katledilen Müştak Efendi ailesi

Mağisto ve Alaca karyelerinden yüz'ü mütecâviz kadın ve çocuk aynı suret-i fecî'ada katlolunuyorlar.

Tekyeli, Hacı Halil, Kaluköy, Harâbe, Vağor, Yılanlı, Ginak köyleri ahalisi kamilen mahv-u ifnâ ediliyor;

4. l.V.(13)34'te Ahilkelek etrafındaki kurâda (köyler) Acaraça, Dangal, Mulans, Morcahit, Padigna, Havur, Kumros köyleri ihrak, ahalisi kati ü mahva düçar ediliyor. Arpaçayı üzerindeki Gühverkinefski şimalindeki Yoğurtlu ve Erivan şimal-i şarkîsindeki (kuzedoğu) Şamran ve civarındaki köyler sekenesi Ermeniler tarafından katlediliyorlar ve karyeler kâmilen ihrak ve tahrip ediliyor.

Kars'taki Türk üserasından (esirlerinden) bir kısmı Kars'ta ve bir kısmı da Gümrü'de süngü ile bir suret-i fecî'ada katlediliyor.

Bu cümleden olarak, Borcalı kazası merkezinden Matoyif imzasıyla üçüncü Gürcü piyade fırkası kumandanlığına yazılıp aslı ele geçirilen 17 Nisan 1918 tarihli raporda mezâlime ait aynen şu cümleler görülüyor:

"Ermeniler emre ve zapt u rapta bakmayarak birkaç İslâm köyü yaktılar. Fâilleri bulunamadı. Abbas Tuman'dan ve Burcum'dan tel ve telefon kesilmiştir. Bir tarafa çıkmak mümkün olmuyor. Köylüler bizden imdat istiyor, bende imdat yoktur." (Vesika numarası: 28)

Bundan başka, Bakü Cemiyet-i Hayriyesi'nin 36'ncı Kafkas fırkası kumandanlığına gönderdiği mektupta (vesika numarası: 29) Erivan vilayeti dahilindeki İslâmların kati ve imha edilmekte olduğu, otuzdan fazla İslâm köyünün ihrak ve sekenesinin katledildiği ve Erivan'dan firâren gelen yaralı, hasta muhâcirînin adedinin günbegün çoğalmakta ve sefâlet ve perişâniyet içinde pûyân (mahf) olduklarından melce' ve me'vâ (sığınılacak yer-yurt) gösterilmesi istirham olunmaktadır.

Ermeni kıtaâtının şu harekat-ı vahşiyânelerine karşı Türk kıtaâtının tavru hareketleri hakkında Kütayis valisi Çikotis Villi'nin Kütayis vilayeti ve mülhakatına (dahil ettiği) yazdığı telgraflardan âtideki fıkarât(küçük hikayeler) câlib-i nazar-ı dikkattir. (Vesika, numara: 30)

Türkler kesiyor, öldürüyor diye şâyialar (yalan haber) çıkıyor; ben size beyan ederim ki bu doğru değildir.

Türk hükümeti ve Türk askeri kendi halinde duranlara hiçbir şey yapmaz ve ilişmez. Mal ve mülkünü de muhafaza ile kendilerine muâvenet (yardım) eyler. Ahalinin yerlerine gelmesini, sahipsiz kalan hanelerdeki eşyalarına sahip olmalarını ve bunların zâyi olmakta olduğunu Türk hükümeti bize bildiriyor.

Trabzon'dan, Batum'dan askerler silahlarını atarak kaçtılar. Bu mûcib-i hicaptır. Bu husus Azurgeti muharebesinde pek fena bir halde görüldü. Muharebede büyük-küçük herkes metânetini muhafaza etmelidir."

Bu manada, Borcalı ahali-i İslâmiyyesi'nin düçar olagelmekte bulunduğu zulüm ve i'tisâfı (telef edilişi) Tiflis'te çıkan *Aybcıyrak* gazetesinin nüsha-i mahsûsası (özel metni) tamamıyla teşrih ediyor ve ahalinin gönderdiği istimdatname (yardım çağrısı) her suretle vekâyi'i tasvir ediyor. (Vesika, numara: 32)

Fecâat ve şenâatın tasvir ve tasavvurun fevkine (vahşet ve dehşetin düşünülenin ötesine) çıktığı görülüyor. Ahilkelek mıntıkasındaki İslâmlara Ermenilerin yaptığı zulüm ve i'tisâfât hakkında Rus memurininden birinci Aksire dairesi müfettişi Haraşeniko, kendi el yazısıyla verdiği raporda vekâyi'i bervech-i âti tesbit ve takrir eyliyor:

1917 Teşrîn-i Sânî'sinden (Kasım) itibaren 1918 senesi 31 Mayıs'ına kadar Ermenilerin Ahilkelek sancağında yerli ve muti' (itaat eden farklı ırk) ahali-i İslâmiyye'ye karşı tatbik eyledikleri düşmanâne muamelatı izah edeceğim. Gerek yerli Gürcülerin ifadâtına istinâden ve gerek kendi gözümle görmüş olduğum vekâyi'i gözlerim yaşla dolu olduğu halde izaha mübâşeret (işe girişmek) ediyorum:

Geçen sene Teşrîn-i Sâni nihayetinde Akbabalı sekiz İslâm,

yerlilerden ot satın almak üzere Boğdanofka karyesine geldiler. (Şurası şayan-ı kayıttır ki, o sıralarda asayiş ber-kemâl (güvenli) olduğundan İslâmlar silahsız gezerlerdi.) Bundan haberdar olan Hocabey karyesi Ermenileri, derhal mezkur sekiz Müslümanın etrafını ihata(çevreleyerek) ederek hançerlerle üzerlerine saldırdılar ve katlederek gözlerini oydular, dillerini kestiler. Bilahare cesetlere envâ-i hakaret yaptıktan sonra diğer dördünü silahla katlederek cesetlerini Akbabalılara iade ettiler. Hançerlerle katlettikleri dört cesedi yaktılar. 1918 Kânun-i Sâni'sinde Ermeniler İslâm köylerine taarruz etmeye başladılar. Evvela "Silahlarınızı bize teslim ederseniz size hiçbir şey yapmayız!" diye iğfale (lafla kandırma) başladılar. İslâmlar Ermenilerin lakırdısına inanarak kendi silahlarını teslim ettiler. Halbuki Ermeniler iğfal etmişlerdi. Ermeniler İslâmların silahlarını aldıktan sonra zîrdeki köyleri tahrip ettiler:

Tospiye, Kukiye, Verivan, Tun Okam, Kolilis, Pankana, Suğuma, Kavaşi, Aluvejva ve Gomris namındaki köylerin zahire, (tahıl) mevâşî (süt hayvanları) ve bilumum eşyalarını alıp götürdüler. Köy ahalisinin bir kısmını derhal orada katlederek mütebâki kadın ve erkekleri esir sıfatıyla Ahilkelek kasabasına götürdüler. Orada bunlara yirmidört saat zarfında bir funt (parça) ekmek ile su manada hiçbir şey vermediler. Binaenaleyh açlık ve pislikten üserâ (esirler) meyanında tifo (vitaminsiz ve kirden dolayı olan hastalık) zuhur etti. Doktorlar üserânın daha iyi 'iaşesi ve temiz tutulması için müracaat etmişler ise de Ermeniler nazar-ı itibara almayarak Müslümanlar hesapsız bir surette kırıldılar. Kimse muâvenet edemedi; çünkü, Ermeniler hatta İslâm üserâsının mevkuf (tutulduğu) bulunduğu binanın civarına bile kimseyi bırakmıyorlardı.

"İşte 21 Mayıs 1918 senesinde Türk ordusu Kuzah karyesini işgal ettiği zaman bilumum Ermeniler firar etmeye başladılar ve (Ermeniler) üserânın bulunduğu binayı tahrip ettiler. İslâm dam altında kaldı. Cesetlerin bir kısmını da çukurlara atarak üzerlerine kireç döktüler. Bilahare neft (yakıt) ile yaktılar. Yirminci asırda medeni Ermeni milleti neler icat ediyor?"

Erzincan'da tahrip olunan mahallât

İşte görülüyor ki Ermeniler 93 Osmanlı-Rus hududunun garbındaki memâlik-i müstevliyede bulunan ahali-i İslâmiyye'ye tatbik ettikleri zulüm ve vahşeti mezkur hududun şarkında (doğusunda) sâkin, kendi iş ve güçleriyle meşgul ve her türlü hukuk-ı milliyeden mahrum biçaregâna da teşmilde (bulundukları yerde zulme) devam ediyorlar, bu imha planının teşkil ve tensik (düzenli ve planlı kuvvet)) edilmiş kuvvetlerle icra edildiği ve maksadın, ekseriyeti teşkil eden ahali-i İslâmiyye'yi ekalliyete ircâ'dan (çok iken azınlığa dönmek) ve hatta büsbütün mevcudiyetlerinin izâlesinden (varlıklarının yok olması) ibaret olduğu tahakkuk ediyor. Her ne kadar Ermeniler gördükleri zulüm ve i'tisâfât karşısında feverân (kendini paralamak) ettiklerini iddia ediyorlarsa da, bu iddianın derece-i butlânına, (karşılaştırma derecesine göre) 93 hududu şarkında tesbit ve tevsik edilen tavru hareketleri kafi gelir.

Alelhusus meşhur Ermeni sergerdelerinden Antranik'in, müfrezesiyle Nahcivan havâlisinde icra ettiği katliam hiçbir suretle tevakkuf etmiyordu. Ermeni başkumandanı bu katliamın mesuliyetinin kendisine teveccüh edeceğini idrak ediyordu. Bu esnada Ermeni kolordusu kumandanı General Nazarbekof'un birinci Türk kolordusu kumandanlığına iblağ edilmek üzere Ermeni komisyonu riyâsetine gönderdiği mektup, cereyan eden fecâyi'in derece-i vüs'atini irâe (vahşetin ne derece ilerlediğini gözler önüne seriyor) ediyor. Generalin mektubuna zeylen (ek olarak) Ermeni komisyonunun i'tâ (verdiği) ettiği rapor Ermenilerle İslâmlar arasındaki münâferetin (nefretin) esbâb ve avâmilini (sebep ve işaretlerini) göstermektedir. Ehemmiyetlerine binâen her iki mektubun tercümesi aynen zîrdedir:

Gümrü'de Müstakil Ermeni Komisyonu Riyasetine
(Başkanlık Makamı)

27 Haziran 1918

numara: 10008

Aldığım malumata göre, emirlerime itaat etmediğinden dolayı kumandam altındaki kolordudan bütün müfrezesiyle 5 Haziran 1918 tarihinde tardedilen (uzaklaştırılan) Antranik'in Nahcivan havâlisinde hakikaten birçok mezâlim ve fecâyi' yapmakta olduğunu Türk kumandanlığına bildirmenizi rica ederim.

Osmanlı kumandanlığı da tabii biliyor ki, Kamerli cenûbundaki Culfa demiryolu mıntıkası uzun bir müddet İslâm çeteleri elinde idi. Ben bunları dağıtmak istedim, muvaffak olamadım. Muti' ahaliye (itaat eden Türk veya Ermeni halkı) zulmeden Ermeni ve İslâm çetelerini dağıtmak üzere ben ve Erivan hükümeti bütün çarelere tevessül ediyoruz. Bunu Türk kolordusu kumandanı Kazım Karabekir Bey'e haber verdim. Hudut mıntıkasında da aynı tedâbîrin onlar tarafından ittihâzını (ele alınmasını) ben istiyorum.

Kublasara, İmanşalo köyleri yanında belki yanlışlık eseri olarak 25 Haziran 1918'de yerli Ermeni, Türk ve Tatar müfrezeleri arasında müsâdeme (çatışma) olduğunu Türk kumandanlığına haber vermenizi rica ederim. Bu gibi vakaların olmaması için ne zaman hangi yoldan ne kadar kıtanın ne maksatla geçeceğinin vaktiyle bana bildirilmesi meselesinin komisyonda halledilmesini rica ederim. Mezkur vakalara benzer vukuatın bir daha olmayacağını muhik(haklı taraf) bilebilirler.

Kolordu kumandanı

Nazarbekof

Osmanlı Komisyonu Riyâsetine

1 Temmuz (13)34

Zeyl

Erivan sancağında milel-i muhtelife (çeşitli milletler) bulunduğundan, son zamanlarda fena neticelerin vâki olması Ermeni ve Osmanlı komisyonunu düşündürüyor. Aktedilen (söz verilen) sulh sağlam ve devamlı olmalı. Komşuluk münasebâtı, mevâni'i kat'i(katı engeller) ve müessir karar ile kaldırmalı. Bu vakaların esbâbını tarihte aramalı.

905 senesinde adem-i muvaffakiyetle neticelenen Japon muharebesinde ve birinci ihtilalden sonra hükümetin tesir-i nüfuzu azaldığından dolayı Rus hükümeti bir milleti diğer millet aleyhine teşvik ettiğinden, Mâverâ-yı Kafkas dahilinde bulunan Ermeni ve İslâmlar arasında vâsi' mikyasta (geniş ölçüde) ilk münâferet (nefretler) başladı. Cahil ahali ile din mutaassıpları (bir dine mensup kimseler) bu teşvikatın kurbanı oldular.

Kafkasya'da İslâm ve Ermeni arasında hiçbir sebeb-i mücbir yok iken bu münâferet başladı. Bakü, Gence, Erivan taarruzlarında mutazarrır olan Ermeni ahali, hükümet tarafından himâye ve muâvenet görmediği için kendi kendilerini muhafazaya mecbur oldular. Yalnız hamdolsun ki, bu hal çok sürmeden tarafeynin müessir siyasetleriyle bu kavgalar defoldu ve iki millet tekrar rahat yaşamaya başladılar.

Erzincan'da evlerde bulunan insan başları

Bu muharebe, münasebâtı yeniden gerginleştirdi. Muharebenin son safhasında yalnız Ermeniler Osmanlı imparatorluğuyla muharebede kaldı. O zaman münâferet yeniden başladı. Bir taraftan İslâmlar kendi hemdinlerine yardım etmek istediklerinden ve Ermenilerin kuvvetlenmesinden korkarak Ermeni ordusunun arkasını almak isteyip, demiryollarını ve telgraf hatlarını tahrip ettiler, yolları kestiler; Ermeni köylerine, askerî kıtalarına taarruz ettiler. Diğer taraftan, Ermeniler, bu kuvvetli düşmanla muharebelerinde ümitsiz kaldıklarından, çok fena tecavüzler yapmaya başladılar.

Aktedilen sulh (söz verilen barış) bu kanlı mücadelâtı kaldırmalı. Ermeniler anladılar ki, refah ve saadetleri başka milletlerin teşvikâtında değil, eski komşularıyla iyi münasebatta bulunmalarındadır.

Şimdi Ermeni Cumhuriyeti arazisindeki İslâm ahali ile Osmanlı imparatorluğu arazisindeki Ermeni ahalisinin istifadelerini düşünmeli ve Osmanlı ordusunun da Avrupa harbi neticesine kadar menâfî'ini (karşılıklı menfaat) temin etmeli. Osmanlı komisyonu çare olarak bir teklifte bulundu ki, bu tekliften siyasi, iktisadi birçok hukuk meseleleri çıkacak; Ermeni komisyonu sulh muahedenamesinin (barış-anlaşma metni) teferruatına karar verebilir; Osmanlı komisyonunun bu teklifini konuşmaya salahiyeti yoktur.

Muahedename Ermeni Cumhuriyeti arazisindeki İslâm ahali ile Osmanlı imparatorluğu arazisindeki Ermeni ahalinin istirahatlerini temin ediyor. Yalnız bu hususta müzakere olunabilir. Ermeni komisyonu ümit eder ki, iyi bir hükümet idaresi teşekkül edilir ve müsellah (silahlı) çetelerin tecavüzatına nihayet verilirse ahalinin istirahati temin edilmiş olacaktır.

Muhacir (göç eden) ahali yerlerine iade edilirse Osmanlı imparatorluğunun yeni arazisindeki intizam(ın) bozulmayacağını Ermeni komisyonu zanneder. Muhacirlerin silahları alınmalı ve itaatsiz olanlar şedîden tecziye (ağır ceza) edilmelidir. Muti' ahalinin yerli ahalinin muhafazası tahtında yerlerine iadelerine ve işleri başına geçmelerine müsade olunursa, hududun her iki tarafından intizam ve istirahatın temin edilmiş olacağını göstermeyi Ermeni komisyonu vazife addeder. Bu zamanda ufak bir arazide toplanan, mallarını kaybeden, mahsulatlı arazisinden çıkarılarak dağlık araziye sürülmüş olan ahali ölüme mahkumdur ve tabii bu yüzden oralarda intizamsızlık, rahatsızlık olur.

Erzincan'da tahrip edilen binalar arasında Ermeniler tarafından imha edilen cenaze kümeleri

Bunu da bilmelidir ki, Ermeni Cumhuriyet'ine geçen Erivan sancağı kısmında şimdi ahali üç misli oldu. Erzaksızlık, idhalatın olmaması ve Erivan sancağının en münbit arazisinin Osmanlı hükümetine geçmesi dolayısıyla Ermeni milletini vahim ve korkunç bir tehlike tehdit ediyor.

Ermeni komisyonu Osmanlı hükümetinin dostluğuna inanarak ve Osmanlı ordu başkumandanlığının "Ermeni hükümetini Türkiye teşkil etti ve tabii muhafaza edecektir." gibi büyük va'dini hatırlayarak, tasavvur etmiyor ki, Türkiye Ermeni milletinin ölümünü istesin.

Komisyon reisi

Levisyats   Tomaşef   Vekilof   Keşişyef   Jakoyof

Bu mektuplarda İslâm ahali aleyhine yapılan mezâlim (yapılan zulm) sarâhaten (açık bir şekilde) tasdik ve itiraf olunmaktadır. Bu mezâlimin mürettep ve kuvâ-yı muntazama (tertipli ve düzenli örgüt) tarafından idare edilmiş ve pek vâsi' (açık) olduğu muhakkaktır.

Hitâm

335 SENESİ TEMMUZ AYI ZARFINDA KAFKASYA'DA İSLÂMLARA KARŞI İCRA OLUNDUĞU HABER ALINAN ERMENİ MEZÂLİMİ[15]

Mukaddime

Son zamanlarda Ermenilere karşı yeni mezâlim icra olunduğu ve Kafkas Ermeniliğinin himâyesiz bırakılırsa mahvolacağı ve Kafkasya'daki kıtallerin menbaının Osmanlı hududu dahil olduğu gibi haberler ecnebi matbuatta (yabancı gazete) görülmektedir.

Evvela Osmanlı hududu dahilinde İslâmlar tarafından anâsır-ı sâirenin (diğer unsur-halklara) hiçbirisine karşı zulüm yapılmadığı malumat-ı resmiye ile sâbittir. Hududumuz haricindeki vekâyi'de ise Türkiye hiçbir zaman medhaldar (bir işte parmağı olmak) değildir. Bilakis Kafkasya'da, hemen hududumuz civarında Ermeniler tarafından İslâmlara karşı pek büyük kıtaller tertip edildiği her gün haber alınmaktadır. Bunlara bir misal olmak üzere, 335 senesi Temmuz ayı zarfında Kafkas Ermeniliği'nin mahallî İslâmlarına ve Osmanlı hududuna karşı tecavüzleri teferruatını irâe eden (göz önüne serilen) zîrdeki liste tertip edilmiştir ki, mündericâtı neşriyat-ı vakıaya (yayınlanan olayın içeriğine) karşı sarih (açık) bir cevap teşkil eder.

335 Senesi Temmuz mâhı zarfında Kafkasya'da Ermenilerin îkâ (düzenledikleri) ettikleri cinâyât (cinayetler) hülasasıdır.

---

15   Osmanlı Erkân-ı Harbiye-i Umumiye Dairesi neşriyatından, İstanbul (1919), 7 (Türkçe) + 8 (Fransızca) sayfa. Fransızca'sı, 'Ekler' bölümünün sonuna taranarak konulmuştur.

1. Haziran nihayetinde gerek Karakurt kaymakamı Mosisi'nin Karapınar'da İslâmlara vâki olan beyanatı ve gerek merkumun (adı geçen şahıs) nezdindeki Rum jandarma neferinin ifadesi Kazıkkaya, Armudlu, Kızılhamamlı, Kilyantepe ahalisine baskın ve taarruz yapılacağını ima eder bir mahiyette idi;

2. Ermenilerin hududu tecavüzü:

a) 24.VI.(13)35'te Bayezid'in Diyadin mıntıkasında, Hamadağı şimâl-i şarkîsinde Ermenilerin üç süvari ve bir piyade neferi hududu tecavüz etmiş ve tardolunmuştu. (sürgüne zorama-uzaklaştırma)

b) 5.VII.(13)35'te Kuşatyan'a otuz piyade gelmiş ve karakollarımız tarafından terdedilmiştir.

c) 5.VII.(13)35'te otuz Ermeni piyadesi ve 7.VII.35'te otuzbeş süvarisi Sarıbıyık'a gelerek hududu geçmek teşebbüsünde bulunmuş ve müsademe de vâki olarak tardolunmuştu. Bu ikinci müsâdemede (çatışma) bir neferimiz mecruh (yaralı) olmuştur.

d) 11. VII.(13)35'te Moson nahiyesinin Zor istikametinden yirmi kişilik bir müfreze hududu tecavüz etmek istemişse de, birbuçuk saatlik müsâdeme neticesinde tardolunmuştur.

e) 13.VII.(13)35'te, yine "d" fıkrasında muharrer istikametten Ermeniler birinci defasında altmış neferle ve ikinci defasında onbeş kişilik kuvvetlerle hududu tecavüz etmek teşebbüsünde bulunmuşlarsa da tardedilmişlerdir.

3. Temmuz hidâyetinde, istihbarata nazaran Kars ve Sarıkamış havâlisinde İslâmların ileri gelenlerini ve gençlerini Ermenilerin toplayarak kısmen haps ve teb'îd (kovma-sürgün) etmekte ve kısmen itlaf eylemekte oldukları ve bundan başka tekâlîf-i harbiye bahanesiyle İslâmların at, araba, erzak ve mevâşîlerini toplamakta oldukları ve bunun için de kuvve-i askeriyye sevkeyledikleri anlaşılmıştır. Kars ve Sarıkamış havâlisinde bir kısım ahali bu yüzden Allâhuekber dağına çekilmeye mecbur oldukları gibi, bu mezâlim Nahcivan ve Zengesor ve Dârulekez mıntıkalarında daha vâsi mikyasta (büyük ölçüde) icra edilmiştir;

Erzincan'da tahrip edilen binalar arasında Ermeniler
tarafından imha edilen cenaze kümeleri

4. Ermeniler muhtelif havâlide İslâmlara kaşı yaptıkları vahşet ve cinayâtı 4 Temmuz (13)34'ten itibaren teşdîd ve tezyîd (çoklaştırma ve şiddetlendirme) eylemişlerdir:

a) Akçakale'ye tâbi dört karyeyi 4.VII.(13)35'te basarak, bir köy ahalisini kâmilen ve diğer köylerden altmışar adam götürüp katletmişlerdir. Bozkuş karyesinde bir Müslümanın kardeşini ve zevcesini ve kızını alıp götürmüşlerdir;

b) Mescidli ve Kilyantepe karyelerinde VII.(13)35'te taarruz ile, birinci köyde İslâmlardan dört şehit ve dört mecruh verdirmişler ve ikinci köyde ise on İslâm'ı öldürmüşlerdir;

c) Kızılhamamlı ve Kağızman civarındaki Curuk karyelerine de bittaarruz gasb u gâret ve cinayât îkâ eylemişlerdir. Bunlara karşı Ermeniler top ve makineli tüfenk de istimal(eklemişler) etmişler ve top sadâları (sesleri) huduttan işitilmiştir;

Bayburt mezâliminden: Salih Hamdi Efendi
ticarethanesini ve 48 Müslümanın hayatını kurtaran
Dağıstanlı kunduracı Abdullah Efendi

d) Kurudere'yi o tarihlerde basarak sekiz kadın ve erkek itlaf ve birisi gelin ve birisi kız olmak üzere otuz- beş kişiyle dörtyüzkırk mevâşî (hayvan) alıp götürmüşlerdir;

e) Kağızman'daki cinayetlere ait tafsilattan olarak 5.VII.(13)35'te mezkur kasaba eşrafından Mustafa Efendi-zâde Arslan Bey ve zevcesi ve İsmail Efendizâde Ahmed Efendi Kağızman ile Kars arasında Ermeni karakol efradı tarafından alıkonulup, Bernâ civarında pek feci bir surette katledilmişlerdir. Bilahare bunların cenazesi Kağızman'da halka teşhir edilmekle İslâmlar bu halden korkarak dağlara kaçmaya mecbur kalmışlardır;

f) Erivan, Kars, Kağızman havâlisinden birçok İslâm bu cinayetler üzerine hududumuza iltricâ etmişlerdir.

5. 10.VII.(13)35'te Başköy'ü işgal ile Ermeniler Armudlu garbındaki sırtlara top ta'biye(yerleştirmek) etmişler ve civar köyler Müslümanlarına taarruz eylemişlerdir;

6. Cinayetlere sahne olan mahaller ahalisinden alınan birçok feryadnâme ve mektuplar mezâlimin derecesini pek müessir bir lisan ile biliniyordu;

7. Müteaekip günler zarfında:

a) 12.VII.(13)35'te Kağızman ve Kars'a giden iki İslâm ile ailesini Tahtelis ile Ağaderesi arasında Ermeniler öldürmüşler ve göğsü ve yanlarında açtıkları ceplere el, kulak ve burunlarını kesip doldurmuşlardır;

b) 13.VII.(13)35'te Çürükler, Ayntab, Armudlu, Başköy karyelerine hücum ile İslâmların malları yağma edilmiştir. Aynı günde hududa ikibuçuk saat mesafede Gazikaya Müslüman köyünü basmak isteyen Ermeniler ile köy İslâmları arasında müsâdeme vukubulmuştur;

c) Bu günler zarfında Nahcivan ve Şerör havâlisinde kırkbeş pâre (tane) köye Ermeniler kıtaât-ı askeriyye ile hücum etmişler ve şimendifer güzergâhına mücâvir (yakın) köyleri zırhlı vagonlarda ateş altına almışlardır. İslâmları Araş nehrine dökmek ve imha eylemek için kıtaâta emirler verilmiş olduğunu, ele geçen evrakın müfâdı (evrakın içeriği-evrakta olanlar) gösteriyordu.

8. 19.VII.(13)35'te Iğır Bığır karyesinin şarkında ve hudut haricindeki Kazan karyesine bir Ermefni müfrezesi baskın vermekle köy ahalisi hududumuza iltică etmiştir. Aynı günde Pasinler Kilisesi civarında ve hudut haricindeki Bulaklı'ya yüzelli kişilik bir Ermeni müfrezesi tecavüzde bulunmuş, köylülerden iki mecruh ve şehit vukubulmuştur. Bu sırada hududumuz dahiline onbeş top mermisi düşmüştür.

Toroslu civarında Aralık köyünde bir kadın ve bir erkek şehit edilmiştir. Dörtyüz piyade ve üç top ile Suçıvanık karyesine vâki olan Ermeni taarruzu, kendilerinden altı maktul ve İslâmlardan da birkaç şehit düşmesine sebep olmuştur. Ermenilerin köye tekerrür eden taarruzları neticesinde İslâmlar da buradan kaçmışlardır;

9. Karakurt cenûb-i şarkîsinde Darbhâne nam karyeye 30.VII.(13)35'te takriben yüz kişilik bir Ermeni kuvveti baskın yaparak köyü işgal ile makineli tüfenk dahi istimal ederek oradan dağlara kaçmakta olan İslâmları şehit etmişlerdir.

Köyde kalanlardan sekiz kadın ve yedi çocuğu beraber alıp götürdükleri gibi, köy hanelerinin bütün eşyalarını ve bundan başka kırkbeş öküz ve üçyüzyirmi koyun ile bulabildikleri erzakı gasbetmişlerdir.

Ermeni hükümetinde bir fırka kumandanı olan Arşak ismindeki şahsın Eyüp Paşa (Paşo) namındaki aşiret reisine ahiren gönderdiği mektubun Ermeni fecâyi'ini itiraf eden bir fıkrası ber-vech-i zîrdir: (aşağıdaki gibi ekte mevcuttur.)

"...Binaenaleyh, vaktin hulûlüyle, hükümet-i Osmaniye'nin aynı fecâyi'ine mütekâbilen harekatta bulunmak mecburiyeti hâsıl olmuştur. Hükümet-i Osmaniye elyevm fiilinin cezasını görmektedir. Bu havâlide mütekâbilen bazı taarruzât ve tecavüzât vukubulmuş ise de bunlar da birkaç müşevvikin (kötü teşvikçi) teşvikiyle icra edilmiştir..."

335 VE 36 SENELERİ KAFKASYA'DA İSLÂMLARA KARŞI İCRA OLUNDUĞU TEBEYYÜN (APAÇIK-AYAN- BEYAN) EDEN ERMENİ MEZÂLİMİ[16]

35 ve 36 seneleri Ermeniler tarafından Kars ve Erivan vilayetleri dahilinde icra olunan kıtal ve mezâlime ait hülasa.

Osmanlı ordusu 30 Teşrîn-i Evvel (Ekim) 34 tarihinde akdettiği mütareke şeraitine tevfikan (söz verdiği hareket kanununa binaen), Harb-i Umumi'den evvelki Osmanlı-Rus hududu gerisine çekildikten itibaren, hudut haricinde himâyesiz kalan ahali-i İslâmiyye de Ermeni kıtal ve mezâlimine yeniden uğramaya başladı. Osmanlı ordusunun tahliye ettiği arazide ekseriyeti teşkil eden İslâm nüfusunun mahv-u ifnâsma yürüyen bu kıtal ve mezâlim; tohumluk istemek, sebepsiz vergiler tarh (sebebsiz vergi) ve teklif etmek ve silah toplamak gibi en adi bahanelerle irtikap edilmektedir. Mazlum İslâmların düçar oldukları bu silsile-i fecâyi' (ardı arkası olmayan vahşet) Avrupa'da, Amerika'da...

Velhasıl her taraftaki Ermeni propagandacıları vasıtasıyla hep İslâmlar tarafından îkâ (Müslümanlar yapıyormuş gibi göstermek) edilmiş cinayetler şeklinde ilan olunmakta ve İslâmların maruz kaldıkları felaket ve musibetlerden, zulüm ve kıtallerden yine İslâmlar aleyhine binlerce bühtan ve iftira

---

16 Türkiye Büyük Millet Meclisi Şark Cephesi Kumandanlığı X. Şubesi neşriyatından, Kars, 1.1.(1)337 (1921), 21 sayfa.
Eser, Kazım Karabekir'in Kürt Meselesi adlı eserine de alınmıştır: s. 109-131, yayma hazırlayan: Faruk Özerengin, Emre Yayınları, ikinci baskı, İstanbul, 1995.

vesileleri bulunmaktadır. Bu müfteriyât-ı tasnî'âta (planlı ifti-ralara) sarih bir cevap teşkil etmek üzere, 335 senesi Temmuz ayı zarfında Kafkasya'da İslâmlara karşı icra olunduğu haber alınabilen Ermeni mezâlimi, Osmanlı Erkân-ı Harbiye-i Umu-miye Dairesi'nce neşredilmişti.

İslâmlar için kanlı bir sahne-i fecâat (vahşet sanesi) teşkil eden (1) 293 hududu şarkındaki mıntıkaya Türk ordusu (1) 336 senesinde tekrar girdiği zaman, Ermenilerin bıraktığı âsâr-ı vahşeti (vahşetin izleri) re'ye'l-ayn (gerçek gözle) görmüş ve muhtelif heyetler vasıtasıyla yapılan tedkîkât-ı resmiyede pek çok hakikatlere şahit olmuştur.

Müşahedâta, (olaya şahit olanlar) sağ kalan yerli ahali-nin ifadesine ve vesâik ve delâile müstenit (belge ve delillere istinaden) olarak bir kitap halinde cem' ve telfîk edilen bazı malumat, şimdiye kadar Ermenilerin propaganda perdeleri arkasında gizlemeye çalıştıkları emsali görülmemiş pek feci levhaları (feci manzaraları) enzâr-ı beşeriyyete vaz' (insanlı-ğa duyurmak) edeceğinden, neşr ü ta'mîmi (genelge olarak yayımlamak bir vazife-i insaniyye telakki (insanlık vazifesi) olunmuştur. İngilizlerin hile ve hud'aları neticesi olarak Kars Şûrâ hükümeti 13 Nisan (13)35'te mevâki'-i idareyi terkettik-ten üç gün sonra, Ermeni Generali Osebyan askerleriyle bera-ber Kars'a girerek, Taşnak Ermenilerden Garganof makam-ı hükümeti işgal etti.

Bundan bir hafta sonra Ermeni mezâlimi yeniden başladı.

I. Kars ve Civarında Ermeni Mezâlimi

a) Vaktiyle Şûrâ askerlerinden iken terhis edilen 100 İslâm, şehirde tutularak zulüm ve işkence ile imha edilmiştir;

b) Şûrâ müessislerinden İbrahim, Haşan Aziz, Mamilof, Musa Bey, Kömürlü Yusuf Bey, Muhlis Efendi ve Rus mille-tinden Raçinski, Camişof, Kağızmanlı Ali Bey, Revanlı Meh-med Bey, Hüseyin Ağa, Ahmed Efendi bir gecede tevkif ve teb'îd olunduktan sonra, hepsinin evleri müsâdere (zorla mala el koyma) ve eşyaları yağma edilmiştir;

c) Bu hafta zarfında Fırıncı Mustafa Ağa kati ve eşyası yağma edilmiş ve Fırıncı Mehmed oğlu Hasan'ın 700 Osmanlı altın lira ve ikibin banknot lirası, vali muavini Çalkonyan ile ceza reisi tarafından hile ve tehdit neticesinde gasbolunmuştur;

d) Başlı karyesinden Molla Mehmed, "Türkiye ile muhaberede bulunuyormuş!" iftirasıyla Kalearkası'na götürülerek, sağ sağ kafasının derisi yüzülmüş ve yan taraflarında etlerini kesip cep yaparak, gayet feci ve işkenceli bir surette öldürülmüştür;

e) (1)335 senesi Haziran'ında, Kars'a tâbi Hacı Halil karyesinde meskun Türkleri Sebt oğlu Murad Nazik beşyüz süvari ile muhasara(kuşatma) ederek sekizbin koyun, beş- yüz sığırlarını ve ikiyüzbin liralık nakid ve zî-kıymet eşyalarını alarak sekiz nüfus aile reislerini katletmişlerdi.

Küçük Yusuf, Hacı Mahmud köyü, Satuköyü, Alaköyü, Ağadede karyelerine de hücum ederek, ahaliden otuz kişiyi itlaf ve hanelerini külliyen yağma ile ikibin koyun ve sığırı gasbederek Kars'a götürmüşlerdir. Bu cinayetler, General Osebyan ve vali Garganof'un emriyle yapılmıştır.

Bayburt mezâliminden: Sokaklarda suret-i fecî'ada katledilen bîçaregân

(13) 35 senesi Kânun-i Evvel,(ocak) (13)36 senesi Kânun-i Sâni ve Şubat aylarında Ermenilerin yaptığı zulüm ve işkence ve kıtal, vüs'ati itibariyle(genel itibariyle) pek ziyade şayan-ı dikkat ve-câlib-i merhamettir. (Dikkat çekici ve merhameti cezbeden.)

Bu vekâyi'den bazıları ber-vech-i âtî dercolunmuştur:

General Osebyan'm kumandasındaki kıtaât-ı askeriyye ve çeteler Kars etrafında bulunan Karapınar, Çamurlu, Akkerem, Gölbaşı, Yurdik, İyneli, Kızılçakmak köylerine hücum ve yüzü mütecâviz bî-günah masum İslâmları öldürdükten sonra, ikibin koyun ve sığır ve yüzbin liralık para, ev eşyası ve zî-kıymet eşya gasbetmişlerdir. Ermenilerin bu zulüm ve vahşetinden dolayı Kars civarını terk ile Göle ve Çıldır taraflarına firara mecbur olan İslâm ahalisinden, ekserisi kadın ve çocuk olmak üzere beşyüz kadar insan soğuktan donarak telef olmuşlardır. Bu fecâyi'in mürettipleri de vali Garganofla kumandan Osebyan'dır. (Ermeni Mezâlimi-Vesâik Dosya-I)

Kânun-i Sâni'den (Şubat) itibaren Kars-Gümrü demiryolu üzerinde Şahnalar (Odino) karyesine hücum ve zırhlı vagonlardan top atışları icra olunmuş ve yalnız bu karyede beşyüzü mütecâviz erkek, kadın ve çocuk pek merhametsiz bir surette şehit edilmiş ve kaçabilen ikiyüz kadar İslâm da kar tipileri altında boğularak rahmet-i Rahmân'a kavuşmuştur;

Yine bu sıralarda, Kars sancağına tâbi Digor nahiyesinden otuzsekiz pâre köyü Ermeniler tahrip ve ihrak, bu köylerden erkek, kadın, çocuk olmak üzere ondörtbin altıyüzyirmi (14,620) İslâm'ı kati u imha ve bilumum mallarını yağma eylemişlerdir. Bu hakâyık; mezkur otuzsekiz köy ahalisinden sağ olarak kaçıp kurtulan ve elyevm avdet (geri dönen halk) etmiş olup Ermeni hunharlığına, Ermeni vahşetine sarih ve feci bir levha-i ibret teşkil eden bu harabeler içinde gözyaşı dökerek yeniden yurt yapmaya çalışan zavallıların şikayet ve ifadelerine ve mahallinde yapılan tahkîkâta müstenittir. (yapılan araştırmaya istinaden) Tahrip edilen bu köylerin isimleri ber-vech-i âtidir:

Digor, Pazarcık, Tarhana, Türkmenaşan, Sorholu, Alem, Makarpırt, Alaca, Türk Söğüdlüsü, Bayramgömek, Veysikümde, Ayran Döğen, Aracık-ı Ulyâ, Aracık- ı Süflâ, Kızıl Mağara, Kitpan, Karabağ, Çanak, Dolamaç, Kesko, Karakale, Hortsun, Kayakümde, Pivik, Dellar, Karaköy-i Ulyâ, Karaköy-i Süflâ, Şaban Arpalı, Başköy, Betlik, Alemcan, Paşabey, Çarıklıyı Ulyâ, Çarıklı-yı Süflâ, Hâli Maşlak, Hüseyin Kendi, Kale karyesi.

II. Sarıkamış ve Mülhakâtında (Dahilinde-Sınırlarında) Ermeni Mezâlimi

a) Kars İslâm Şûrâ hükümetinin sükûtundan bir müddet sonra, Ermenilerin Sarıkamış'a vürûdunda kaymakam Varcabet Agop, evvelce Şûrâ hükümeti nezdinde telefoncu olan yedi İslâm'ı feci bir surette katlettirmiştir;

b) Ermeniler, Sarıkamış'a vürûdun ikinci haftasında Mescidli köyüne baskın yaparak, Erivan muhacirlerinden Derviş Ağa ve yirmi kişi aile reislerini kati ve köyü topla bombardıman ve emval ve eşyasını gasbettiler. Bu vakanın ertesi günü işbu zâlimâne tecavüzü protesto eden milletvekili ve Sarıkamış'ın sâbık (önceki) kaymakamı Bekir Bey'in Hamâmî karyesinde bulunan hanesini ve karyeyi topla tahrip ve Bekir Bey'in akraba ve taallukâtının kati ve nukûd (nakit para) ve emvalini gasbettiler;

c) (13)36 senesi 1 Nisan'dan itibaren, General Osebyan ve vali Garganof ve alay kumandanı Mirmanof'un emirleriyle, Osmanlı muhaciri olan Ermenileri Sarıkamış köylerine iskana başladılar. Bundan sonra, çete başı Sepo'nun *Maverist* tabir olunan atlı çeteleri, başlarında çeteci Ermeni Şapo Murad, Çavuş Nazik, Hacı Bab ve Sarıkamış jandarma kumandam Kör Arşak Hayrabet olduğu halde birer birer İslâm köylerini yağmaya başladılar. Yağma ve tahribe uğrayan köyler bervech-i âtidir.

Aşağı ve Yukarı Kotanlı, Oluklu, Tuzluca, Akyar, Karahamza, İğdır, Karaçayır, Akpınar, Ali Sofu, Cavlak, Kırkpınar,

Karnakadı, Sigor, Katranlı, Bölükbaşı, Laloğlu, Kamışlı, Çıplak, Aşağı Salut, Verişan, Boyalı, Akçakale, Başköy, Beyköy, Karakale, Katranlı, Emirhan, Dalıca, Bekice, Hasbey, Sübhanazad.

Ermeniler bu otuz iki köyden birçoğunu kâmilen ve bazılarını da kısmen tahrip etmiş ve pek çok mal ve eşya ve para gasp ve ahaliden bindokuzyüz yetmiş kişiyi kati ve imha etmişlerdir. Yalnız Katranlı'da, muhtelif üç büyük bina dahilinde *sekiz yüz îslâm*'ı ihrak etmişlerdir. Mütebâki ahaliden (geri kalan halk) birçoğu, yalnız canlarını kurtarmak suretiyle hududu geçerek Türkiye'ye dehalete mecbur kalmışlardır.

((1)334 senesinde Ermenilerin bu mıntıkada şehit eyledikleri on bir bin yerli İslâm ve umumiyetle (1)334 senesinde hududun şarkında Ermenilerin yaptığı kıtâl ve mezâlim, ayrıca neşri mutasavver risaleye dercedilecektir); (oluşturulan risaleye eklenecektir)

d) Bu sıralarda Ermeniler Lavstan, Toptaş, Gülpınar karyeleri ahalisinden sekiz yüz İslâm'ı evlere doldurarak yakmak suretiyle, Ermeni vahşet ve hunharlığına bir numune daha ilave etmişlerdir. Bu üç köyden alıp götürdükleri yirmi beş güzel kız ve gelinin akıbetleri meçhul kalmıştır. Katliam esnasında bu köylerden firara muvaffak(kaçıp kurtulan) ve el-yevm ber-hayat(bugün hayatta olan) olan dört kişi bu fecî'anın içinde bulunmuş şahitlerdir;

e) 14 Eylül (13) 35'te, Ermeniler Karaurgan'ın on beş kilometre kadar şarkındaki Mecingerd-i Ulyâ köyüne taarruzla İslâm ahaliyi kısmen kati ve kısmen de hicrete icbar etmişlerdir;

f) 10 Eylül (l) 335'te Zakim, Güreşkan, Çermik karyelerine taarruzla ahaliden bazılarını şehit ve mütebakisinin mallarını yağma eylemişlerdir;

g) (13)36 senesi zarfında Bardiz nahiyesine tâbi Güreşkan, Zakim, Çermik, Vartanot, Kürkçü, Tirbez, Ahriz, Posik, Temürkışla, Vanek, Osonek, Fanrisi, Pertos, Zepetek, Dagir köylerinden dokuz yüz on iki nüfus, kısmen kurşunla, kısmen ihrak suretiyle imha ve yüz elli bir haneyi tahrip ve ihrak etmiş ve pek çok iğtinâm, (ganimet) zahire, (tahıl) zîkıymet eşya ve nukûd gasbeylemiş ve bu köylerden birçok kız ve kadınlara câniyâne bir surette taarruzla beraber yirmi dokuz genç kızı alıp götürmüşlerdir.

Bayburt mezâliminden: Katledilen çocuklar ve hocalar

Bu katliam esnasında, evvelce kıtâle uğrayan muhtelif mahallerden toplanıp Kürkçü ve Vartanot karyelerinde iskan ve iâşe edilen yüz yirmi beş öksüz kız ve erkek İslâm çocuğu da feci bir surette katledilerek, Ermeni vahşetinin mazlum kurbanları arasına katılmıştır. Bu fecâyi'i tertip ve idare edenler alay kumandanı Mirmanof ve Mazmanof ile Sivaslı Murad ismindeki hunhar çetecilerdir;

Karaurgan civarında Zek karyesi ahalisi, Osmanlı hududu üzerinde Müslüman ahalinin bulunması caiz olmadığından, Kars'a gönderilecekleri bahanesiyle köylerinden çıkararak Kars'a doğru sevk ve Sarıkamış'la Kars arasında mezkur ahalinin araba, eşya ve hayvanlarını gasp ve yüz elli nüfusu orman içinde katletmişlerdir. (Bu fecâyi'i irtikap eden, jandarma kumandanı Kör Arşak'tır.)

III. Akbaba, Çıldır, Göle,
Zavşat Mıntıkalarındaki Mezâlim

a) (1)336 senesi Kânun-i Sâni ve Şubat aylarında Kars ve Sarıkamış havalisinde olduğu gibi, mahallî İslâm şûrâ heyeti tarafından idare edilen Çıldır, Zaruşat, Akbaba menâtıkında Ermeniler top ve makineli tüfenk müfrezeleri ile takviye edilmiş kuvvetlerle İslâmlara tecavüze başladılar. Kânun-i Sâni'de Zaruşat kazası dahilinde ilk defa Güvercin, Mamaş, İncilipmar karyeleri Ermeni çetelerinin taarruzuna uğramış ve bu köylerden kırk beş kişi, bir kısmı ateşte yakılmak üzere şehit edilmiş, güzel ve genç kızlardan otuzu Gümrü'ye sevkolunmuştur;

b) Bu ay zarfında Göle nahiyesinin Çullu karyesine Ermeniler topçu ateşiyle ve çetelerle taarruz ederek, erkeklerini kâmilen kati u imha, kız ve gelinlerini esir, emval ve eşyasını gasp ve yağma eylediler; bu nahiyenin Çıtak-ı Ulyâ ve Çıtak-ı Süflâ köyleri de taarruza uğrayarak, erkeklerinin bir kısmı firar etmiş, kadınlarının ırzları Ermeniler tarafından pâymâl (pay etme) ve ahalinin mevâşî ve şâire (süs) eşyası yağma olunmuştur. Hasköy karyesinden de bir miktar mevâşî gasp ve dört erkekle bazı kadınlar Ardahan'a götürülmüşlerdir.

Ermenilerin, sırf İslâmlarla meskun olan ve İslâm şûrâsı tarafından idare edilen bu menâtıkı cebren istilaya karar vermiş oldukları, mezkur mıntıkaya taarruza hazırlanmış olan Ermeni kıtaâtı kumandanı tarafından 30 Kânun-i Sâni (l)336'da neşredilen tehditname gösteriyor. Evlerin topçu ateşiyle yakılacağından ve emvâlin kâmilen mahv-u tahrip edileceğinden bâhis bu beyanname, Ermeni hükümetinin mezâlim-i Tesmiyesine bir nu- mune teşkil edeceğinden, aynen âtiye dercolunmuştur:

Suret

Zaruşad havalisine verilen emir

numara: I   Romanof istasyonu

saat: 12: 30   Kânun-i Sâni 1920

Zaruşad havalisi ahalisine

"Sizce malumdur ki, ben kıtaâtımla Romanof istasyonuna geldim. Sizin karar vermeniz için iki gün sabrederek bekliyorum. Kadınlarınıza, çocuklarınıza merhamet edip, tâbiiyeti kabul ettiğinizi bildirmek için murahhaslarınızı(elçilerinizi) gönderiniz! Sizce belki malumdur ki Ermenistan Cumhuriyeti düvel-i muazzama(büyük devletler) tarafından müstakil olarak tanınmıştır. Ermenistan, Gürcistan ve Azerbaycan arasında sulhen beraber yaşamak için tedâfü'î (karşılıklı çıkar) bir ittifak-ı dostane (dost ittifakı anlaşması) akdedilmiştir.

"Bundan dolayı, size evvelce ihbar etmeden, gerek Ermeni ve gerek Rus veya Müslüman olsun, köylerimizden hiçbirinde kan dökmek istemiyorum. 31 Kânun-i Sâni saat 12'ye kadar, en geç olmak üzere, on murahhası, tâbiiyetinizi tasdik etmek maksadıyla Romanof istasyonuna, nezdime göndermenizi tavsiye ederim. "Murahhaslarınızın hayat (ve) hürriyetini tekeffül (kefil) ediyorum. Eğer tâbiiyeti kabul ederseniz kendi hürriyetinizi ve emvalinizin emniyetini deruhte ederim. Aksi takdirde *hanelerinizi topçu ateşiyle yakmaya ve emvalinizi mahvetmeye mecbur kalacağımdan, ailelerinize gelecek zararın mesuliyeti size aittir.*

"Bazı müfsitler sizi hataya sevkedip "Eğer Ermeni hükümetine tâbi olursanız Ermeniler sizi kesecekler!" diye aldatıyorlar, bunlara inanmayınız.

Bayburt Ermeni mezâliminden:
Kadın, ihtiyar yüzlerce ecsâd kümesi

"Siz biliyorsunuz ki Kelsek, Soğanlı ve Kağızman havalisindeki Müslümanlarla Ermeniler hâl-i sulhta ve uzlaşmış bir halde yaşıyorlar; Zaruşad havalisi ahalisi siz de böyle yaşayacaksınız."

İmza (aslına mutabıktır)

General Mayorn-n-

İmza (aslına mutabıktır)

Nersisof-pr.

***

25 Kânun-i Sâni (13)35'te Ardahan kaymakamı Kadimof ve askerî kumandanı Marmanof imzasıyla Çıldır ahalisi milletvekillerine hitaben yazılan beyannamelerde "her taraftan Çıldır ahalisi üzerine asker sevkedileceği ve bu kıtaatın vürudunda karşılarına 'tuz ve ekmek' çıkarıp, boyun eğerek teslim olmak lazım geldiğini ve şayet teslim olmazlarsa Erivan vilayeti Müslümanlarına ve Göle ahalisine yapılan muameleden daha şedit cezalara uğrayacaklarını bildirmişlerdir. Buna mukabil Çıldır ahalisi, cevaben, Erivan vilayetinde Müslümanlar hakkında reva görünen katliamlar ve elan Göle'de yapılan kıtal ve mezâlim göz önünde iken, kendilerinin Ermenilere emniyet ve itimat edemeyeceklerini zikr ve beyan etmişlerdir.

Bunun üzerine, 27 Kânun-i Sâni (1)336, gündüz saat 6'da Ermeni kıtaatı beş koldan tecavüz ve Göleviren karyesi sırtlarına top vaz' ederek, topçu ve piyade ateşiyle taarruza başlamışlarsa da, yerli ahalinin mukabele ve mukâvemeti üzerine saat 12'de geriye püskürtülmüş, Bir taraftan Erivan vilayeti dahilinde tatbik edilen taktîl ve tehcir mezâlimi, (öldürme ve yaralama) diğer taraftan Göle, Çıldır Şüregel, Zaruşat Akbaba havalisine vukubulan tecâvüzatı Kânun-ı Sâni (l)336'da henüz Kars'ta icrayı hükümet etmekte olan İslâm Şûra heyeti, Tiflis'te bulanan Amerika mümessili nezdinde protesto etmiştir. Hiçbir taraftan mazhar-ı himâye ve sahabet (koruma ve korunma) olamayan bu biçare Müslümanların muhik (haklı) ve acıklı sadası, Azerbaycan hükümeti Millet Meclis(i) kürsüsüne aksederek oradan da yükselmiştir.

Azerbaycan hükümeti Elâriciye Nezâreti tarafından bu katliamlar hakkında Ermenistan hükümetine ve bir sureti de İngiltere, Fransa ve İtalya mümessil-i siyasilerine verilip Batum'da çıkan İslâm Gürcistan gazetesinin 4 Mart (13)36 tarihli nüshasında neşredilen nota sureti âtidedir:

İkinci Nota

Ermenistan hükümeti Hâriciye Nezâreti'ne

Hükümet-i metbû'am Kars hadisat ve fecâyi'i hakkında Kars ahali-i İslâmiyesi murahhasları tarafından irsâl (kaydedilen) kılınan evrakı, 30 Kânun-i Sâni'de General Osebyan tarafından neşrolunan 1 numaralı emirname suretini ve Kars'tan keşide (çekilen telgraf) edilen telgrafnameye Zaruşat mıntıkası murahhaslarının cevabını ve bunlara mümâsil evrak-ı sâireyi ahzetmiştir. Azerbaycan hükümeti tarafından ahzolunan vesâik-i mezkûre ve malumat, Ermenistan hükümetinin, "Kars ülkesinde sulh ve sükun hükümfermâ olup, Kars ülkesi ahali-i İslâmiyesi aleyhinde hareket-i tecavüzkârâne bulunmadığını mübeyyin (beyan eder) ve müş'ir, (emredilen-bildirilen) tarafınızdan gönderilen talgrafnamelere tamamen zıd ve onların aksini isbat etmektedir.

30 Kânun-i Sâni'de General Osebyan tarafından neşrolunan bir numaralı emirname Zaruşat mıntıkası ahalisinin teba'iyyet etmelerini, aksi takdirde top ve tüfenk ateşleriyle imha edilecekleri tehdidini ihtiva etmektedir. Zaruşat ahali-i İslâmiyesi murahhasları, General Osetya'n takdim ettikleri cevapta, Ermeni memurları tarafından icra olunan katliam ve gayr-i kanuni hareketlerinden bahisle, kanunsuzluğun önüne geçilmesini ve köylerinin ihrak ve imha edilmemesini rica etmişler ve aksi takdirde tevellüd (doğacak-ortaya çıkacak) edecek olan mesuliyetin Osebyan ve Ermenistan hükümetine ait olacağını da bildirmişlerdir. Kars ülkesi ahali-i İslâmiyesi murahhasları tarafından verilen malumata nazaran, Mazmanofun taht-ı

kumandasında bulunan Ermeni askerleri 27 Kânun-i Sâni'de, Müslümanlarla meskun köylere taarruz ettiği gibi, Osebyan dahi, bir numaralı emirnamesindeki tehdidini icra etmiştir. Bu suretle Güvercin, Kızıl Kili, Geçer, Bürçek, Miçli, Kümbed ve Ağzıaçık, Mamaş, Tebidvan ve Kalecik köyleri top ateşleriyle Ermeni askeri tarafından tamamıyla ihrak ve bilcümle emvâli talan edilmiştir. Bununla beraber, Ahilkelek ve Tiflis'te bulunan Karslı Müslümanlar tarafından verilen malumat, hadisat ve fecâyi'-i mezkûreyi teyit etmekte olduğundan, İslâm ve Ermeni milleti arasında münasebat-ı hayırhâhâne tesis maksadıyla bu gibi harekat-ı vahşiyâne ve fecî'âneye nihayet verilmesi hususunda icap eden tedâbîrin ittihâzını hükümet-i metbû'am namına rica eder, aksi takdirde tevellüdü melhuz mesuliyetin Ermenistan hükümetine râci' olacağını da beyan eylerim.

Hâriciye nazırı

Hanhoyski

Bayburt'ta Ermenilerin zulmünden kurtulan ve mecruh kalan birkaç İslâm (evlerde kapatılıp yakılanlardan)

Artık tahammül-fersâ (tahammülü aşan) bir şekle giren Ermeni mezâlimi hakkında İslâmlar tarafından yapılan feryat[17] ve şikâyete temâdî (devam) edince, nihayet Tiflis'ten Amerikalı miralay Haskel ile bir İngiliz yüzbaşısı (13)34 senesi Şubat hidayetinde Şahna ve civarındaki köylere gelerek ahaliyi teskin ve temine çalışmış ve ba'demâ (bundan sonra) İslâmlara kat'iyyen tecavüz olunmayacağını va'detmişlerdir.

Bu va'dlere inanan halk, artık mal ve can ve namuslarının tekeffül ve te'mîn (kefil ve güven) edildiği zannıyla silahını geri alarak köylerine dağılmışlardı. Fakat, bu teminata rağmen, aradan çok vakit geçmeksizin, Ermeni çeteleri ve kıtaâtı toplanarak ve imdat (yardım) alarak tekrar İslâmlara taarruza başlamışlardır;

28 Şubat (l)336'da Ermeniler tekrar Zaruşad kazasına taarruza geçerek İslâmlara pek büyük telefat ve perişanlık verdirmiş ve yirmi sekiz pare köyü kâmilen harap ederek, kadın ve çocuklar da dahil olmak üzere ikibin nüfusu caniyane bir surette kati ve imha etmişlerdir. Bu köylerin genç ve güzel bâkirelerinden birçoklarını on üç kızağa (tekerleksiz taşıt) doldurarak Gümrü'ye ve altı kızak ile de Kars'a götürerek, Ermeni vahşilerinin evlerine dağıtmış ve bu zavallıları, ölümden daha pek çok feci olmak üzere, hisse-i hayvanilerini teskin (nefsislerini tatmin) için daimi esaret altına almışlardır. Bu köylerden alınıp sahipleri imha edilen talan eşyasını satmak ve teşhir için Kars'ta bir pazar açılmış ve bilhassa kadınların sırmalı ve işlemeli don ve gömlekleri müzayedelerle satılmıştır.

Bu menâtık dahilinde hiç silah kullanmaksızın bilâmukâvemet (güç kullanmaksızın) Ermenilere teslim olan köyler hakkında da kıtal, yağma ve ırza tecavüz bütün fecâyi'i ile tatbik ve icra olunmuştur. Kânun-i Sâni ve Şubat ayları zarfında, top ve makineli tüfenklerle mücehhez Ermeni kuvvetleri müteaddit defalar (defalarca-birçok defa) Akbaba, Çıldır, Zaruşat ve Göle mıntıkalarına hücum etmişlerdir. Bu hücumların ekserisi Ermenilerin mağlubiyeti ve fazla telefâtıyla neticelendiği

---

17 Aslı kurbandır. (Haz.)

için, her sıkıştıkça, meseleyi sulhen halletmek ister gibi görünerek, Ermeni ve İngilizlerden müteşekkil heyetler vasıtasıyla İslâm ahaliyi iğfale ve hayatını, namusunu, toprağını muhafazadan başka bir maksadı olmayan İslâmlar arasındaki vifâk (fikir birliği) ve ittihadı bozmak için her türlü fesat ve fitneye başvurmuşlardır.

Bu menâtık dahilinde Ermenilerin irtikap ettikleri mezâlim ve fecâyi'den, yapılan tahkikat neticesinde tebeyyün eden Şüregel kıtali de vüs'at (genel olarak) ve dehşet itibariyle pek fecidir;

26 Kânun-ı Sâni (l)336(da), Ermeni kumandanlarından Baratof ve Mazmanofun top ve tüfenkle müsellah (silahlı) Ermeni askerlerinin Şüregel nahiyesinin Ata karyesinden kırk, Aynalık'tan altmış, Karataş'tan yetmiş, Gölviran'dan elli, Kepenek'ten seksen, İlanlı'dan kırk, Ağüzüm'den yetmiş, İstağan'dan otuz, Aralık'tan otuz, Karakilise'den otuz beş, Molla Musa'dan yüz, Pahoğlu'ndan elli, Vartanlı'dan yüz, Okcuoğlu'ndan yüz elli, Bicer'den otuz, Ergene'den kırk, Incedere'den otuz, Sorkos'tan yüz, Şahnalar'dan iki yüz yirmi, Karacan'dan iki yüz, Söğüdlü'den on sekiz, Geçid'den otuz, Hacıpir'den otuz, Küçük Timeli'den altmış, Akbulak'tan otuz, Kara Memed'den yirmi, Küçük Kızıltaş'tan yirmi, Büyük Kızıltaş'tan yüz, Çakmak'tan otuz, Mağaracık'tan yüz, Karahaçlı'dan yüz elli İslâm hanesini tahrip ve emval ve eşyasını yağma ye ahalisinden kısm-ı a'zammı (büyük kısmını) kati ve imha eylemişlerdir;

Zarşat kazasının Tepeköyü karyesi, Taşnaklar tarafından toplu tahrip edilerek, mezkur kazadan beş erkek ve bir kadın kati ve malları yağma edilmiştir. Ve yine, Zarşad'ın Mes'atlı karyesinden otuz, Keçebur karyesinden kırk, Kızılkilise'den altmış hanenin harap edildiği, yetmiş-seksen çoluk çocuğun ateşte yakıldığı ve sekiz bin mevâşînin alındığı tahakkuk eylemiştir;

Yapılan tahkikata nazaran Göle kazasından Çullu, Sitemoğlu, Lalevarkans, Harabe, Altunbulak, Karatavuk, Çardaklı,

Şeksi Gülistan karyelerinin dahi Ermeniler tarafından tahrip ve bu köylerden yüz seksen İslâm'ın kati ve eşyalarının gaspedildiği tebeyyün(apaçıktır) etmiştir.

Bu mezâlim de vali Garganof'la kumandan Mazmanof zamanında ve bunların tertibiyle ika olunmuştur;

Ermeniler Akbaba kazasına da (1)335 senesi nihayetinden itibaren, (1)336 senesi zarfında hayli zarar ve ziyan îkâ ve müteaddit (birçok) köyleri tahrip ve ahaliyi Gürcülere dehâlete (dahil etmişler) ve Türkiye'ya hicrete icbar (göç etmeye zorlamışlar) eylemişlerdir.

IV. Merdenek ve Oltu Havâlisindeki Mezâlim

a) (1) 335 senesi Haziran'ında, Mazmanof kıtaâtı Pülümür karyesine taarruz ederek mevâşî ve eşyasını kâmilen yağma ve kaçamayıp da köyde kalmış olan beş on kişinin elbiselerini gasp ve kendilerini itlaf ve kadınların ırzlarına tecavüz etmişlerdir. Karye ahalisi, üç gün aç olarak dağlarda kalmış ve Ermeniler çekildikten sonra köye avdetlerinde(dönüş) harabe ve cenazeden başka birşey bulamamışlardır;

Bayburt'ta Ermeni mezâlimi

b) 4 Ağustos (13)36 tarihinde Zivin karyesine tecavüzle iki yüz inek ve öküz ve yirmi at ve birçok zî-kıymet eşya gasp ve karye halkından sekiz kişiyi bir saman ambarına doldurarak yakmışlardır.

Yine bu tarihlerde, Demirkapu karyesine hücum ederek, bütün erkeklerini itlaf ve yirmi kadının ırzlarını pâymâl (kendilerine pay etmişler) eylemişlerdir;

c) Merdenek ve civarında bulunan Bozguş ve Mihrel ahalisi, Ermenilerin yaptığı mezâlim ve kıtalden dolayı Oltu cihetlerine hicret etmekte iken, Arsenik civarındaki Karcuki boğazında ve Partıl deresinde Ermenilerin tecavüzüne uğramış olan yirmi sekiz İslâm cenazesini defnetmişlerdir;

d) Bir Ermeni'nin ifadesine nazaran, Kasap Paşa namını almış (olan) Mazmanof, Allâhuekber dağı civarında, Ayı deresi denilen mahaldeki bir mağara içinde muhacir İslâm göçlerinden seksen kişiyi parçalatmak suretiyle katlettirmiştir;

e) Küsur nahiyesine ait Egidkum, Karkilik, Heybesor, Balkaya, Ağondir, Ersenek, Köşk karyeleri Ermeniler tarafından tahrip ve ihrak edilmiş ve bu manada, Küsur nahiyesini teşkil eden mütebâki (geri kalan) otuz bir pâre (tane) köyün de emval ve hayvanâtı ve birçok nakid ve zi-kıymet eşyası gasp ve yağma olunmuştur. Mezkur köylerden, perâkende (ayrı ayrı-kısım kısım) suretiyle beşyüzü mütecaviz İslâm katledilmiştir;

f) Bu mıntıkadaki Ermeni vahşet ve mezâliminden kaçarak Oltu'ya gitmek isteyen, kırk arabadan ibaret muhâcirîn kafilesine Ermeniler Nigek önünde, şose (yol) üzerinde iken top ve makineli tüfenk ateşleri açarak, ikiyüzü mütecaviz erkek, kadın ve çoluk çocuğu alçakçasına imha ve üç bin mevâşîyi ve bilumum nukûd ve eşya ile arabaları gasp eylemişlerdir.

Bu cinayetler, alay kumandanları Mirmanof ve Mazmanof ile çeteci Oltulu Kör Artin'in oğlu Murad Han ve Muşlu Pilos ve Aşbidros nam eşhas(adlı şahıslar) tarafından idare ve icra olunmuştur.

(Ermeni mezâlimi-vesaik dosya-I);

Zek karyesi ahalisinden olup, Ermenilerin taarruzu üzerine Alakilise'ye nakl ve orada ikâmet eden on sekiz Müslüman 29 Haziran (13)36'da, Ermenilerin Oltu'ya taarruzları sıralarında, ekin biçmek bahanesiyle Ermeni jandarmaları tarafından kaldırılarak götürüldükleri ve Sırbasan boğazında önlerine çıkan müsellah Ermeni askerleri tarafından orman içerisine sokularak, bunlardan on yedisinin ağaçlara bağlandıktan sonra feci bir surette öldürüldükleri, o sırada her nasılsa çalılar arkasına saklanarak kurtulan ve bilahare Bardiz'e firara muvaffak (kaçmayı başaran) olan Tekzeban adında kadının ifadesinden ve ayrıca yapılan tahkikattan anlaşılmıştır;

Oltu sancağına tâbi Olur kazası dahilinde bervech-i âti (aynı şekilde) köyler Ermeniler tarafından (1)336 senesi hidâyetinden itibaren Türk ordusunun buraları tahlîsine kadar daima tecavüzâta maruz kalmış ve kısm-ı a'zamı top ateşiyle tamamen, bir miktarı da kısmen tahrip olunmuştur. Bu köylerin ahalisinden ikibin sekiz yüz otuz iki 2832 kişiyi mütecaviz İslâm Ermeniler tarafından kurşun ve balta ile ve kısmen ihrak suretiyle kati u ifnâ edilmiş, eşya ve mevâşîsi kâmilen yağma olunmuştur.

Köylerin İsimleri:

Pertevan, Hanımköy, Kaban, Necerek, Kuzukum, Kazıhan, Eğrikilise, Sakorbet, Köprübaşı, Yukarı Panaskirt, Aşağı Panaskirt, İdrak, Yukarı Kızılköy, Aşağı Kızılköy, Keleşöt, Kab, Menhek, Cölegir, Kesmane, Pertanos, Ağdadab, Haydosikamis, Arkoys.

V. Kağızman-Iğdır-Erivan-Zengibasar
Havâlisindeki Mezâlim

a) Kağızman civarında Ovaköyü'nden, Ermeni eşkiyaları tarafından dört yüz kadar mevâşî sirkat (hayvan çalınmış) edilmiş; Ermeni hükümetinin de eşkiyalarla bu gibi işlerde tahakkuk eden iştirâki dolayısıyla, İslâm ahalinin vukubulan şikayetleri nazar-ı itibara (şikayetler dikkate alınmamıştır) alınmamıştır;

b) 30 Mart (l)336'da, Kağızman civarında, Varsak şimalindeki Şorlu karyesine gelen kırk kişilik bir Ermeni kuvveti, gündüzleri Araş geçidinden gelen ve giden Müslüman yolcuları yakalayıp şehit eylemiş ve geceleri de, muhtelif yollarda pusu kurarak vahşet ve mel'anetlerini(lanetli eylem) icra eylemişlerdir;

c) Mayıs (1)336 nihayetine doğru, Ermeniler, Uluhanlı civarında Karadağlı İslâm karyesi ahalisini cebren köylerinden çıkarıp, eşyalarını talan ve kendilerini hicrete icbar etmişlerdir;

d) 23-24 Mayıs (13)36 saat 9'da, üçyüzü mütecaviz Ermeni süvarisi, Uluhanlı'nın beş kilometre şimalinde, Cebeçalı karyesini muhâsara (kuşatmış) ve eli silah tutan İslâmları bir araya toplayarak, tekmil (eksiksiz-tümünü) bunları süngüden geçirmişlerdir;

e) 27 Haziran (13)36 gecesi Hacıbayram ve Hayırbeyli karyelerine Ermeniler baskın yaparak, ahalinin emval ve eşya ve mevâşîsi tamamen yağma edilmiş ve kısm-ı a'zamı öldürülmüş; katliamdan kurtulan az bir kısmı da, Araş nehrinden geçerken Ermenilerin baskını üzerine gark (boğulmak) olmuşlardır;

f) İslâmları imha için her saniye bir fırsat bekleyen Ermeniler, 2 Temmuz (13)36'da, İğdır garbında, Kulp mıntıkasına taarruz ederek ahaliden üç yüz kadarını şehit etmişlerdir;

g) 19.VI.(13)37'de, Ermeniler, Zengibasar mıntıkasını işgal ettikten sonra, ahali-i mahalliyeden bir kısmını makineli tüfenk ve tüfenk istimaliyle (kullanarak) şehit etmişler ve binbeşyüz kadar çoluk cocuğu da, Aralık nahiyesine kaçarken yetişerek suya garketmişlerdir. Bunlardan ancak pek azı kurtulmuştur;

h) Azerbaycan'a ve şâir mahallere gitmek üzere Erivan'daki Azerbaycan sefirinin vesikasını hâmil(elçisinin belgesini taşıyan) olarak Erivan civarından trenle Gence'ye hareket eden beşyüz Müslüman, Gümrü civarında vagonlardan indirilerek kâmilen katledilmişlerdir.

(6 Nisan (1)336 rapor tarihi);

ı) 6 Nisan (13)36 senesi zarfında Ermeniler Zengezor, Ordubad, Vedi menâtındaki (sınırındaki) İslâm köylerine sunûf-ı muhtelifeden mürekkep (çeşitli ırklardan oluşan) muvazzaf kıtaâtla (vazifeli askerler) taarruz ederek zulüm ve vahşetin en menfur şekillerini, beşeriyetin nefret edeceği denâetleri (aşağılık) irtikap eylemişlerdir.

İslâmlar namus ve mukaddesatlarını müdafaa için merdâne (mertçe) mukâbele eylemişlerdir;

i) Erivan şehrinin onbeş dakika mesafesinde kâin Haç Aparah karyesindeki İslâm ahaliye Ermeniler 16 Nisan (13)36 gecesi taarruz ve ahaliyi katliama teşebbüs edilmiştir. Bu vahşet-i zâlimâneden kaçıp kurtulamayan altı erkek kamalarla (iki ucu keskin bıçak) katledilmiştir. Kadın ve kızların ismetleri (namusları) pâymâl olunmuş ve bilahare (sonrasında) cerh veya katledilmişlerdir. Evler kâmilen talana uğramıştır;

Bayburt'un doğusunda Veysel Efendi mahallesinde Ermeniler tarafından ihrak edilen evler ve söndürülen ocaklar

k) 17.IX.(13)35 tarihinde, Ermeniler İğdır'ın altı kilometre şarkındaki Oya karyesinin ahalisini tamamen ve bu karyeye bir kilometre mesafede bulunan üçyüz haneli Yağcıkarye ahalisini kısmen feci bir surette katletmişlerdir;

l) İğdır mezâlimine karşı isyan eden o civar ahalisi, müsellehan (silahlı) İğdır üzerine yürüyerek, 21.IX.(13)35'te İğdır'a girmişler, top ve makineli tüfenk iğtinâm (yağma) eylemişlerse de Ermenilerin mukâbil taarruzları (karşılık vermesi) üzerine İğdır'ı terketmişlerdir;

m) Ermeniler bu tarihlerde Çomkanlı ve Bavlı İslâm aşiretlerine taarruz ederek, bunlara 24 şehit ve 24 yaralı verdirmişlerdir. Ermeniler(in) bir taraftan bu hûnrezene (aşağılık) ve müselsel(ardı ardına) cinayetler ve katliam programlarını tatbike devam ederken, diğer taraftan da hileli ve iğfalkâr (ayartıcı-yalan dolu) beyannamelerle, Osmanlı toprağında kemâl-i emniyet ve vifâk ile sükun ve refah-ı tâm (tam birlik ve beraberlik) içinde yaşayan Kürt dindaşlarımızı kandırmak teşebbüslerine giriştikleri ve en menfur ve muhteris (hırs ve nefret dolu) bir lisan ile uydurulan tezvîrâtın (yalanların) vesîle-i iğfal (ayartmak) olarak kullanıldığı görüldü.

Bundan bir numune:

İğdır'daki Ermeni kumandanının Bayezid livâsı dahilinde, Moson nahiyesi aşâyirine (aşireti olan)gönderilen 15 Mart 36 tarihli beyanname sureti (hülasa)

Ey Kürtler!

"Biz Ermenilerle Kürtler binlerce senelerden beri toprak ve su kardeşi ve komşu olarak yaşamışız. Türkler aramıza girmezden evvel, bizim ecdâdımız uzun müddet birbirleriyle (*kirve-kardeş-yakın dost-aile gibi*) olmuşlardır. Hiç kimsenin ve hiçbir tarihin inkar edemeyeceği bir hakikattir. Fakat, son zamanlarda Türkler dışarıdan gelerek aramıza fesat tohumunu ektiler ve kurdukları tuzaklarla bizleri birbirimize düşürdüler; rahatımızı bozdular, kendi menfaatleri için her iki taraftan birçok günahsız kanların dökülmesine sebep oldular...

Bunun için, size hitap ederek beyhude yere kan dökülmemesini teklif ediyorum. Size son sözüm, acele ediniz, hükümete müracaatla itaat ediniz, menfaatinizi ayak altına almayınız. Bundan sonra Ermeni ve Kürt kanı dökülmesine Allah razı değildir. Ordum henüz işe başlamadan, uyuşmak üzere, kendi tarafınızdan benimle konuşmak için adam göndermenizi teklif ederim. Aksi takdirde, başlayacak bir muharebede, arzumun hilafında şedîden muamele etmeye mecbur olacağım. (Buyruğuma muhalefet ederseniz karşılığı katı olacaktır) Emin olunuz ki bu dahi hakkınızda hayırlı olmaz."

∗∗∗

Mazlum İslâmlar hakkında gittikçe artan Ermeni mezâlim ve fecâyi'i ve hududumuz dahilindeki sükun ve asayişi, vifâk ve vahdeti (birlik ve beraberliği) bozmaya çalışan müfsitleri redd ü takbih (kınamak) etmek ve ahali-i İslâmiyye'nin âlâm ve heyecanını teskine hâdim olmak üzere (İslam halkının acı ve korkularının sakinleşmesi için), Erivan'daki Ermeni Cumhuriyeti askerî kumandanlığına âtideki mektup gönderilmiştir:

Onbeşinci kolordu kumandanlığı ve 15 kumandanı mirliva Kazım Karabekir Paşa tarafından.

Erzurum

31.IIL(13)36

Erivan Cumhuriyeti askerî kumandanlığına

Ermeni hükümeti dahilinde kalan İslâm ahaliye öteden beri yapılan mezâlim ve kıtâl gayet sahih malumatla tevsik (kesin bilgi ile belgelenmiş) edilmiş ve Ermeniler tarafından bu mezâlimin yapıldığı, Erzurum'daki İngiliz mümessili kaymakam Mister Rawlinson'un şahâdât ve ifadesiyle de teeyyüt (teyit-onay) eylemiş ve evlâd u ıyâlini, mâl u menâlini zâyi ederek, aç ve perişan surette bize iltica eden binlerce muhacirlerdi Amerika'nın General Horhorda heyeti dahi görmüş ve bu mezâlimin şahidi olmuştur.

Ermenilerin Mamahatun'da irtikap ettikleri mezâlimden
bir manzara-i fecî'a: Kadın, çocuk ecsâdı

Hatta kıtaât ve ahalimizin gözü önünde bile birçok İslâm köyleri, top ve makineli tüfenkle mücehhez Ermeni kıtaât-ı askeriyyesi tarafından tahrip ve imha olunmuştur. İşbu harekâta nihayet verileceği ümit edilmişken, maatteessüf (maalesef-üzülerek)(1)336/(1)920 senesi Şubat ibtidâsından (başından) beri bilhassa (özellikle) Şüregel, Akbaba, Zarşad ve Çıldır mıntıkasındaki ahali-i İslâmiye'ye yapılan mezâlim daha ziyade artırılmıştır.

Mezkur mıntıkada birçok İslâm köylerinin tahrip ve binlerce nüfusun kati ve birçok eşya ve hayvanâtın gasp edildiği ve genç İslâm kadınlarının alınıp Kars'a ve Gümrü'ye götürüldüğü ve bu köylerden kaçan yüzlerce kadın ve çoluk çocuğun da dağlarda donup öldükleri ve İslâmların mal ve ırz ve namuslarına yapılan bu tecavüzün hala devam etmekte olduğu mevsûkan (belge niteliğinde) haber alınmaktadır. Din kardeşlerine karşı yapılan bu şenâ'at ve fecâ'atı işiten bütün Müslüman ahali ve efrâd-ı askeriyye ve bilhassa akraba ve kabilelerinden birçoğu, idareniz altındaki mahallerde bulunan aşâir halkı (aşiretli halk) fevkalade galeyan ve heyecana gelmiştir. Ve ahiren kumandanlarınızın ve memurlarınızın imzalarıyla hudut civarında öteye beriye atılan ve gönderilen ve güya Kürtlerle Er- menilerin itilaf (uzlaşma) ettiklerine ve ayrıca bir Kürdistan hükümeti teşkil edildiğine; Van, Bitlis, Erzurum ve Trabzon'un Ermenilere verildiğine dair olan ve umum İslâm araştırma tefrika ve nifak sokmak mahiyetinde bulunan beyannameler, Şerif Paşa[18] ve emsâli gibi vicdanını

---

18 Birinci Cihan Harbi sonrasında Kürt devleti kurmak için çalışan ve Paris Sulh Konferansı'na Kürt mümessili olarak katılıp "Kürt Halkının Hak Talepleri Üzerine Notlar" (Memorandum sur les Revendications du Peuple Kürde, 1919) adlı memorandum ile Kürt haklarını savunan, -Kürt Said Paşa'nın oğlu- Şerif Paşa kastedilmektedir. Wilson prensipleri doğrultusunda bir Kürt devleti kurulmasını talep ederek, Ermeni mümessili Bogor Nubar Paşa'yla bu yolda bir anlaşma imzaladı. Geniş bilgi için bkz. Taner Timur, "Bir İttihatçı düşmanı: Şerif Paşa ve Meşrutiyet gazetesi", Tarih ve Toplum, sayı: 72, Aralık 1989, s. 17-20. Hatıraları yakın zamanda Ahmed Özalp tarafından yeniden yayımlanmıştır: Bir Muhalifin Hatıraları, İstanbul, 1990.

düşman paralarına satmış olan vatan haini kimselerin hiçbir hakk-ı vekâleti hâiz olmadığı ve Kürtler namına söz söyleyemeyeceği ve Kürtlerin hiçbir suretle camia-i Osmaniye'den ayrılamayacakları bütün Kürtler tarafından her tarafa ve bilhassa itilaf hükümetlerine müteaddit defalar(ca) ilan ve Şerif Paşa ve emsâli tel'în (lanetlenmiş) edilmiş olduğundan, büyük bir hiddet ve nefretle karşılanmış ve bu haller de, mevcut olan galeyan ve heyecanı teşdîd (artmıştır) eylemiştir.

Enkaz haline gelen Mamahatun'un manzara-i umumiyesi

Ermenilerin yapmakta olduğu mezâlim dolayısıyla efkâr-ı umumiye-i İslâmiye'de hâsıl olan galeyan ve heyecanın teskin(in)e çalışılmakta ve halk sükunete davet edilmekte ise de, heyecanın teskini ve halkın te'mini (güveni) için mezâlim ve kıtale nihayet verdirilmesi ve İslâmlardan alınan eşya ve sâirenin (diğer değerli şeylerin) iade ve zararların tazmin edilmesi ve İslâmların ırz, namus, can ve mal ve her türlü hukuklarının muhafaza altına alınması Ermeni hükümetine teveccüh eden bir vazifedir.

"Her millet gibi Ermeni milletinin de hakk-ı hayat ve istiklâl-i idareye mâlikiyeti, en zayıf ve en tehlikede bulunduğunuz bir zamanda bile hükümet ve milletimizce te'mîn edilmişti. İki sene evvel Erzurum'un istihlâsını (kurtuluşunu-alınması) müteakip, ileri harekâtta kıtaâtımla oralarda bulunurken mevcudiyet-i milliyenize (ermeni) karşı gösterdiğim adl-ü şefkat (adalet ve merhamet) hatırlarınızda olacağından, bu vesâyâyı hâlisânemin (yürekten öğütlerimi) de samimi telakki (samimiyetle karşılanması) buyurulacağını ümit eyler ve hürmetlerimi takdim eylerim."

Onbeşinci Kolordu Kumandanı
Mirlivâ Kazım Karabekir

Ermeni mezâlimi, Türk ordusunun bu mezâlime sahne olan mıntıkayı işgaline kadar lâ-yenkati' (ardı arkası kesilmeksizin) ve en feci şekillerde devam etmiştir. Bu risalenin ihtivâ etmediği birçok mezâlim ve bilhassa Şerör, Nahcivan havâlisindeki kıtal ve taarruzlar ayrıca tab' ve neşr (basılıp yayınlanacaktır) olunacaktır.

HARBORD'A VERİLEN RAPORLAR

Bu bölümde, Kazım Karabekir'in eserlerinden alınan; Ermenistan ve Trâns-Kafkasya'yı dolaşarak, Ermeni meselesini yerinde incelemek üzere Türkiye'ye gönderilen, general Harbord başkanlığındaki Amerikan heyetine sunulan Ermeni mezâlimiyle ilgili raporlar yer almaktadır. Paşa'nın, heyetin Erzurum'da karşılanması ve ağırlanması ile ilgili anıları da baş tarafa eklenmiştir.[19]

Harbord heyeti

...Amerikalıların niçin bize yumuşak davrandıkları ve bir Amerika heyetinin seyahatinin sebebi ne olduğu anlaşılıyordu. Bunu ben daha evvel haber alarak 9.IX.1919'da Heyet-i Temsîliye'ye bildirmiştim: "Doğu'yu Ermenistan yapmak projesi!" Üst tarafı lâf-u güzâf! (güzelleştirme) Bu mel'un (sinsi) proje İstanbul hükümetine yumuşak gelmişti. Şimdi Sivas yumuşatılıyordu.

Mister Braun'un heyetinin bulunduğu bir zamanda Sivas'ta Mustafa Kemal Paşa ve arkadaşlarına bunu söylediği vakit ne cevap vermişlerdir? Hüsrev Bey, doğu vilayetleri müdafaa-i hukuklarının buna göre etraflıca düşünmelerini söylüyor. Halbuki bunun cevabını Erzurum'da birlikte tesbit etmiştik. Başka türlü bir karara imkan var mıdır? Heyet Erzurum'da lazımı cevabı elbette alacaktır; fakat, Sivas'taki Heyet-i Temsîliye

---

19 Harbord heyetinin Türkiye'ye gelişi, faaliyetleri ve Ermeni meselesine ilişkin raporu hakkında geniş bilgi için bkz. Seçil Akgün, *General Harbord'un Anadolu Gezisi ve Ermeni Meselesine Dair Raporu (Kurtuluş Savaşı Başlangıcında)*, İstanbul, 1981.

122 • Kazım Karabekir

Erzurum'dan doğmuştur, bir daha böyle bir fikri, bilhassa Doğu'ya telaffuz etmemeleri kat'î olarak ihtar olunmalı idi. Bundan başka, Amerika mandası, velev yardım şeklinde olsun, kongre gündeminde yer bulmamalı idi. Biz birçok münakaşalarla karar vermiştik ki, Sivas Kongresi mukavemet düsturu(güç ilkesi) prensibini kuvvetlendirecek ve bütün kuvvetlerimiz ve membalarımız tükenirse, o zaman yine muayyenar (beğenilmediği takdirde geri vermek-reddetmek) olacağım ve Sivas'ta olup bitenleri öğrenmekle vaziyeti iyi kavradım. 25 Eylül'de Amerika heyeti bir de benden cevabını alacaktır.[20]

...25 Eylül'de, Erzurum'a gelecek Harbord heyeti de bu dalgaları daha birkaç gün evvelinden duya duya gelmekte idi. Bugün Trabzon'dan gelen ve heyeti bekleyen bir Amerikan yarbayı da Erzurum'daki canlı hayatı görerek ve bilgi toplayarak Harbord'u beklemekte idi. Bu da General Harbord'a yaman malumat verecekti. Erzurum kalesinde ufaklı büyüklü bir cinsten yüzlerce top, binlerce cephanesini herkes görüyordu. Bunların kamalarının (bıçak-süngü) elimizde saklı olduğunu, en ziyade ilgili olan Rawlinson da tahkik (soruşturmuştu) etmişti...

Harbord heyetine Ermenilerin mezâlimini vesikaları ile birlikte hazırlatıyordum. İngilizlerin Ermenileri nasıl teşvik ettiği de tafsilatlı(ayrıntılı) mevcuttur. Bunu aynen hatıratıma kaydedeceğim. Harbord heyeti hakkında 22 Ağustos 1919 tarihli *Temps* gazetesinde şu malumat yazılı idi:

"Amerikan kuvvet-i seferiyesi erkân-ı harbiyye reisi General Harbord, Amerika reisicumhurundan gelen talimat üzerine, Ermenistan ve Mâverâ-yı Kafkasya'yı teftiş için bir heyet başkanlığında olmak üzere dün Paris'i terketmiştir. General Harbord heyeti diğer bilcümle heyetlerden ve hâlen Ermenistan'da ve Mâverâ-yı Kafkasya'daki teşkilattan büsbütün başkadır. Bunlar, oralardaki bilcümle ahvâli tedkik (durumları araştıracaklardır) edeceklerdir."

---

20 Kazım Karabekir, İstiklal Harbimiz, cilt: II, s. 527-528, yayına hazırlayan: Faruk Özerengin, Emre Yayınları, beşinci baskı, İstanbul, 2000.

"Un mission Americaine en Armeine. Le majör general James. G. Harbord, chef de l'etat-major general du corps expeditionnaire Americain, aquits Paris hier, a la tete d'une mission envoyee en Armeine et Transcauca- sie, sur les instruction du president des Etats-Unis, Transmises par le sous-seretaire d'Etat Plok. La mission du general Harbord est distincte de toute autre mission ou organisation se trouvant actuellement en Armeine ou en Transcaucasie. Le General Harbord exsaminera les question..."

Hakikaten şimdiye kadar aldığımız malumatta, "Amerikalıların Ermenistan'da, Gürcistan'da geniş ölçüde çocuklara ve kimsesizlere yardım ettikleri ve binlerce çocukları himayelerine alarak besledikleri ve talim ve terbiye ettikleridir. İslâm çocuklarının da bunlar arasında din ve milliyetlerini kaybettikleri ve Hristiyan isimleriyle vaftiz edildiklerini" biliyorduk. Bilhassa Ermenilere İngiliz ve Fransızların silah ve mühimmatça, Amerikalıların da eşya ve ilaç bakımından hesapsız yardımlarını da biliyorduk.

Tazegül fecâyi'i
(tazegül vahşeti)

Daha mühim bir bildiğimiz de, sene başından beri Türklere yardım edeceğiz diye birtakım Amerikan memurlarının her tarafı gezerek bol vaatlerde bulunması ve her yerde Türk misafirliğinin ikram ve hediyelerine bir kuru teşekkürle savuşup gitmeleri idi. Bunların da Ermeni muhtaçlarını aradıklarını ve halbuki muhtaç olmayan Ermeni dahi bulamayınca savuşup gittikleri görülüyordu. Beşeriyet, insaniyet, adalet gibi sözlerin henüz kalpazanlık devrinde olduğunu ve her milletin kendi çıkarı için hoşlanmadığı, daha doğrusu siyasetine engel olan başka milletlerin açları, çıplakları elinden son lokmasını, son şeyini almaktan da hayvânî lezzet duyduğunu; kuvvetli yumruk ve politikaya, yani entrikanın bir milletin yaşaması için XX. asırda dahi yegâne dayanağı olduğunu herkes ibret gözüyle görüyordu.

İşte, büsbütün başka olduğu(niyeti farklı) ilan olunan Harbord heyetinin de ot yiyen, çıplak gezen bir nesle imdada değil, ahvâli, yani yenilir yutulur şeylerden midir diye bu mıntıkalarda yaşayan zî-ruhları görmeye geldiklerinden hiçbirimizin şüphesi yoktu. Bu kanaatle Harbord heyetine yediden yetmişe kadar Erzurum'daki Türk varlığını göstermek için hararetli hazırlanıyorduk. İstanbul kapısı haricinde azametli ve zarif çadırlar, envâi spor meydanları -futbol, cirit, bisiklet, koşu, güreş, oyun... her yaş için- hazırlatıyordum.[21]

Amerikalı General Harbord'la Mülâkat[22]

Harbord heyeti hakkında Ağustos 1919 tarihli *Temps* gazetesinde şu malumat yazılı idi:

"Amerika seferi kuvvetler kurmay başkanı General Harbord, Amerika reisicumhurundan gelen talimat üzerine Ermenistan ve Mâverâ-yı Kafkasya'yı teftiş için bir heyet başkanlığında olmak üzere dün Paris'i terketmiştir. General Harbord, Mâverâ-yı Kafkasya'daki teşkilattan büsbütün başkadır.

---

21 a.g.e., s. 666-668.
22 Kazım Karabekir, İstiklal Harbimizin Esasları, s. 169-177, yayma hazırlayan: Faruk Özerengin, Emre Yayınları, İstanbul, 1995.

Bunlar, oralarda bilcümle ahvali tedkik edeceklerdir."

Hakikaten, şimdiye kadar aldığımız malumat da Amerikalıların Ermenistan'da, Gürcistan'da geniş mikyasta çocuklara ve kimsesizlere yardım ettikleri ve binlerce çocukları himayelerine alarak besledikleri ve talim ve terbiye ettikleridir. İslâm çocuklarının da bunlar arasında din ve milliyetlerini kaybettiklerini ve Hristiyan isimleriyle vaftiz edildiklerini[23] işitiyorduk. Bilhassa Ermenilere İngilizler ve Fransızların silah ve mühimmatça, Amerikalıların da eşya ve ilaç cihetiyle hesapsız yardımlarını da iyi biliyorduk. Daha mühim bir bildiğimiz de, sene başından beri, Türklere de yardım edeceğiz diye birtakım Amerika memurlarının her tarafı gezerek bol va'dlerde bulunmaları ve her yerde Türk misafirperverliğinin ikram ve hediyelerine bir kuru teşekkürle savuşup gitmeleri idi. Bunların da Ermeni muhtaçlarını aradıkları ve halbuki muhtaç olmasa dahi, Ermeni bulamayınca savuşup gittikleri görülüyordu.

Beşeriyet, insaniyet, adalet gibi sözlerin henüz kalpazanlık devrinde olduğunu ve her millet(in), kendi çıkarı için hoşlanmadığı, daha doğrusu siyasetine engel olan başka milletlerin açlarının, çıplaklarının elinden son lokmasını, son şeyini almaktan da hayvani lezzet duyduğunu görmekle, kuvvetli yumruk ve politikacın, yani entrikanın bir milletin yaşaması için XX. asırda dahi yegâne dayanak olduğunu herkes ibret gözüyle görüyordu.

İşte, büsbütün başka olduğu ilan olunan Harbord heyetinin de, ot yiyen, çıplak gezen Türk'e imdada değil, yenir yutulur şeyler midir diye görmeye geldiğine kimsenin şüphesi yoktu. Bunun için, 25 Eylül 1919 günü, yürümek tâkati (yürümeye gücü yeten) olan bütün Erzurum halkı ile Harbord heyetini karşıladık. Halk ellerinde Wilson prensipleri levhalarını taşıyordu. İstanbul kapısı dışında muazzam çadırlar altında hanımlar, çocuklar, yol boyunca mektepler, halk ve asker pek heybetli bir varlık idiler.

---

23 Kars'ı işgal ettiğimiz zaman birkaç büyükçe Türk çocuğu Amerika müesseselerinden kaçarak, yüze yakın Türk çocuğu bulunduğunu haber verdi. Amerika heyeti bu çocukları bize iade etti.

Her yaş için oyunlar; cirit, binicilik, güreş, koşu, futbol ve şâir (vesair) idmanlar hazırlatmıştım. Oyunları, milli ve askerî mızıkaları saatlerce seyrettiler; bu varlığın heyetler üzerinde pek büyük tesirler yaptığı görülüyordu. Sinemalar, fotoğraflar aldılar.[24] Burada heyete bir çay verdik...

Öreni'nin iki kilometre doğusunda,
yol üzerinde Ermeniler tarafından sol gözü süngü ile oyulmuş bir
Müslüman çocuğu

---

24 Bizim kimsesiz çocuklardan oluşan ve başlarında Türk bayrağı dalgalanan bir fotoğrafı, bütün milletlerin izci teşkilatını tedkik için topladığım eserlerinden Scouting isminde 1920 senesi 8 Nisan'ında Amerika'da intişar (gösterilen) eden bir risalenin 83'üncü sahifesinde gördüm. Bu eser Amerika Boyskavt izcilik teşkilatının onuncu senesi raporu idi. Bizim Türk bayraklı çocuklarımızın altında şu yazılı: "Ermeni izcileri Amerika heyeti reisine bakıyorlar." Harbord bana da çektiği resimlerden bir seri göndermişti. Türk izcileri kelimesi yerine bir sahtekarın -belki de bir mürettip (düzenleyici) idi- yaptığı ahlaksızlığı kendilerine bildirdim.

Halk Amerikalılar sözlerine sadık adamlar mıdır diye görmek istedikleri hakkında bazı nutuklar irat(pankart) ve levhalardaki Wilson prensipleri yazılarını salladılar. Şehit yavruları, buketler takdim ederek Ermeni mezâlimi hakkında bildiklerini söylediler.

Heyet, üçü general olmak üzere onyedi kişi, onüç şoför, sinemacı ve fotoğrafçı maiyyetleri var. "Buraların hâkimi Türklerdir ve kıyamete kadar da onlar kalacaktır!" diye haykırışlar yapıldı. Çay içerken Harbord bana dedi ki: "Mühim bir varlık görüyoruz, fakat itiraf edeyim ki, Türkiye'de gördüğümüz bu ilk manzaradır. İçinde bulunduğunuz felakete rağmen Türkler uykudadır kanaatiyle dolaşıyorduk. Bölgenizde gördüğümüz manzaralar bizi hayrete düşürdü. Milli merkeziniz olan Sivas bile uyuyor. Her tarafta milli nümayişler(gösteriler) yapılmamasına hayretler ettim." Generale cevap verdim: "General Hazretleri! Bu bölgenin bir Ermenistan meselesi karşısında davası var. Halkımız, bu dünyada yalnız Amerikalıların verdiği sözde durduğunu bildiği için, reisiniz Wilson'un sözü üzerine hakkını silahla müdafaadan vazgeçmişti: Fakat onun da suya düştüğünü gördüğündendir ki 7'den 70'e kadar harekete gelmişlerdir. Bu millete tahakküm(hükmedilir mi) olur mu? Size bunu gösteriyorlar. İhtimal geri bölgeler buna ihtiyaç duymamıştır."

Harbord muhtelif sahalardaki canlı hareketleri bir daha gözden geçirdi. Yüksek sesle şöyle söyledi: "Hudut üzerinde, dağlar arasında böyle bir varlığı hatırımıza bile getirmemiştik. Büyük bir kuvvet, büyük bir kuvvet."

Çayları içtikten sonra muhtelif oyun gruplarını dolaştırdım. Lazların çevik titreyişleri, Erzurumluların binicilikleri, cirit oyunları, pehlivanlar, Amerikalıları çok alakadar etti. Hayli film çevirdiler ve bütün Amerika'ya göndereceklerini va'dettiler.

Lisan bilir birçok subayları aralarında görmekten de çok hayret ettiler. İngilizce, Fransızca konuşmalar vakit vakit heyetin kendi aralarında görüşmelerini de mucip oluyordu.

"Türkiye'de seyahatimize rağmen Türkleri bugüne kadar tanımamışız, bu müthiş kuvvet. Türk hanımları evden çıkmazmış, binlerce kadın karşımızda. Amerikalılar sinemalarını görsünler de inansınlar." cümlelerini, heyetin muhtelif azası takdirlerini gelip gelip bana ve yanımdakilerine anlatıyordu. Program mucibince otomobillerle Erzurum'daki Yakutiye medresesi, Çifte Minareler gibi asırlık abidelerini, iç kaleyi, saat kulesini, Ermenilerin yakıp yıktığı yerleri ve canlı müze gibi muhafaza olunan, içinde yanmış insanlarıyla karşılıklı büyük yanık konakları gezdik. Öğle yemeğini dairemde yedik. Türk ve Amerikan bayraklarıyla süslenen gazinomuzdan çok mütehassis(etkilendiler) oldular. Heyet, aralarında kendileri gibi tipte ve lisan bilir subaylarla yemek yediler. Piyano, keman, flütten oluşan subay heyetinin oda mızıkası(şarkıcı) yemek bitinceye kadar terennüm (müziğe eşlik) etti. Öteden beri âdetim veçhile(üzere) soframızda başlarımız açık idi. Umumi Harp ve İstiklal Harbi esnasında baş açmaya karargâhlarda dahi müsade olunmaz, üst rütbeliler itiraz ederdi. Harbord, bir aralık kulağıma söyledi: "Avrupa orduları karargâhında bulunuyoruz hissini verdiniz; fakat, bu varlığı memleketinizde başka bir yerde görmedik. Temenni ederim ki bulunsun, biz görmüş olmayalım; fakat General, bunda sizin şahsiyetiniz görülüyor. Bununla beraber, hudut mıntıkasında gördüklerimiz ve bir Avrupaî sofrada yemek yemek bizde tasavvurunuzun üstünde bir tesir yaptı. Sizi tebrik ederim." Cevap verdim: "Gördüğünüz halk, asker ve subay heyeti her yerde tabii aynıdır. Yarın Ermeniler arasına gireceksiniz. Mukayeseye medar olmak için burda belki fazla tezahürat görüyorsunuz. Diğer bölgeler ihtiyaç görmemiş olacaklar."

Yemekten sonra hükümete gittik. Bazı ön bilgiler sorduktan sonra Harbord, şu beyanatta bulundu:

"Amerika, sermayesiyle Türkiye'ye yardım etmek ister. Bunu iyi kabul edeceğinizi şimdiye kadar görüştüğümüz ricâlinizden(devlet erkanı) ve halkınızdan anladık; fakat, bu sermayeyi himaye için bir miktar da asker getirmek ister."

Cevap verdim: "Sermayenizi getirmekle sizler de, Türk milleti de menfaat görür. Bunun için manası vardır. Fakat asker ne olacak, bunun sizce manası nedir?" Harbord: "Sermayenin hîn-i hacette (ihtiyaca göre) her hale karşı muhafazası için münasip miktar askerî birlik." Ben: "Sermayenizi Türklerin yağma etmesinden mi korkuyorsunuz? Yoksa hârici bir devletin taarruzundan mı? Eğer Türklerden korkuyorsanız bu büyük bir haksızlık ve bizi hiç tanımamaktır. Türkler her zaman sözünde durmuştur. Maatteessüf(maalesef) bize verilen sözde duranlar azdır ve bundan biz şimdiye kadar çok kaybettik. Bundan başka, Türklerin yağmasını tasavvur ediyorsanız, getireceğiniz kuvvetlerin daha evvel ellerinden silahlarının alınacağını da düşünün. Türk'ün tarihine bakın! Türk'e tahakküm edilmiş midir? Asırlarca müstakil (tek-kendine yeten) yaşamış bir millete askerle hâkim olmak mümkün müdür? Mesela, şu bulunduğunuz Erzurum'a hâkim olabilmeniz için en az üçyüzbin süngü lazımdır. Siz sermayenin kazancıyla asker mi besleyeceksiniz? Bu, Türkiye'yi istila demektir ki, buna milyonlar ordusu lazımdır ve bunun için çok büyük kanlar akar. Siz Türk'ün sözüne itimat edin. Türkler nazarında Amerikalıların insaniyette en ileri gitmiş bir ülke olduğunu tecelli (gösterin) ettirin. Hürriyet ve istiklalimizi alacak sermaye bizim için ateştir."

Harbord: "Hissiyatınızı tebcil (saygı ile karşılarım) ederim. Kat'iyyen tasarlanmış birşey ifade etmedim. Memleketinizin saadetini arzu ederim. Maksadım Amerika'da maruz kalabileceğim sualler hakkında fikir anlamaktı. Amerika sermayesinin Türkiye'ye yardımı için gereği gibi çalışacağım."

Vali Reşid Paşa ve mevki-i müstahkem kumandanı albay Kazım Bey'in de bulunduğu bu sohbetten sonra vilayetten ayrıldık. Bazı yerleri daha dolaştık. Generallerden biri tabya ve kışlaların çokluğunu göstererek, "Bunlar yerine mektep ve fabrika yapsa idiniz şimdi memleketiniz böyle fakir değil, bizimki gibi zengin olurdu." dedi.

Cevap verdim: "Generalim! Bu gördüklerin olmasa idi,

burada bugün Türk mevcudiyeti kalmazdı. Asırlarca zalim çarların vahşi sürülerine karşı bu tabyalara sığınarak barındık. Wilson prensiplerinin sözde kalmasıyla, daha bir hayli varlığımızı muhafaza için bunları azaltmaya değil çoğaltmaya bile mecbur kalmaklığımız muhtemeldir. Bununla beraber, tabya adedince mekteplerimiz vardı. Vahşi eller onları gördüğünüz harabelere çevirdi." General özür diledi ve milletimizin bundan sonraki refahını temenni etti...

Harbord, Harb-i Umumi'de Doğu harekâtı (Ermeni zulmü) hakkında hiç bilgileri olmadığından, benden bilgi istedi. Şifâhen anlattığım gibi bir rapor halinde yazarak da verdim ve raporu bastırarak bir eser halinde dahi neşrettirdim. Kimlerin ne zaman, nerede ve ne yaptıklarını göstererek vesikalarımı verdim ve "Bizzat hakikati yerlerinde görebilirsiniz!" dedim.

Cenes fecâyi'i: Kolları ve başları balta ile parçalanmak
suretiyle şehit edilen Müslümanlar

Ermeni tehlikesini General Harbord'un tavassutuyla(aracılığıyla) bertaraf etmeyi düşündüm ve kendilerine tarihi ve hali kısaca anlattım:

Türkler Anadolu'nun en eski halkıdır. Ermenilerle meskun olan Erivan havâlisini zapteden Selçûkîler bile buraları Bizans imparatorluğunun elinden almışlardır; yani, Ermeni istiklalini Türkler mahvetmemiştir. Esasen Ermenistan denilen yerler İrânîlerle Bizanslılar elinde birinden diğerine geçmiş ve muhtelif fâsılalarda ve muvakkat (çeşitli zaman dilimlerinde) zamanlarda Ermeniler bir hükümet teşkil edebilmişlerdir. Milad'ın 428'inci senesinde Bizanslılarla İrânîler arasında taksim edilmiş olduğundan, Araplar bile bir Ermeni hükümetine rastgelmemişlerdir ve Ermeniler bir aralık Arapların idaresinde İslâm olarak bile yaşamışlardır. İstila eden milletler, Ermenilere kendi kendilerini de kabul ettirmişlerdir. Dokuz asır evvel Bizanslılar tarafından istiklalleri mahvedilen Ermeniler artık buralarda bir mevcudiyet gösterememişlerdir. Kilya'da toplanan muhacirler Küçük Ermenistan diye birşey yapmışlarsa da o da barınamamıştır. Bunun sebebi, hiçbir zaman Ermenilerin bir sahada yoğun olarak bulunamamalarındandır.

Selçûkîler Ermenistan'ı Bizanslılardan aldıktan sonra Malazgirt muharebesini de kazanarak Bizans idaresini bu havâliden ebedî olarak atmışlardır. İşte, XI. asırdan beri fâsılasız olarak Türk hâkimiyeti yeniden teessüs (inşa) etmiştir. Harb-i Umumi'de (1.dünya savaşı) Ermenistan istiklalini ilk evvel hükümetimiz tanımış ve Ermeni hükümetini kabul etmiştir. Mütarekede İngilizlerin tehdidi ile Kars havâlisinden birliklerimiz çekilmiş, Ermeniler gelmiştir; fakat, buraları Türk ve bir kısmı da Kürtlerle meskun olduğundan Ermeniler idare edemiyor, hâkim olmak için mütemadi (aralıksız) katliam yapıyorlar. Her gün 'Sivas'a kadar gideceğiz!' diye bağırışıp duruyorlar. Güney hudutlarımızdan da Fransız himayesiyle yapmadıklarını bırakmıyorlar. Ermenilerin kuvveti bugünkü bulundukları sahada bile hâkim olmaya müsait değilken, 28 Mayıs 1919'da Erivan hükümeti Doğu vilayetlerimizi de ilhakla (ekleyerek) büyük bir Ermenistan'ın istiklalini ilan etti.

"Ermeniler bugün bir politika aletidir, iyi düşünmüyorlar veya Taşnak komiteleri halkı (Ermeni İhtilal Cemiyetleri Birliği) düşünmeye bırakmıyor. Almak istedikleri yerlerdeki Türk halkı silahlı bekliyor, neticede Ermeniler için felaket büyük olacaktır. Bizimle düşmanlıktan vazgeçsinler ve şu veya bu devletin politikasına alet olmayarak bizimle anlaşsınlar."[25]

Bir haneye doldurularak ihrak edilen ve ahali arabalarıyla
nakledilen ma'sûmîn cenazeleri

---

25 Gümrü'de Taşnaklarla sulh muahedesi akdi (barış anlaşması) esnasında Ermeni sulh heyeti reisi Hanisyan sordu: "Harbor'da ne yaptınız ki, Erivan'da bize dedi ki: 'Paris'e delege göndereceğinize Erzurum'a gönderin de Türklerle anlaşın, aksi halde işiniz haraptır'. Dedim: "Ermeni masum insanlarına da bir şefkat hissiyle acıdığımı, siyasi entrikalara kurban gideceklerinden bizimle dost olmaları ve elviye-i selâsedeki (3 şehir) katliamlara da nihayet vermeleri için aracılığımı rica etmiştim. Demek Harbord insani vazifesini yapmış, bu hususları bizzat bir mektupla da rica etmiştim. Bunu da hatırlarsınız." Hanisyan içini çekti ve "Samimi sözlere inanmadığımızın bugün cezasını çektik." dedi. Bende: "İstiklalinize en evvel biz hürmet etmiştik, bugün de en acıklı vaziyetinizde düşmanlığı ilerletmiyor, mevcudiyetinize kasdetmiyoruz. Ermeni edebiyatının esasını Türk düşmanlığı değil, Türk dostluğu yapmazsanız Ermeni milletinin istiklalini daha büyük felakete atarsınız!" dedim.

Bu izahatı şifâhen vermekle beraber, yazarak verdiğim raporun nihayetine de şunu ilave ettim:

"Devam eden şu beş ay zarfında hududun öte tarafından kaçıp gelenlerden ve gerekse birçok biçarelerin feryadından anladım ki; Ermeni milletinin içerisinde kök tutmuş çeteciler, kesip yakmakta hâlâ berdevamdırlar ve bunların bu cinayetlerini tasvip (olumlu-haklı) bir şekilde beşeriyetin gözüne aksini göstermek için her tarafta kuvvetli fikir yayanları da vardır; fakat, itikadımca komitecileri aralarından defetmedikçe ve siyasi entrikalardan uzaklaşmadıkça Ermeni milleti, ne kendisi ve ne de aralarında yaşayanlar rahat ve emniyet görmeyecektir.

"Bundan dolayı, o milletin tanıdığım masum insanlarına karşı da bir şefkat hissiyle acımaktan kendimi alamıyorum; fakat, bir âdil elin dünyanın o köşesinde dahi saadetler uyandıracağını düşünmekle müsterih (huzurlu) bulunuyorum."

Amerikan heyetini akşam Kars kapısında teşyi (yolcu) ettik. Büyük memnuniyetle ayrıldılar. Gördüğüm ruhi hal şu idi ki, Amerikalılar Türk-Ermeni davasına hiçbir suretle karışmayacaklardır. Bugün, en çetin bir muharebe günü kadar yoruldum; fakat, kazandığımız zaferi pek büyük gördüm. Şehre döndüğümüzde, belediye reisi Zakir Efendi dedi ki: "Harbord bana birşey sordu, ben de bir şey söyledim. Ne dersin? Harbord: 'Erzurum'da Ermeniler Türklerden fazla imiş, şimdi hiç Ermeni kalmamış!' Belediye reisi: "Aham mezarlıklar burada; Erzurum'un ölüsü de Türk, dirisi de!"

Tahsil görmemiş Zakir Efendi'nin bu cevabını çok takdir ettim.

Amerikan Generali Harbord'un Erzurum'a gelişi[26]

25 Eylül'de öğleden evvel General Harbord riyasetindeki Amerikan heyeti Erzurum'a geleceklerdi. Bu heyet, geceyi kasabalarda geçirmeyerek hariçte, açıkta, seyyar

---

26 İstiklâl Harbimiz, cilt: II, s. 674-680.

karyolalarında geçiriyorlarmış, yanlarında fotoğraf ve sinema makinaları da varmış. Dün akşam Mamahatun'dan geçmişlerdi. Bir haftadan beri hazırlığımız bitmişti. Mükemmel taklar, çadırlar, allı yeşilli bayraklar uzaklardan farkolunuyordu. Bütün halk atlı, arabalı, yaya bu geniş meydanlığa toplanmış ve toplanıyorlardı. Birlikler, mektepler, iki bando, millî muzıkalar etrafa büyük bir gurur ve sürür dağıtıyordu. Kolordu'ca terkip olunan merasim programı Kolordu matbaasında basılmış ve dağıtılmıştı.

Program

General Harbord Cenapları'nın Riyâsetindeki

Amerika Heyet-i Muhteremesinin (Önemli Heyet)

İstikbal Programıdır

1. İstanbul kapısı haricinde, tayyare hangarı (çatısı olan büyük yer) civarında ihzar edilen çadırlarda kolordu kumandanı Paşa Hazretleri tarafından çay ziyafeti, bu esnada gürbüzler (şehit yavruları) tarafından şarkılar, idman oyunları ve muzıka;

2. Cirit ve at oyunları;

3. Futbol;

4. Millî oyunlar ve pehlivan güreşleri,

5. Avdet;

6. Öğle yemeği kolordu gazinosunda.

Ben otomobille heyeti Gez köyünde karşıladım. Birlikte merasim yerine geldik. Heyet 3'ü general olmak üzere 17 kişi, 13 de şoför, fotoğrafçı, sinemacı gibi maiyyet var. Harbord heyetine bu muazzam manzaranın iyi tesir ettiği görülüyordu. Fotoğraflar alınıyor sinema işliyor. Şehit yavruları tarafından münasip birkaç sözle buket verildi. Mektepler de ayrı ayrı bu merasimi yaptılar. Halk tarafından tesirli nutuklar söylendi. Bütün sözler, buraların hâkimi biz Türkleriz; asırlardan beri böyle idi ve nihayete kadar da böyle olacaktır. Çadırlara dönülecek yerdeki tak'ın (süslerle donatılmış kemer) yanında gördükleri bir manzara kendileri için can yakıcı idi. İki Erzurum genci, ortalarında büyük bir levha tutmuşlardı: "Wilson prensipleri madde 14." Bu Türkçe (yazı) kendilerine izah edilince teessürleri hissolunuyordu. Levha kendilerine hediye edilecekti. Görülen bu şeylerin fotoğraf ve sinemaları alınıyor ve Amerika'da bu varlığı ve bu levhayı göstererek lehimize çalışacaklarını söylüyorlardı. Çadırlara geldik, burada yüzlerce hanımın da bulunmasına pek ziyade hayret ettiler. Harbord bana dedi ki:

"Mühim bir varlık görüyoruz, fakat itiraf edeyim ki Türkiye'de gördüğümüz bu ilk manzaradır. İçinde bulunduğunuz felakete rağmen Türkler uykuda kanaatiyle dolaşıyorduk. Mıntıkanızda gördüğümüz manzaralar bizi hayrete düşürdü. Milli merkeziniz olan Sivas bile uyuyor."

Ben bu sözleri hayretle dinledim. Mühim bir heyet, şüphe yok ki milli kuvvetimizi görerek, Amerika namına ve belki de cihan namına bir kararla sonuçlanacak bir kanaate sahip olarak dolaşıyorlardı. Ne kuvvetimiz varsa neden göstermiyorduk. Hiç olmazsa bir halk kalabalığı ve bir halk feryadı...

Ilıca'da katledilen biçarelerden

Generale cevap vermiş olmak için dedim ki: "General hazretleri bu mıntıkanın bir Ermenistan meselesi karşısında davası var. Halkımız, bu dünyada yalnız Amerikalıların verdiği sözde durduğunu bildiği için, reisiniz Wilson'un sözü üzerine hakkını silahla müdafaadan vazgeçmişti; fakat, onun da suya düştüğünü gördüğündendir ki yediden yetmişe kadar harekete gelmişlerdir. Bu millete tahakküm olunur mu? Size bunu gösteriyorlar. İhtimal geriye kalan diğer mıntıkalar buna ihtiyaç duymamıştır."

Harbord muhtelif sahalardaki hareketleri gördükçe hayret ediyordu. Dedi ki: "Hudut üzerinde, dağlar arasında böyle bir varlığı hatırımıza bile getirmemiştik. Bu büyük bir kuvvet." Amerikalılar birbirleriyle İngilizce görüşüyorlar, biri diğerine gördüğü daha canlı hareketi göstererek hiçbir hareketi kaçırmamaya çalışıyorlardı. Çayları içtik, pastaları yedik. Her hareketi kendi sahasında görmek için muhtelif öbekleri dolaştık. Laz oyunu, Erzurum oyunu, pehlivanlar, cirit kendilerini ziyade alakadar ediyordu. Lisan bilir subaylar bütün aralarındaki konuşmaları dinliyorlardı. Hepsi hayretle, "Biz Türkleri Türkiye seyahatinde dahi tanıyamamışız, bu müthiş bir kuvvettir, /hanımlar bir yere çıkmazmış/, Amerikalılar sinemaları görsün de inansın!" gibi takdirkârâne konuşmalar.

Buradan otomobillerle şehrin asırlık Türk âbidelerini dolaştık. Yakutiye medresesi, Çifte Minareler, iç kale ve saat kulesi, Ermenilerin yakıp yıktığı yerler, canlı bir müze gibi muhafaza olunan, içinde yanmış insanlarıyla karşılıklı büyük konaklar.... Türk Ocağı ve Ermeni mezâlimi hakkında canlı levhalar görüldü.

Yemeği kolordu gazinosunda yedik. Pek mükemmel süslenen gazinoda Türk ve Amerika bayraklarının çapraz vaziyetlerinden memnun oldular. Amerika'ya geldiğimiz takdirde aynı tarzdaki bayraklar altında ziyafetler vazediyorlardı. Yemekler, hoşlanacakları şeylerdi. Piyano, keman, flütten ibaret, subay arkadaşlardan oluşan bir âhenk yemek müddetince büyük takdirlerini çekiyordu.

Yemekte bir aralık Harbord yine ilk sözünü kulağıma söyledi: "Bu varlığı memleketinizde, başka bir yerde görmedik. Temenni ederim ki bulunsun da, biz görmüş olmayalım; fakat, Generalim, bunda sizin şahsiyetiniz görülüyor. Maahâzâ (böylelikle) hudut bölgesinde gördüklerimiz ve bir Avrupâî sofrada yemek yemek bizde tasavvurumuzun üstünde bir tesir yaptı. Sizi tebrik ederim." dedi.

"Sizin etrafınızdaki subayları en medeni ordu subaylarından farklı mı buluyorsunuz? Gördüğünüz halk, asker ve subay heyeti her yerde tabii aynıdır. Yarın Ermeniler arasına gireceksiniz. Mukayeseye medar olmak için(kıyaslamak için) burada tezahürat görüyorsunuz, diğer bölgeler ihtiyaç görmemiş olacaklar." Sofrada her Amerikalı yanında, kendileri kadar şık ve lisan bilir bir zâbit (subay) bulunuyor. Karargâhın öteden beri âdetince yemekte baş açık bulunulur.

Yemekten sonra hükümeti ziyarete gittik. Vali Reşid Paşa'dan bazı ihzârî malumat(hazırlıkla ilgili bilgi) sorduktan sonra general Harbord şöyle dedi:

"Amerika, sermayesiyle Türkiye'ye yardım etmek ister. Bunu iyi kabul edeceğinizi şimdiye kadar görüştüğümüz ricâlinizden ve halkınızdan anladık; fakat, bu sermayeyi korumak için bir miktar da asker getirmek ister." Cevap verdim: "Sermayenizi getirmekle siz de, Türk milleti de menfaat görür. Bunun için manası vardır; fakat asker ne olacak? Bunun sizce manası nedir?" Harbord: "Sermayenin hîn-i hâcette (ihtiyaca göre-gerektiğinde) her hale karşı muhafazası için münasip miktar asker."

"Sermayenizi Türklerin yağma etmesinden mi korkuyorsunuz, yoksa hârici bir devletin taarruzundan mı? Eğer Türklerden korkuyorsanız bu büyük haksızlık ve bizi hiç tanımamaktır. Türk her zaman sözünde durmuştur. Maatteessüf bize verilen sözde duranlar azdır. Bundan biz şimdiye kadar çok kaybettik. Bundan başka, Türklerin yağmasını tasavvur ediyorsanız, getireceğiniz kuvvetlerin daha evvel, ellerinden silahlarının alınacağını da düşünün. Türk'ün tarihine bakın!

Türk'e tahakküm olmuş mudur? Asırlarca müstakil yaşamış bir millete askerle hâkim olmak mümkün müdür? Mesela, şu bulunduğunuz Erzurum'a hâkim olabilmeniz için, en az üçyüzbin süngü lazımdır. Siz sermayenin kazancıyla asker mi besleyeceksiniz. Bu, Türkiye'yi istila demektir ki, buna milyonlar ordusu lazımdır. Ve bunun için çok büyük kanlar akar. Siz Türk sözüne itimat edin, Türkler nazarında Amerikalıların insaniyette en ileri gitmiş bir kavim olduğunu tecelli ettirin. Hürriyet ve istiklalimizi alacak sermaye bizim için ateştir."

Harbord: "Hissiyatınızı tebcil (tüm saygımla) ederim, kat'iyyen tasarlanmış birşey ifade etmedim. Memleketinizin saadetini arzu ederim. Maksadım, Amerika'da maruz kalabileceğim sualler hakkında fikir almaktır. Amerika sermayesinin Türkiye'ye yardımı için gereği gibi çalışacağım."

Vilayetten sonra gezilecek diğer bazı yerleri de dolaştık. Generallerden biri tabya ve kışlaların çokluğunu göstererek, "Bunlar yerine mektep ve fabrika yapsa idiniz, şimdi memleketiniz böyle fakir değil, bizimki gibi zengin olurdu." dedi.

"Generalim, bu gördüklerin olmasa idi burada bugün Türk mevcudiyeti kalmazdı. Asırlarca vahşi çarların vahşi sürülerine karşı bu tabyalara sığınarak varlığımızı muhafaza için bunları azaltmaya değil, çoğaltmaya bile mecbur kalmaklığımız muhtemeldir. Bununla beraber tabya adedince mekteplerimiz de vardı. Vahşi eller onları gördüğünüz harabelere çevirdi." diyerek cevap verdim. General yaptığı hataya pişman oldu. Özür diledi ve milletimizin bundan sonra refahını temenni etti.

Heyet akşam hareketle, geceyi Erzurum'la Hasankale arasında geçirecekti. Birkaç saat istirahat ettiler, kendilerine Ermeni mezâlimi hakkındaki vesikaları verdim. Yanlarında İngilizce Türk tercümanı, kendilerine tercüme edecektir. Heyeti Kars kapısında bir müfreze ile yolcu ettik. Pek büyük bir memnuniyetle ayrıldılar. Belediye reisi okumamış gibi bir adamdır; fakat, Harbord'un sualine gayet güzel bir cevap vermiş. Harbord, "Erzurum'da Ermeniler Türklerden fazla imiş; şimdi hiç

Ermeni kalmamış." deyince, belediye reisi Zâkir Efendi, "İşte mezarlıklar burada Erzurum(un) ölüsü de Türk, dirisi de!" demiş.

Amerika heyetinden benim temin etmek istediğim bir madde idi. Hallerinden onu da temin ettiğimi ümit ediyorum: "Ermenilere yumruk vururken tarafsızlıklarını kazanmak."

Harbord, Erivan'da şu sözleri söylemiş: "Paris'e murahhas göndereceğinize Erzurum'a gönderin de Türklerle anlaşsın; aksi halde işiniz haraptır." Bunu Gümrü'de sulh müzakeresinde, Ermeni heyeti reisi Hatisyan pek büyük bir teessürle söyledi."

Erzurum'da İslamların içine doldurulup yakıldıkları konak

Dr. Rıza Nur da, Harbord heyeti ve Ermeni meselesi ile ilgili olarak şunları yazmaktadır:[27]

"Harbord'a ait bana Erzurum'da bir menkıbe söylediler. Erzurum'un etrafında geniş ve birçok mezarlıklar var. Harbord'u gezdiriyorlarmış. Arabada, yanında Erzurum belediye reisi varmış. Harbord "Bunlar ne kadar çok!" demiş. Belediye reisi zeki ve ince adammış. "Bunlar Türk mezarlığıdır. Şimdi size Ermeni mezarlığını da göstereyim." (diyerek) götürmüş küçük bir yere. Generale demiş ki: "İşte, tarihî ve maddi şahit: Bunlar asırlardan beri mevcut mezarlıklar. Türklerinki ne kadar, Ermenilerinki ne kadar? Şimdi ben söylemeyeyim, siz hükmedin! Bu memleketin asırlardan beri Türk'ü mü çokmuş Ermeni'si mi? Bu memleket hangi millete aittir?" General tereddütsüz "Türk'ün!" demiş.

"Bu heyet Amerikalılara Anadolu'da bir Ermenistan ve Ermeni olmadığını, buralarda bir Ermenistan yapmak haksız olduğu gibi mümkün de olmadığını söylemiştir. Bunlar neticesindedir ki, Amerika Türkiye'de bir Ermenistan teşkil ve himaye etmekten vazgeçmiştir. Halbuki bu, Merzifon ve şâir Amerikan kolejlerinde okuyup, Protestan ve bunlardan da papaz olan Ermeniler yıllardan beri Amerika'da gayretli ve hummalı bir poraganda yapıyorlardı. Ermenilerin mazlum, istiklale layık olduğunu, Anadolu'nun eski asırlardan beri kendi öz yurtları bulunduğunu, Türk(ün) zalim olup mezhep (din) hürriyeti vermediklerini, Müslümanlığın hristiyanları kesmeyi sevap saydığını, Türklerin Ermenileri katliam yaptıklarını söylüyorlardı. Zamanla bunlar yer tutmuş, sahih zannedilmiş; Amerikalılarda Ermenilere karşı büyük bir teveccüh hâsıl olmuştu. Hatta Harb-i Umumi'de *Ermeni katliamı* diye ilk yaygarayı koparanlar yine bu Ermeni Protestan papazları idi. O vakit Amerika, İngiltere ve Fransa'da bu hususta aleyhimize yüzlerce risale ve makale neşredildi. Bunların hepsi de bu papazların raporuna istinâden yazılıyordu. Yine bu sayede idi ki, mütareke olur olmaz Kayseri'de, Merzifon'da,

---

27 Dr. Rıza Nur, a.g.e., cilt: II, s. 497-498.

Erzurum'da dârüleytamlar (yetimhane), hastahaneler açtılar. Ermeni çocuklarını, hastalarını topladılar, baktılar. Bütün Ermenilere yiyecek, elbise ve çamaşır dağıttılar. Yani Amerikalılar Ermenilere milyonlar sarf ettiler.

Tuhaftır, Kars'a bizim askerin gideceği zaman, Ermeniler oradaki Amerikan heyet ve doktorlarını öldürmek istediler. Bizim ordu yetişip kurtarmıştır. Ölümden kurtulan bu heyet bunu imzası altında neşretti. Tabii bütün bunlar Ermeni aleyhine, Türk lehine tesir yapıyor. Dünyada herşeyin hakikati bir gün olur meydana çıkar nihayet! Kaç yıl var ki, Amerikalılar da Ermenileri ve hakikati anladılar. Artık Ermenileri eskisi gibi himaye etmiyorlar. Taşnaklar artık Amerika'da para toplayamıyorlar."

General Harbord'a Ermeni mezâlimine ilişkin bir rapor takdim eden, 1. TBMM Kars milletvekili Fahreddin Erdoğan da, general Harbord heyetinin Erzurum'a gelişi ve buradaki çalışmalarıyla ilgili olarak şunları anlatmaktadır:

Ermenistan Teşkili Hakkında İnceleme Yapmak İçin Gelen Amerika Heyeti[28]

"Amerika'daki Ermeniler, Büyük Ermenistan'ın kurulması için durmadan çalışırlar; her gün Amerikan gazetelerinde sütunlar dolu(su) yazılar yazdırıyorlardı. İddia ettikleri, Kilikya'dan Maverâ-yı Kafkasya'ya kadar olan sahada Ermeni arazilerini ve mevcut Ermeni nüfusunu görmek ve incelemek için altmış kişilik bir Amerikan heyeti, General Harbord'un idaresinde Mersin'e çıkıyorlar. Her şehre uğrayarak incelemeler yapıyorlardı. Erzurum'a geldikleri günü, haber alan Erzurum belediyesi, İstanbul kapısı dışında karşılamak için hazırlıklara başladı. Bütün halk, en küçüğünden en büyüğüne kadar buraya toplanmışlar, davullar çalıyor, milli oyunlar oynanıyordu. Kırmızı ipek bir kumaş üzerine, Wilson prensiplerinin 12.

---

28 Fahrettin Erdoğan, Türk Ellerinde Hatıralarım, Bulgaristan, Romanya, Sibirya Esareti, Türkistan, Azerbaycan, Kafkasya Türkleri, Doğu Anadolu ve Kars, s. 267-270, Ankara, 1998.

maddesi yazılmıştı ve sekizer yaşındaki iki kız çocuğu bunu ellerinde tutuyorlardı."

Erzurum'da Ermenilerin yaktıkları binalarda İslâm maktullerini tedkik eden Alman muharrirlerinden Mösyö Vays, Avusturya muharrirlerinden Doktor Ştayn, müverrih Ahmed Refik (Altınay) Bey

O gün beklenilen altmış kişilik heyet otomobil ve kamyonlarla çıkageldiler. Bunları karşılayan Erzurum valisi Reşid Paşa ve belediye reisi Zâkir Bey, Müdafaa-i Hukuk Cemiyeti namına Hoca Raif Efendi, Cevad Dursunoğlu ve Süleyman Necati Beyler, hoşgeldinizde bulundular. Süleyman Necati Bey çok etkili bir nutuk verdi. Mini mini o iki Türk yavrucuğunun ellerindeki, üzerine büyük harflerle Wilson prensibinin 12. maddesi yazılı kırmızı ipeği general Harbord bizzat eli ile aldı, dürdü ve koynuna koydu. Konuklar şehre gelerek, belediyenin hazırlattığı özel binalarına geldiler.

Harbord'un yanında, Vanlı Manuk adında bir Ermeni tercümanı vardı. Her söylenen Türkçe sözleri hem tercüme ediyor hem de gülüyordu. Ben de, yukarı bahislerde zikrettiğim, Ermeni mezalimine ait 36 sayfalık bir rapor ve bir de buna bağlı bir muhtıra(hatırlatma-uyarma) hazırladım. Cenûb-ı Garbi (Güneybatı) Kafkasya Cumhuriyeti adına dört kişilik bir heyetimle vilayet konağına gittim. Tercüman Manuk Efendi'nin tavr u hareketi ve tercümelerinden şüphe ettiğim için, Kazım Karabekir Paşa'ya rica ederek, iyi İngilizce bilen ve kendi karargâh subaylarından Edib Bey'i alıp beraberimde vilayet konağına götürdüm.

"Benimle beraber gelen heyet arkadaşlarım şunlardı: Kağızmanlı gazoz fabrikası sahibi Musa, Ardahanlı Hamşizâde Rasim, Sarıkamışlı Bekir Beyler ve heyet reisi de benim. Bizden evvel vilayet konağına generali ziyarete gelen Vali Reşit Paşa, biz girince, ayağa kalkarak bizi generale takdim etti. Uzun boylu, iri vücutlu, saçları ak olan general derhal ayağa kalktı, herbirimizin ayrı ayrı ellerini sıktı. Heyet reisi olmak itibari ile ilk söze ben başlayınca, Manuk Efendi tercüme etmeye kalkıştı; generale rica ettim, "Bizim söyleyeceklerimizi Manuk Efendi size doğru olarak tercüme etmeyecektir, bunun için özel bir tercüman getirdim." dedim. General bunu uygun bulup kabul etti. Manuk Efendi'ye işaret etti, o gidip yerine oturdu. Edip Bey sözlerimi tercüme etmeye başladı. Muhtırada yazılı olan maddelerin ruhlarını(içeriğini) kısa bir şekilde ifade ederek,

"Dünyaya adalet dağıtacağını i- lan eden Amerika devlet-i fahîmesinin muhterem heyetinin geldiğini haber aldığımızda, sekiz gün oluyor ki dağlardan kaçarak heyet-i âliyenize kavuştuk. Rus ordusunun çekilmesinden sonra Kafkasya'da kurulan ufak devletler sırasında; Wilson prensiplerine dayanarak biz, Elviye-i Selâse Türk halkı Cenûb-ı Garbi (Güneybatı) Kafkasya hükümetimizi kurduk. Ermeni Taşnak komitesinin halkımıza yapmış olduğu kanlı mezalime ait 36 sayfalık raporumuzu sunuyorum. Tüyler ürpertici bu zulme kurban edilen kadın ve çocuklarımızın birçoğunun cenazeleri daha toplanmamış, topraklar üzerinde yatıyorlar. Yol boyu gittiğinizde, kuru toprak üzerinde, güneşin altında sefil, perişan bir halde Elviye-i Selâse muhacirlerimizi de göreceksiniz ve acıyacaksınız; 1917'de yaptıkları yetmiyormuş gibi şimdi de İngilizler askerî kuvvetle hükümetimizi dağıttıktan sonra, Kars'a getirdikleri Ermeni çeteleri aynı mezalimi tekrar etmektedirler. Halkın bütün hayvanlarını, yiyecek ve eşyalarını ellerinden aldıktan sonra, kendilerini de katlediyorlar.

Bu zulme nihayet verilmesi için Amerika devletinin adalet ve merhametine dayanarak bu muhtıra ve mezalim raporunu takdim ediyorum, kabulünü rica ederim, sağ olun büyük general!" dedim ve raporu vermek için uzatınca, general "Hay hay kabul ediyorum!" deyip raporu aldı, koynuna koydu ve "Bunları Amerika'da neşrettireceğim." diye söz verdi. Ellerimizi sıktı, ayrıldık. Konuşmalarımızı dinleyen Manuk Efendi, için için gülerek, "Bu sözleri beyhûde söylüyorsunuz; Amerikalılar bildiğini yapar!" diyordu.

"General Kilikya'dan çıkarak Erzurum, Kars, Revan ve Nahcıvan bölgelerini gezerek, Amerika'ya avdetinde(dönüşünde), hazırladığı Ermenistan hakkındaki raporunu reisicumhur Wilson'a takdim ederek, "Büyük Ermenistan'ı gezdim, fakat içinde bir Ermeni görmedim." demiş ve benim verdiğim 36 sayfalık mezalim raporunu da o tarihlerdeki Amerikan gazetelerinde ilan etmişti; nasıl ilan etmesin ki, Erzurum belediye reisi Zakir Efendi generalin önüne düşmüş ve general,

Erzurum halkını Ermenilerin damlara doldurup da yaktıklarını, hâlâ mevcut bulunan yanık cesetleri bizzat gözleriyle görmüştü."

Kazım Karabekir Paşa tarafından
AMERİKAN HEYETİNE VERİLEN RAPOR[29]

Harbord heyetine verilen mezâlim ve entrika raporu aynen aşağıdadır. Ermenilerin zulüm ve vahşetlerinin mütarekeden beri ne halde olduğunu gösterir.

Erzurum'da Ermenilerin İslam çocuklarını boğazlamak suretiyle itlaf edilenlerden

29   Kazım Karabekir, İstiklal Harbimiz, cilt: II, s. 681-708

25 Eylül 1335'te Amerika Heyetine Verilen Rapor

İngilizler bidâyet-i mütarekede (anlaşmanın başlangıcında), mütareke ahkâmına riayet etmemişler; bizi pek çok sıkıntıya maruz bırakmışlardır. Mütareke ahkâmına itaatla evliye-i selâseden (3 şehirden) ordumuz çekilirken, Gümrü, Kars, Ahısha, Ardahan, Nahcivan, Batum mevkiinde ordumuz için mübâyaa (satın alınan) ve tedarik ettiğimiz külliyetli erzâk, melbûsât (elbise), eşya ve bilhassa malzeme-i sıhhiye ve edviyeyi (tıppi malzeme) nakle imkan bırakmamışlar ve müsâdere (zorla el koymuşlardır) etmişlerdir. Bu husus ordumuzu ve dolayısıyla memleketimizi büyük bir ihtiyaç içinde bırakmıştır. Ordunun erzakını bırakarak dahilden yeniden mübâyaada bulunması milleti büyük sefalete maruz bırakmış, birçok ahali açlıktan ölmüş, tohumluklarını da yiyeceklerine sarfa mecbur bırakarak bu sene için dahi memleketimiz halkını büyük mahrumiyetlere maruz bırakmıştır. Batum'dan terhis ettiğimiz ordunun silahları yine Batum'da depolanarak vaz'edilmiş, muhafazasına zabit ve asker bırakılmıştı. Buradaki silahlar kâmilen alınarak Ermenilere, Rumlara, Ruslara verilmiştir. Batum'da Azerbaycan hükümetinden mübâyaa ettiğimiz gaz, benzin, mazot gibi şeylere vaz'ı yed (el koymuşlar) etmişler, kıtaâtımızm getirdiği erzakları dahi vagonlarıyla müsâdere (zorla el koyma) etmişlerdir.

İngilizler rastgele bahaneler icat ederek Osmanlı zabitanını tahkir(subayları aşağılama-hakaret) etmişlerdir. Azerbaycan mıntıkasındaki ordumuz kumandanı Nuri Paşa'yı, beşinci fırka kumandanımız Mürsel Bey'i, onikinci fırka kumandanımız miralay Ali Rıfat Bey'i mûcib-i töhmet (gereksiz-gerekçesiz) hiçbir şeyleri olmadığı halde hapsetmişler ve büyük bir kumanda mevkiinde olduklarını nazar-ı itibara almayarak izzet-i nefis (haysiyetlerini) kıracak muamelelere maruz bırakmışlar ve hiçbir hakk-ı kanunîye müstenit olmayarak (haksız yere) bunları Batum'da İngiliz divan-ı harbinde muhakeme etmişler ve muhâkemeten bir cürüm sabit olmadığı halde Kars'ta kazara yanan telsiz-telgraf istasyonu meselesinden dolayı Ali Rıfat Bey'i yedibin küsur lira tazminat akçesine mahkum etmişlerdir.

Mütarekeyi müteakip orduy-i Osmâni terhis edildikten sonra elde kalan efradı da İngilizler firara teşvik ettiler. Bunun için de pek çok propaganda yaptılar ve firar eden Şamlı Nuri isminde birini İngiliz yüzbaşısı Farel kendi yanına aldı. Erzurum'a gelirken birlikte getirerek, firar eden askerleri İngilizlerin himaye ettiğini göstermek istedi. Bir taraftan da bu gibi efrada casusluk yaptırıldı. Bilahare merkum Nuri'yi Erzurum, Hasankale, Horasan ve hudutta bulunan kıtaâtımız önünden geçirerek Kars'a götürdüler. Osmanlılar Irak'tan çekildikten sonra İngilizler Zahu'ya kadar Musul vilayetini işgal ederek bu mıntıkaya hâkim olmuşlar ve o tarihten itibaren aşâir (aşiretler) arasında propagandalar yapmaya, istiklâliyet fikirleri uyandırmaya çalışmışlar, bu suretle Süleymaniye'den Van'a kadar olan aşâirin hükümet-i Osmaniye'ye merbutiyetini (tabilik-bağlılıklarını) kırmaya çalışmışlardır. Rumiye, Hoy ve Van ve Cizre mıntıkalarında bir Kürt cereyanı hâsıl etmek, yekdiğerinden ayrılmaz iki Müslüman kardeş arasına nifak sokmak istemişler, Şemdinanlı Seyyid Tâhâ'yı iğfal (kandırarak) ederek bu fikirlerine alet etmişlerdir.

Seyyid Tâhâ'yı para ile, rütbe ile, teşkil edecekleri hükümete riyâset (başkanlık) va'diyle iğfal etmişler, evvela Revandiz'e, sonra Musul'a davet etmişlerdir. Seyyid Tâhâ'ya ve Şemdinan halkına İngilizler para -rivayete nazaran yirmialtıbin lira altın akçe-, bir miktar top ve cephane, silah vermişler; bu suretle Şemdinan'a iade etmişlerdir. Bir taraftan da İranlı Simko Ağa denilen aşiret reisini para ve şâir ile elde ederek Seyyid Tâhâ ile itilaf ettirmeye gayret ettiler. Rumiye, Hoy taraflarında dahi maksatlarının hâsıl olmasına çalıştılar. Seyyid Tâhâ Musul'dan avdet ettikten (döndükten) sonra Rumiye'ye, Simko Ağa nezdine giderek itilafı temin ile, İngilizler tarafından verilen top, silah, cephaneyi ve iki tayyareyi getirmek için 500 deve Revandiz'e gönderilmiş olduğu haber alındı. 21 Haziran 1335'te üç İngiliz zabiti Seyyid Tâhâ ile Simko'nun nezdine giderek müzakeratta bulunmuşlar. Ve Seyyid Tâhâ ile olan itilafı temin etmişler. Revandiz hâkim-i siyasisi Peyi, Seyyid Tâhâ ile Şemdinan kazası dahilinde Mazir köyüne gelerek, Şemdinan kazası kaymakamı Mehmed Efendi'ye Şemdinan ve havâlisinin İngiliz himayesine verildiğini ve buradaki memurlarla Osmanlı asker ve jandarmasının hemen kazayı tahliye ederek Van'a gitmelerini teklif etmişlerdir. Bu teklife oradaki memurlar cevab-ı red vermişler. Peyi, Rumiye tarafına gitmiş ve avdetinde Şemdinan'ı tahliye etmelerini tekrar Şemdinan jandarma zabitine yazmıştır. Peyl'in yazdığı mektupta âtideki cümleler de bulunmaktadır:

"Mektubuma cevabınızı aldım. Son derece hayrette kaldım. Nasıl olur da siz resmî yalan söylüyorsunuz. Kat'iyyen Mehmed Efendi Şemdinan kaymakamı hasta değil, sizin orada bulunmanız icap etmez, son defa olarak size yazıyorum. Gidin... Ve illâ, nezaketten hariç size karşı harekette bulunmaya mecbur olacağım."

İngilizler bu suretle her tarafta siyasi propagandada bulunmuşlar, hükümet-i Osmaniye aleyhinde para ile isyan tertibine çalışmışlardır. Mütarekeyi müteakip 1 Kânun-ı Sâni 1335 tarihinde Osmanlı askerinin Kars, Sarıkamış, Ardahan ve Kağızman mıntıkalarından çekilmesi üzerine, bu havâlinin ekseriyet-i azîmesini (çoğunluğu) teşkil eden İslâmlar, Kars'ta bir Milli Şûrâ (istişare birliği) vücuda getirdiler. Bu suretle bu havâliyi idareye başladılar. Şûrâ, şayan-ı takdir bir surette mezkur mıntıkayı idare ile emniyet asayişi muhafaza ettiler. Şûrâ'nın idaresi zamanında bu mıntıkada fena hiçbir hadise zuhur etmedi.

Sükunet ve asayiş her suretle mükemmeldi. Osmanlı askeri çekildiği sırada İngiliz askeri de Kars'a gelmiş. İngiliz mümessili Şûrâ'yı kabul ve tasdik ile bunların idaresinden izhar-ı memnuniyet (şuranın idaresinden memnun oldu) etti. Sükun ve asayişi muhafazada gösterdikleri liyakati takdir ettiler. Fakat az zaman sonra İngilizler getirdikleri kıtaatla ansızın

Nisan 1335'te Şûrâ'yı basarak azalarını dağıttılar. Ve bir kısmını hapis ve nefy (sürgün) ettiler. İdareyi kendi ellerine aldılar.

Ve İslâmların haberi olmadan bir gece Gümrü'den Kars'a Ermeni askeri getirdiler. İngiliz nüfuzuyla Kars'ta Ermeni kuvvetini tezyîd (çoğaltarak) ederek, idareyi Ermenilere teslim ettiler. Ermeniler bu suretle İngiliz nüfuzuyla bu mıntakanın her tarafına yerleştikten sonra İslâmları imha ederek nüfusça ekseriyet temin etmeye, bu suretle birçok mezalim ve fecâyi' icrasına başladılar. Bu sebeple bu havâlide asayiş bozuldu. Her gün yüzlerce, binlerce İslâmın kanı akıtılmaya başlandı.

Erzurum'da Ermenileriı tahrip ettikleri Saray harabesi

İngilizlerin yardım ve himayeleri Ermenileri şımarttı. Ermenilerin İslâmlar hakındaki mezâlimini arttırdı. Ermeniler Sarıkamış, Kağızman ve Ardahan'ı İngilizlerden teslim aldılar. İngilizlerin müfuzuyla bu mıntıkaya yerleştiler. İngilizler birkaç defalar Oltu Şûrâsı'na Oltu havâlisinin de Ermenilere verildiğini tebliğ etti. İngiliz zabitleri gidip Oltu Şûrâsı ile görüşerek kabul etmelerini teklif ve ısrar eylediler. Oltu Şûrâsı Kars, Kağızman, İğdır, Ardahan tarafında yapılan mezâlimi görerek İngilizlere mümâşatta (hoş görmedi-uymadı) bulunmadı. Ermenilerin yaptıkları mezâlimi anlatarak Ermenileri kabul etmedi. Ermeniler birkaç defalar top, makinalı tüfek ile Oltu ve Bardiz üzerine taarruz ve tecavüzde bulundular ve birçok köyleri tahrip ve ahalisinden çoğunu gerek muharebe esnasında ve gerek der-dest ederek (yakalayarak) kati ve ifnâ eyledilerse de, şimdiye kadar da bir muvaffakiyet elde edemediler. Maamafih(hal böyle iken) taarruzlarına hâlâ devam eyledikleri işitilmektedir.

İngilizler, Ermenilerin mezaliminden korkarak dağlara iltica eden Müslümanların Ermenilere teslim olmalarına çalışmışlardır. Bu maksat için l.VII.1335'te Kars Milli Şûrâsı azasından Ahmed Efendi namında birisiyle görüşmek için bir İngiliz zabiti, refakatına iki Ermeni zabiti alarak Kumru dağına gitmiş ve mûmâ-ileyh (malum kişi) ile görüşmüşler, on güne kadar behemehal(ne olursa olsun) Ermenilere teslim olmalarını teklif etmişlerdir. 5.IX.1335 günü ile İngiliz zabiti Kars Milli Şûrâsı azasından Ahmed Bey ile iki Ermeni zabiti ve beraberlerinde sekiz jandarması olduğu halde, Bardiz tarafındaki aşiret reisi Eyüp Paşo ile görüşerek Ermenilere mutâvaat (itaat-tabi) eylemeyi teklif etmişler ve İngiliz hükümetiyle uğraşmanın mühim bir mesele olduğunu, pek büyük cezalara düçar edileceğini bildirerek tehdit etmişlerdir. Üç güne kadar cevap vermek üzere mühlet vermişler, mutâvaat ettiği takdirde birçok para vereceklerini de bildirmişlerdir. 31 .VII. 1335 günü İngiliz zabiti Bonfon, maiyyetinde dört nefer ve bir Ermeni zabiti Ahmed Robenson isminde evvelce Osmanlı ordusunda hizmet etmiş bir tercümanla Oltu'ya gelmişler; Oltu hükümet-i bu civarın Ermenilere verildiğini bildirmişler; ancak, Oltu halkı mutâvaattan imtina etmişlerdir. Ve Ermenilerin İslâmlar hakkında reva gördükleri fecâyii anlatmışlardır.

20.VII.1335'te Kağızman'a İngiliz zabitanından bir heyet giderek Kağızman ahalisine Ermenilere mutâvaat etmeleri hakkında nesâyihte bulunmuşlar ise de, Ermenilerin haklarında yaptıkları mezâlimi dinleyerek ses çıkarmamışlardır. 7.VII.1335 günü bir İngiliz zabiti gelerek İslâmlar üzerine top attırmış -Mûmâ-ileyhin İngiliz üniformalı bir Ermeni zabiti olması muhtemeldir.- Erzurum İngiliz mümessili kaymakam Rawlinson ile 4.VII.1335 tarihindeki müakatta (toplantıda) Kars mümessilinden aldığı malumatta kırkbir İslâm muhacirinin o havâliye toplandığını ve fenalık muhtemel bulunduğu, bu meseleyi tahkik için Kars'a gideceğini bildirdi. Ve, o havâliye gitti. Neticede Kars, Sarıkamış, Kağızman taraflarında Ermenilerin İslâmlar hakkında büyük fenalıklar ve katliamlar yaptıklarını tasdik etti. Merciin verdiği raporda dahi dercettiğini (eklediğini) söyledi. Bardiz aşireti reisi Eyüp Paşo'nun İngilizlerin ısrarı üzerine mutâvaatı kabul ederek kırk atlı ile Kars'a giderken Ermeniler(in) tecavüz ederek birkaç atlısını katlettiklerini, bunun üzerine Eyüp Paşo'nun imtinâ ettiğini anlamış ve yine bir defa daha Eyüp Paşo İngilizlerin teklifi üzerine mutaâvaat etmiş iken, Ermenilerin Verişan karyesine 200 piyade, 2 makinalı tüfek (...?) üzerine Eyüp Paşo'nun muhalefet ettiğini anlamış ve Ermenilerin kaymakam Rawlinson'un eşyasını getiren otomobile taarruz ederek otomobili yağma ve şoförle bir İngiliz onbaşını yaraladıklarını görmüş iken yine Eyüp Paşo ile görüşerek icra-yı nesâyihde bulunmuş ve istiklâliyetten bahsetmiş ve bir Kürt aşiret reisiyle de görüşerek Kürt istiklâline ait sualler sormuş ve aşiret reisini de otomobiline alarak dolaştırmıştır.

İngilizlerin bu suretle Ermenileri himaye etmeleri ve yardımda bulunmaları Ermenileri şımartmış, İslâmlar hakkında icra ettikleri mezâlimi tezyîd ettirmiştir. Ermeniler; İslâmları

imha etmek üzere komitalar tertip etmişler, bir taraftan da
muntazam kıtaâtın top tüfengiyle bir veya birkaç köy basarak
yaylalardaki aşâire hücum ve katliam yapmışlar, Müslüman-
ların mal ve eşyalarını yağma ve ırzlarına tecavüz etmişler,
İslâm kadınları askerleriyle birlikte çıplak olarak dolaştırılmak
gibi insaniyete münâfi (çirkin) tecavüzâtta bulunmuşlardır.
Bunlardan başka, İngilizlerin nüfuzundan daha ziyade istifa-
de etmek için bazı zabit ve neferlerini İngiliz kıyafetine koy-
muşlar ve bu kıyafetle İslâmlara emir vererek, müşkil (şüpheli)
zamanlarda bu desisenin (kötü tuzak) bahşedeceği muvaffa-
kiyetten istifade etmişlerdir. 5.VI.1335 günü İğdır'dan Beya-
zıt'a bir İngiliz mülâzım-ı evveli (üsteğmen), maiyyetinde bir
Ermeni tercümanı olduğu halde gelerek Beyazıt mutasarrıfıy-
la (vali-ilgili makam) görüşmüşlerdir.

Erzurum'da Ermeniler(in) üçyüz kadar İslâm'ı içerisine doldurup
yaktıkları Rasul Bey'in konağı

Beyazıt havalisinin İngiliz hükümeti himayesinde teşekkül eden Ermeni hükümetine verildiğini tebliğ etmişler, konferansın bu tebliğinin derdest-i tebliğ bulunduğunu bildirmişler ve Ermeni askeri himayesinde onbeşbin Ermeni'yi bir aya kadar getireceklerini bildirmişler ve aynı günde İran'ın Maku tarafına hareket etmişlerdir. İngiliz kıyafetinde zabit ve asker gelmiş, Karacaviran kariyeli Ömer Ağa isminde birinin derdestine teşebbüs etmişler, muvaffak olamayarak yine otomobillerle İğdır'a savuşmuşlardır. İngilizce, Fransızca lisanlarına aşina Ermenilerden 300 mevcutlu ve İngiliz kıyafetli bir tabur teşkil ve şeklen de İngiliz askerlerine benzeterek İngiliz askeri namıyla Kars ve Sarıkamış'a şevketmişler, bu İngiliz kıyafetinde gelen Ermeni askerleri içinde ora Müslümanlarınca ismen tanınan birçok Ermeniler görülmüştür. Bu kıyafetteki askerlerle İngilizler, Ermenilere taraftar ve Ermenilere yardım ediyorlar diye şayia(yalan haber) çıkararak ahali-yi İslâmiye'nin kuvve-i mâneviyelerini kırmaya ve Müslümanları kati ve imha maksatlarını teshile (yok olmalarını kolaylaştırmak için) gayret eylemişlerdir.

"25.VII.1335 günü Sarıkamış'a İngiliz kıyafetinde süvari ve piyadeden mürekkep 200 kadar asker getirmişler, İngiliz esteri(İngiliz katırları ile) 4 top da bu askerle birlikte gelmiştir. Ermenilerin bazıları Kağızman ve Mıcıngert karyelerindeki İslâmlara, "Biz emr-i vâkidir(?.) Askerimiz her yerde âlicenap hâmimiz İngilizlerin cesur askerleri tarafından kıymettar muavenet görmektedir. Mesela, bir mahal askerimiz tarafından işgal ve ana vatana ilhakı lazım gelince oraya derhal miktar-ı kâfi İngiliz zabit ve efradı giderek Müslümanları iğfal ve ikna ederek, ondan sonra bize ihbar-ı keyfiyet (keyifle haber veriyorlar) ediyorlar. Askerlerimiz onların açtıkları yolda resmi geçit yaparak apansızın en müşkil mevkilere kolayca dahil olabiliyorlar. İşte bu suretledir ki Nahcivan, Vedi havâlisindeki icraatımız feth-i muvaffakiyet olmaktadır." (diyorlar.)

Ermeniler Kars, Ardahan, Nahcivan, Şerür, İğdır mıntıkalarını işgal ettikten sonra Müslümanları imha maksadını takip ettiğini ketmetmeyerek (gizleyerek) açıktan açığa Müslümanların kâmilen kesileceğini ve yeryüzünde Müslüman bırakılmayacağını söylemeye başlamışlardır. Bu sözlerden ve Ermenilerin her gün arttırdıkları mezâlimden havfeden (korkan) Müslümanlar her tarafa feryatnâmeler yağdırmışlardır. Hudut haricinden alınan bu feryatnâmelerden birkaçının sureti merbuttur. Ermeniler "Hududumuza karip mahallerde yedi vilayet bize verilmiştir. "Sivas'a, Sivas'a!" diye bağırmaya başlamışlar ve bu suretle İslâmları tedhiş(terör estirerek) ederek emval ve eşyasını yağma etmekle beraber katliama da başlamışlardır.

Ermeniler(in) haricin muavenetiyle (dış yardım) işgal ettikleri Kars, Kağızman, Ardahan mıntıkalarında bunca mezâlim ve katliamlarla hicrete mecbur ettikleri binlerce İslâm hanelerine ve Rusya'nın muhtelif mahallerinden teşvik ve tergip (ümitlendirme) ile hicret ettirerek getirdikleri yüzlerce Ermeni ailelerine rağmen el'an (halen) bu havâlide kesâfet-i nüfus ve ekseriyet-i azîme (büyük çoğunluk) İslâmlardadır. Bu hale karşı İslâmlar, kâbil değil, Ermeni hâkimiyetini kabul etmiyorlar. Fakat protestolarına karşı Ermeni mezâlimine tahammül ve Ermenilere itaat etmek cevabını aldıkça meyus (üzülüyorlar) oluyorlar ve mezâlime karşı hayat kavgası yapıyorlar. Mütarekeden sonra Ardahan ve Ahıska mıntıkalarını Gürcüler işgal ettiler. Bu işgali müteakip Gürcüler de İslâmları imha ederek ekseriyet temin etmek gayretine düştüler. Bu suretle birçok İslâm kanı akıttılar, binlerce masum kadın, çocuk ve malûllere de tecavüz ettiler. Nihayet İngilizlerin tesiriyle Gürcüler yalnız Ardahan'ı tahliye ettilerse de yine İngilizlerin delaletiyle Ardahan Ermenilerin işgali altına girdi. Birçok mezâlim icra edilerek beyhude yere Müslüman kanı akıtıldı.

Batum'da, İngilizlerin himayesinden şımaran Ermenilerden ve Rumlardan İngiliz ordusuna alman askerler ve jandarmalar şehirde gizli ve aşikar birçok kanlar döktüler. İslâmlara kasaba dahilinde yapılmadık hareket kalmadı. İngiliz işgalinde bulunan Batum şehrinde geceleri emniyetle harice çıkılamadığı gibi, Müslümanlar emniyetle tarlalarına, haric-i kasabaya gündüz dahi gidememeye maruz kaldılar. Gürcü hükümeti İngilizlerin Batum'dan çekilmesi ihtimaline karşı Müslüman kesâfeti ve ekseriyetine bakmayarak bîçâre Müslümanların silahlı olmadığını düşünerek cebren Batum'u işgal etmeyi tasavvur etmiş ve bu maksatla birçok Gürcü askeri Batum hududuna cem'etmiştir. İngilizler Batum'u terkederken ekseriyet-i azîmeyi hâiz olan İslâmlara teslim etmezlerse birçok ihtilal ve karışıklıkların zuhur edeceği, birçok kanlar akacağı anlaşılmakta ve bu halden istidlâl (karar-sonuç) edilmektedir.

Ebeveyni Ermeniler tarafından mahv-u ifna edilen İslâm çocukları

İnsani düşüncelerden başka bir emel(amaç) takip etmediğine kâni (kanaat getirdiğimiz) olduğumuz Amerika milletinin nazar-ı adalet ve insaniyet (ve) hak-perestîsine bu hususu da arzederiz. Haziran 1335'te Kara Urgan'da bulunan Ermeni müfrezesi Sarıkamış'tan gelen yüz hane İslâm muhacirinin 9 inek, 6 at, 200 kile(hububat ölçüsü) zahireleriyle, mevcut para ve yiyeceklerini almış ve bunları bir ahıra doldurarak kadınları aramışlar, üzerlerinde buldukları zî-kıymet eşyaları alarak bu muhacirlerin gözleri önünde taksim etmişlerdir. 4 Temmuz 1335'te Kars ile Oltu arasındaki Akçakale'ye tâbi dört kariyeye baskın yapmışlar, birisinin insanlarını kâmilen, diğerlerinden altmışar adam götürüp katletmişlerdir.

Bu kariyelere baskın yapan Ermeni kuvvetinin kumandanı Arşak namında birisi olup, bu tecavüzde Müslümanlara karşı altı top yedi makinalı tüfek istimal etmişlerdir. Ermeniler 4 Temmuz 1335'ten 10 Temmuz 1335'e kadar Karakurt mıntıkasında bulunan İslâm köylerine bir hayli piyade, top ve makinalı tüfekle tecavüz ederek İslâm köylerini dağıtmışlar, ez-cümle Zaraphane, Başköy, Armutlu, Hopveren, Kalabaş, Akkoyunlu, Komik, Kazıkaya kariyeleri ahalisinin bir kısmını katletmişler, emval ve mevâşîlerini (mal va hayvan) gasbetmişler, ahaliyi perişan bir halde dağlara çekilmeye mecbur etmişlerdir. Firar edebilenlerden bir kısmı hududumuz dahiline iltica etmiştir. Ermeniler 5 Temmuz 1335'te Karakurt'un 7 kilometre şimalindeki Mescitli köyüne ve Karakurt'un cenubundaki Kelyantepe köyüne baskın yaparak ahalisini katletmişlerdir. Bu Müslümanlara karşı istimal ettikleri top ve tüfeklerin sesleri hududumuzdan işitilmekte idi.

7 Temmuz 1335(te) Alakilise karyesini dahi top ve makinalı tüfek ateşiyle bombardıman ederek, mezkur karyeye tecavüzde bulunmuşlar ve bu karye Müslü- manlarından onbir nefer şehit etmişlerdir. Akçakale karyesinden Ermenilerin mezâlimi üzerine firar eden yedi hane halkı (...?) 9 Temmuz 1335'te Gazikaya, Entep, Armutlu ve Başköy karyelerine baskın vererek İslâmların mallarını yağma, mevâşîlerini gasbetmişler

ve İslâm ahaliden birçoğunu katletmişlerdir. Ermeni piyade kuvveti 19.VII.1335'te, beraberlerinde iki top(la) karyeyi işgal etmişlerdir. Ermeniler, köyün emval ve eşyasını yağma etmişlerdir. İslâmlardan iki adam şehit ve iki adam mecruh olmuştur. Bulaklı karyesini yağma eden Ermeni müfrezesi, yine aynı günde, yani 19.VII.1335'te Başköyü'ne (saldırmıştır); toplardan onbeş kadarı hududumuz dahiline düşmüştür. Ermeniler Kars mıntıkasında Kurudere namındaki karyeyi basarak beş erkek, üç kadın katlettikten sonra 33 erkek, bir gelin, bir kız, 440 mevâşî alıp götürmüşlerdir. Bozkuş karyesinde bir İslâm'ın kardeşi ile karısı ve kızını da Ermeniler götürmüştür. 20 Temmuz 1335'te Ermeniler Kars civarında Berdik karyesi Müslümanlarının 93 öküz, 30 inek, 50 koyunlarım; Kaluköy Müslümanlarının 4 öküz, 10 koyun ve birçok eşyalarını gasbetmişlerdir. Kars'ta Yusuf Paşa camiinin imamı ezan okurken Ermeniler taşlamışlar, küfretmişler ve ezan okumasına mani olmuşlardır.

Kars ve Kağızman havalisindeki camilerde ezan okumaya bu suretle Ermeniler mani oluyorlar ve ezan okuyanları taşlıyor ve küfrediyorlardı. Ermeniler Ergine, Kinegi, Benekli, Savçak, Kulu ve daha diğer iki köy İslâmları köylerinden çıkararak ve eşyalarını, mevâşîlerini yağma ederek ve insanlar hakkında bazı mezâlim icra ederek Ermeni köylerine dağıtmışlar ve bu köylere Ermenileri yerleştirmişlerdir. Temmuz 1335'te Kars'ta Ermeniler Müslümanlar reislerini, büyüklerini derdest ederek geriye sevketmişler(tutuklayarak götürmüşler.) Yüzü mütecaviz Müslümanı casus diye itlaf (öldürmüşler) etmişlerdir. Kars ve Sarıkamış civarında yine Temmuz ayı içinde Ermeniler İslâmların gençlerini toplayarak hapsetmişlerdir. Kars ve Göle muteberanından sekiz kişiyi imha ve Şükrü Çavuş isminde birini idam etmişlerdir.

Yine Temmuz 1335'te Ermeniler tekâlîf-i harbiye(savaş bedeli) namıyla İslâmların at, öküz, araba ve mevâşîlerini cebren toplamışlar, bu tekâlifi kabul etmeyen Akçakale çukurundaki sekiz Müslüman karyesi üzerine 300 piyade, top ve

makinalı tüfek sevkederek ahaliyi dağıtmışlar ve ahaliyi Allâ-
huekber dağına çekilmeye, taşlar arasında, mağaralar içinde
imrâr-ı hayat (hayatlarını devam) eylemeye mecbur etmişler-
dir. Osmanlı toprağına hicret etmekte bulunan Fahreddin Bey
namında birisi, hemşîrezâdesi Ali Efendi ailesinin beşyüz ruble
paraları ve bütün eşyaları gasbediliyor. Temmuz 1335'te Sarı-
kamış'ta Ermeniler muhacirin ortasına bomba atarak bir kadın
ve bir erkeğin el ve kollarını kaybetmelerine sebep olmuşlar-
dır. Ermeniler Kars ile Oltu arasındaki İslâm köylerine teca-
vüz ederek birçok mezalim icra etmişlerdir. Digor nahiyesinde
Kars Milli Şûrâsı'na mensup Ali Keleş ile diğer bu nahiyenin iş
bilenlerinden oniki kişiyi Ermeniler derdest etmişler ve emval
ve eşyalarını yağma etmişlerdir.

Erzurum'da Ermeniler tarafından yakılan hükümet binası

Temmuz 1335'te Merdinik civarında Sucivank karyesine 3 top ve 400 nefer piyade ile Ermeniler taarruz etmişler, Müslümanlardan bazılarını katlederek emval ve eşyalarını yağma etmişlerdir. Zarşat, Göle, Çıldır, Şuregel, Akbaba, Kurudere ve Nahtküldür İslâm ahalisinin Ermenilere haraç vermekten canları yanmıştır. Mallarını çekip cebr ile(zorla) alıyor ve birçok hakarette bulunuyorlar ve eli tutan (sağlıklı-malı mülkü olanları) adamları birer birer mahrum bırakıyorlar. Ötede beride buldukları birer ikişer adamlarını öldürmüşlerdir. Temmuz 1335, Mescitli, Alakilise, Hammalı, Hopveren, Şadvan karyelerini basarak ahalisinin birçoğunu katletmişlerdir. Emenilerin katl-i nüfûs ettikleri sırada, bir suretle tahlîs-i nefs (canını kurtaran) edip hududumuz dahiline geçen ve beş on yerinden süngü ile mecruh (yaralı) olan ve kolları kesik kadın ve çocuklar Beyazıt'ta Amerika heyetine gösterilmiş ve mûmâileyh (malum kişiler) tarafından fotoğrafları alınmıştır. Sarıkamış Ermeni müfrezesi kumandanı Şimşekyan'ın Saatviran karyesi ahalisinin imhası hakkında verdiği emri, Gülantep'li Süleyman isminde bir Müslüman elde etmiş ve mefhumunu anlayınca Saatviran karyesi ahalisini firar ettirmiş. Ermeniler bu karye halkından yalnız sekiz kişiyi yakalayarak katletmişlerdir.

Temmuz 1335: Zek karyesi üzerine bir Ermeni zabiti kumandasında on Ermeni neferi gelerek vesâit-i nakliyeye(-taşıt araçları) ait ne varsa kamilen vermelerini bildirmişler ve bir haylisini toplamışlar. Ahali sızlanmaya başlamış, sızlanmalarını bahane ederek katletmişler. Göle taraflarında ahaliyi soymuşlardır. Kars ve havalisinde taharriyat (gasp için arama) yapmışlar.

Mîrî (devlet) malı diye eşyayı beytiyeyi bile müsadere (zorla el koyma) etmişlerdir. Küçük Yusuf karyesinde Ömer Ağa oğlu Osman Ağa'yı Ermeniler üç gün ayaklarından baş aşağı asmışlar, işkence etmişler, üç gün sonra yedi bin manat (Rus parası) alarak bırakmışlardır. Alakilise'de Köroğlu namındaki Müslümanı cerhetmişlerdir. 19.IX.1335 günü çift satıhlı (kanatlı) bir Ermeni tayyaresinin uçtuğu hududumuz haricindeki yaylalarda bulunan ahaliye bomba ile tecavüz ettikleri hududumuzdan görülmüştür. Ermeniler İslâm köylerinin zehâirini (tahıllarını) harmanlarından gasbediyorlar ve bir türlü, biçmelerine mani oluyorlar. 20.VIII.1335 günü Stagan karyesi şarkındaki tarlalarda ekin biçmekte olan ahaliye top ve makinalı tüfekle taarruz ettikleri hududumuzdan görülmüştür. 30.VIII.1335 günü Ermeniler Karaçayır, Sofulu köylerini yakmışlar ve bu köylere civar köyün mallarını yağma etmişler ve ahalisini esir götürmüşlerdir.

1.IX.1335 günü Ermeniler Hamalı kariyesini basarak Kurban Ağa'nın 32 nüfustan ibaret akraba ve taallukatını pek feci bir surette katletmişlerdir. 2.IX.1335 günü Merdiniz'de 500 piyade, 10 toptan ibaret Ermeni kuvveti Korvat karyesine taarruz ve tecavüz etmişler, birçok Müslüman katletmekle beraber, 3-4 Müslüman köyünü ve mezrûâtını ihrak (ziraat ekinlerini yakmışlar) etmişlerdir. 3.DC.1335 günü Ermeniler 300 piyade 8 makinalı tüfek, 4 top ile Malakan yaylasına ve Büyükkumru karyesine taarruz etmişler, birçoklarını katlederek bâki(ger kalan) ahalisini firara mecbur etmişlerdir!

Mütarekeyi müteakip Osmanlı askeri Araş mıntıkasından çekildiğinden ekseriyet-i azîmeyi hâiz ve kesâfet-i nüfusa mâlik (nüfus çoğunluğunun Müslüman oluştuğu) olan Nahcivan, Şahtahtı, Şerör Vedi, Zengibasar, Iğdır havalisindeki Müslümanlar Nahcivan'da bir hükümet-i muvakkate(geçici hükümet) ve şûra teşkil ettiler. Bu mıntıkaları idare ve asayiş ve inzibatının teminiyle uğraştılar ve bu hususta büyük muvaffakiyet gösterdiler. İngilizler Kars havalisinde yaptıkları gibi evvela mümessiller (temsilciler) ve ba'dehû (sonrasında) bir miktar İngiliz askeri gönderdiler. Ve şimendüfer (demir yolunu) hattını işgal ettiler. Ve Tebriz hattı üzerinde bulunan bu mıntıkayı işgal ve Ermenilere teslim etmeyi kararlaştırarak, 24 Mayıs 1335'te İngiliz zabitan kumandasında 6.000 mevcudunda tahmin edilen, sunûf-ı muhtelifeden mürekkep (çeşitli sınıflardan oluşan ordu) bir kuvvet ile bu havaâliye tecavüz ederek işgal ettiler ve hükümeti Ermenilere teslim ettiler.

Ermeniler İngilizlerin bu muavenet(yardım) ve nüfuzundan istifade ederek daha işgali müteakip 27 Mayıs 1335'te İslâm köylerine taarruza başlamışlardır. Ermeniler bu suretle işgal ettikleri Araş mıntıkasında dahi işgal ettikleri günün ferdâsında (ertesinde) icrasına başladıkları mezâlim ile asayiş ve inzibatı (kuralları) ihlal ederek birçok kanların dökülmesine sebep oldular.

Ermeniler Nahcivan ve havâlisine girer girmez Müslümanların silahlarını toplamak bahanesiyle birçok İslâmları katletmeye ve eşraf-ı beldeyi toplamaya başlamışlar, erzak ambarlarına vaz'-ı yed(el koymuşlar) etmişler, Müslümanlar bu muamelelerden korkmuş, teminat istemişler. İngilizlerin tavassutu (aracılığıyla) ile silahlarını kâmilen(hepsini) teslim etmişler. Ermeniler Nahcivan'da ve Yenice'de bulunan ahalinin silahlarını topladıktan sonra, silah taharrisi (silah araması) bahanesiyle her gün bir köye baskın yapmaya başlamış, bazı rüesanın (reislerin) teslim edilmesini ahaliden talep etmişler ve eli iş tutar, aklı iş keser kimseleri der-dest (tutuklayıp) ve takip etmişler ve birçok mahallerde katliamlar yapmışlardır. Bu mezâlimin tevâlîsi (devamı) ve bilhassa Vadinin takasındaki İslâmlara iki alay ile taarruz etmeleri bu havâlide galeyana sebebiyet vermiş ve İslâmların, bu suretle ölmektense (karşılık vermeden ölmektense, karşılık verip ölmek) her türlü fedakarlığı göze aldırarak Ermenilere mukabelede bulunmalarını gerektiğini intaç ettiği (sonuçlandırdığı) işitilmiştir.

Ermeniler, Revan mıntıkasında Vadi-i Basar denilen mıntıkada İslâm köyleri ahalisine Temmuz ibtidalarında (başlarında) tecavüz ve icra-yı mezâlime başlamışlardır. Silah toplamak bahanesiyle birçoklarının mallarını gasbetmişler ve birçok erkekleri ve bilhassa rüesayı yakalamışlar, işkence etmişler, katletmişler, bazı karyeleri yağma etmişler; bunun üzerine Müslümanlar karyelerini bırakarak firara mecbur olmuşlar ve kadınlarını Ermenilerin tecavüzünden masun bulundurmak(korumak) için Çemen karyesine toplamışlar, Ermeniler on sekiz karye kadınlarının toplandığı bu Çemen karyesi üzerine de tecavüz etmişler, bu sebeple bu on sekiz karye erkekleri toplanarak kadınlarını muhafazaya çalışmışlar. Ermeniler top ile, makinalı tüfekle yirmi beş gün bu ahaliyi tazyik ederek birçoklarını kati ve ifnâ etmişlerdir.

Erzurum: Ecnebi muhabirler (Doktor Vay s (Alman), Doktor Ştayn (Avusturyal) müverrih Ahmed Refik (Altınay) Bey'le birlikte Ermeniler tarafından kati-ü ifna edilip kuyulara doldurulan masum şühedâ-yı İslâmiye'yi seyrederken

Van ve Sason alayları namlarını verdikleri askerlerin bu mıntıkada kati ve ifnâ ettikleri erkek ve kadın miktarı pek çoğa bâliğ (ulaşmıştır) olmuştur. Ermeniler Vadi mıntıkasında Temmuz 1335 iptidasında tazyik(baskın) ve katliam yaparlarken Şerör, Şahtahtı, Nahcivan mıntıkalarında dahi İslâmlara tecavüz etmeğe, kati ü ifnâda bulunmaya teşebbüs etmişler, rüesâyı toplamışlar ve silâh taharrisi nâmı ile İslâmların mallarını yağma ve gençlerini toplayarak semt-i meçhule (bilimeyen yerlere) sevketmişler ve def'aten onüç karyeyi basarak karye ahalisini katletmişler ve kadınlara tecavüz etmişler, bu vaka üzerine Müslümanlar kadınlarını toplayarak muhafaza etmeye çalışmışlar. Ermeniler top ve makinalı tüfekle tecavüz ederek ve zırhlı tren istimal (kullanarak) ederek birçok kadın, çoluk, çocuk mahv-u ifnâ etmişlerdir.

Ermeniler Nahcivan ve Şerör mıntıkasına taarruz, baskın yaparken kumandanlarının kıtaâtına verdikleri emirde aynen şu cümleler vardır: "Şerör ahalisini Araş çayına dökmek üçüncü alay kumandanının vazifesidir. Maksat Şahtahtı ve Kırvan karyelerini batırıp, ora Müslümanlarını dahi Araş çayı arkasına dökmektir." 14 Temmuz 1335'te Ermeniler Zengibasar mıntıkasında onsekiz köy ahalisine iki ay içinde köylerini terkedip gitmelerini teklif etmiştir. Bunun üzerine köyünden çıkanlara tecavüz ve mallarını yağma etmişler, erkek ve kadınlarını katletmişler. Ahali ne yapacağını şaşırmış, Ermenilere kendilerine ilişik edilmemesi için ne isterlerse vereceklerini bildirmişler. Para, mal ve silah vermişlerse de Ermeniler yine bir türlü razı olmamış; bu mıntıkayı muhasara etmişler ve ahalisine her türlü fecâyi ve mezâlimi yapmışlardır.

Ermeniler Revan şehrinde geceleri İslâm hanelerine tecavüz ediyorlarmış. Mallarını gasp ve ırzlarına tecavüz etmek gibi mezâlim icra ediyorlarmış. Kasaba haricinde, hatta istasyon yolu üzerinde gurubdan (güneş batınca) sonra geçen İslâmları kaybediyorlarmış. Kırda, sahrada hiçbir İslâm bulunamıyormuş. Bulunan İslâmları derhal Ermeniler yakalayarak kati ve ifnâ ediyorlarmış. İslâm zenginlerinden parası gasbedilmeyen hemen hiç kimse bırakılmamış. Revan'ın Kabristanlık mahallesinde Ali oğlu Cebbar'ın gözünün önünde evine girmişler, namusuna tecavüz etmişler ve sonra katletmişler. Ve kadınların da memelerini kesmişlerdir. Revan etrafındaki karyelerden Ermeniler topladıkları İslâmları Kırkbulak Eçmiyadzin'e göndermişler, bunların akibetleri meçhuldür. Revan'da bulunan Müslümanların kısm-ı a'zamı (büyük kısmı) bu mezâlimden firar etmişler; dağlarda taşlar ve mağaralar arasında aç, çıplak vakit geçirmeye mecbur olmuşlar, bu sefalet sebebiyle içlerinde tifo hastalığı da çıkarak mahva maruz kalmışlardır.

Penek Karakilisesi'nin cenubundaki Maymak dağının cenûb-ı şarkîsinde (güneydoğu) Dereçiçek denilen mıntıkadaki İslâm karyelerine Ermeniler tecavüz etmişler ve katliam yapmışlar, bu civar halkının akibetlerinin ne olduğu meçhuldür. Ermeniler Kamerli mıntıkasında üç İslâm köylerine saldırarak, hududumuza iltica ve hicret etmelerine sebep olmuştur. Revan mıntakasından Gor, Ömer Ulyâ ve Süfla, Abbas, Şiran, Rihan, Çiğandır, Buranlı karyelerinden Bruki aşireti Ermenilerin bu mezâliminden korkarak dokuzyüz hanede beşbin beşyüz kırkbeş nüfus hicret ve hududumuza iltica etmişlerdir. İğdır mıntıkasında 10-15 Temmuz arasında İslâm karyelerinden silahlarını teslim etmelerini teklif etmişler; İslâmlar mutâvaat (itaat) göstererek en evvel Sürmeli, Gelgel, Karabulak, İncesu, Harabe karyeleri teslim etmişler, Ermeniler, bunların silahlarını aldıktan sonra rüesâsını toplayarak katletmişlerdir. Bu vaka üzerine, o mıntıkada bulunan yetmiş köy korkarak tekliflerine karşı teminat istemişler, bunun üzerine Ermeniler İslâm karyelerine tecavüz ederek birçok köyleri ve ahalisini katliam etmişlerdir.

Ermeniler 12.VIII.1335 günü İğdır mıntıkasında Molla Ömer cenubundaki Tavusgölü karyesine baskın yaparak ahalisini kâmilen kati u ifnâ etmişlerdir. 13. VI- 11.1335 günü Yukarı Katırlı, Aşağı Katırlı karyelerinin erkeklerini kâmilen toplamışlar ve erkeklerini kâmilen katletmişlerdir. Yine o günlerde Alkos (Ali Hoca), Parçanıs, Hamurkesen karyelerinin erkeklerini tefrik (ayırarak) ederek ekserisini katletmişler. İğdır civarında yirmibir İslâm karyesine baskın vererek dağıtmışlar; Müslümanlardan yakaladıklarını katletmişler, kadınlarını çıplak olarak Eçmiyadzin'e götürmüşlerdir.

Erzurum'da tahrip edilen mahallerde
Rus esirleri ve madamaları (kadınları)

Bu köylerden yedisinin ismi Kulubey, Kerim Arkı, Canfeda, Kazance, Küllük, Yağcı, Kiti'dir. İğdır havalisinde bulunan rüesânın kısm-ı a'zamı toplanmış ve Kırkbulak ve Eçmiyadzin taraflarına gönderilmişse de bunların avâkibi (akıbetleri) meçhul kalmıştır. Bu hareketler, bu mıntıka halkını i'zâb (halkı bir yerden temizleme-kovma) etmiş, bilhassa yapılan mezâlim ve namusa tecavüz, İslâm kadınlarını çıplak olarak askerleri arasında gezdirmeleri ve asker hayvanlarına bu suretle bindirilip götürmeleri ahalinin galeyanını ve bir kısım İslâmların müdafaasını mûcip olmuş ve bu suretle Kulp mıntıkasının İslâm aşâiri (aşiretleri) eline düştüğü istihbar (haber alınmıştır) kılınmıştır. İğdır mıntıkasından Sürmeli, Karabaçlı, Yağlırağa karyelerinden ve Zilan aşiretinden seksenyedi hanede beşyüz ellibeş nüfus hududumuz dahiline hicret etmiş. Ermeniler bu hicret edenlere birçok telefat verdirdikleri gibi birçok emval ve mevâşîlerini de gasbetmişlerdir.

Kağızman Şûrâsı dağıtılarak, Ermeniler Kağızman'a geldikten sonra evvelâ Kağızman etrafında yollarda ötede beride gördükleri İslâmların eşya ve emvalini gasbetmeye başlamışlar ve sonra eşraftan bazılarını işkencelerle katletmişler, rüesâyı toplamışlar ve daha sonraları katliam etmeye ve İslâmları ifnâ etmeye başlamışlardır. Kağızmanlı Kadı'nın oğlu Aziz Efendi yanında bir arkadaşı ve ailesi ile Kars'a giderken Tiknis ile Ağadeveler arasında Ermeniler bunların ellerini kesip yanlarında vücutlarını delerek açtıkları ceplere koymuşlar ve gözlerini oyup çıkarmışlar. İki kadına da şenî (taciz) muameleler icra ve namusuna tecavüzden sonra katletmişlerdir. Kağızman eşrafından Mustafa Efendizade Aslan Bey ile zevcesi Nine Hanım, eşraftan İsmailzade Ahmed Efendi ve refakatlarında İslâm muhiplerinden Halatya Nazar olduğu halde Kağızman'dan Kars'a giderken, bir Ermeni karakolu önünden geçerken, şose (yol) üstünde Ermeniler üzerlerine hücum ederek dördünü katlederler. Burun ve kulaklarını keserler; vakadan haberdar olan Kağızman Ermeni memurları Aslan Bey ve refiklerinin cesetlerini kasabaya aldırırlar ve kasabada gezdirerek ahaliye teşhir ederler. Bu vakayı gören Kağızman ahalisinden bir kısmı eşya, erzak ve emvalini bırakarak firar ederler. Ermeniler bu fırsattan istifade ederek Kağızman'da İslâmların emval ve eşyasını yağma ederler.

Ermeniler 11.VIII. 1335 günü Kağızman eşrafını toplayarak semt-i meçhule sevketmişlerdir. Bunlardan Mehmed Bey namındaki zatın cesedi, 17.VIII.1335 günü Kars cenubunda ve Küçükzaim karyesi civarında, bacaklarının kaba etlerini cep şeklinde yırtarak ve ellerini mezkur cebe sokmak suretiyle ve işkencelerle katledilmiş olduğu halde bulunmuştur. Ermeniler Kağızman etrafında bulunan İslâm karyelerine de baskınlar vererek birçok bî-günah (masum) İslâm'ı katletmişlerdir. 10.VII.1335 günü İslâm karyelerine karşı kullandıkları topların sesi hududumuzdan işitilmekte idi. Çürük karyesini bu suretle basarak erkeklerini kati ve mallarını yağma etmişler ve kadınlarının namuslarına tecavüz etmişlerdir.

Ermenilerin terakki ve ticaretlerine mani oluyor diye İslâmlara dükkan açtırmamışlardır. Kağızman'da Ermeniler kadınlara dahi işkence yapıyorlarmış. Kadınları cebren hükümete götürerek darp ediyorlarmış. Mahmud namında birinin ailesini ağır bir surette darp etmişlerdir. 10-20.VIII.1335'te Ermeniler Kağızman ahali İslâmiyesini katle başlamışlar ve bir kısmını camiye doldurmuşlar ve felaketi görerek kaçıp Çukurçam ve Kükürtlü dağına ve kısm-ı a'zamı aç, çıplak kadın ve çocuk olmak üzere ikiyüz kadar nüfus can atmışlar; taş diplerinde, mağaralarda imrâr-ı hayata mecbur olmuşlardır. 22.VI.1335 'günü Ermeniler Kağızman kasabasında İslâmların beygir ve esterlerini(katır) kâmilen toplamışlar.

Vesâik(Belgeler)

Suret

"Biz Rusya'nın Revan vilayeti dahilinde bulunan Zilan aşiretindeniz. Bundan birkaç gün mukaddem (önce) Ermeniler tarafından cebrî surette, top ve silah kuvvetiyle memleketimizden tard ve teb'îd (sürgün) olunarak, bütün emlak ve zehâirimizi terkedip, Karakilise kazasının hudut mıntıkası dahilinde, taşlık arazide muvakkaten iskan (geçici olarak barındık) ettik. Kış takarrüp (yakın) etmektedir, kış tedârikinde (hazırlığında) bulunmak, bulunduğumuz mahalde gayr-i mümkün (elverişsiz) olduğundan, ileride memleketimize avdet (yardım) etmek mümkün olmadığı takdirde memâlik-i Osmaniyye dahilinde münasip bir mahalde iskanımız için emr ü iş'âr (yazılı emir) buyurulması müster- hamdır (hürmeten isteğimdir) efendim."

Karakilise'de Zilan aşireti reisi

Abdülfettah

Suret

"Kağızman'ın Horasan cihetindeki bin haneyi mütecaviz aşâir kâmilen aşâirime mensup ve kısmen akrabayı âcizdir. Şu günlerde Ermenilerden gördükleri mezâlim ve hakaret kendilerini ebediyyen mahv-u izmihlale (yok olmaya) uğratmış, istimdat yolunda vukubulan feryâd-ı dilsû- zâneleri (yardım feryatları) ciğerleri parçalayacak raddeye gelmiştir. Kendimizi maa-aile hâl-i müdafaaya mecbur (ailemizi korumaya mecbur) etmiştir. Asker olmak istimdada (yardıma) gitmeye mani oluyor. Ebnâ-yı cinsime (aileme) ve aşâirimin (aşiretimin) hayat ve imdatlarına yetişmemek ile ma-nevi bir mesuliyete hedef olacağız. Farz-ı muhal olarak şahsım itibariyle gitmemek lazım gelse de, galeyana gelen aşâirimin hareketine (çağrısına) mani olmak iktidarım haricindedir. Bu bapta ne gûnâ (tarzda) davranmak icap edeceğine dair hareketimin tayini müste'zendir" (aşiretime gitmek için izin istiyorum.)

Zilan aşireti reisi ihtiyat

binbaşı Ali

Suret

"Kars ve Kağızman hududunda bulunan ebnâ-i cinsime ve -Lâ Siyemma- aşâirine mensup efrada karşı Ermenilerin yaptıkları zâlimâne ve kâhirâne hareket bizi tamamıyla imhaya yüz çevirttirmiş, beher gün çâkerlerinin mevcudiyetinden istimdat talebinde bulunulmaktadır. Bu istimdad-ı mütemâdiyeler ciğerlerimize tesir etmiş, ba'demâ hayatımızı teennili bir surette beklemek bir veçhile tahammül haricinde olduğundan İslâm aşâirin mezâlim-i dil-sûzânelerine şitapta bütün mevcudiyetimle mecbur kaldımsa da, asker bulunmak itibariyle bilâemr gitmek muvafık olamayacağı zehabı isti'zân-ı devletlerine dehâlete beni mecbur etti. Sabırsızlıkla intizardayız. Müsade buyurulmadığı takdirde, galeyana gelen aşâir-i mevcûdemi teskine iktidarım yoktur. Bütün aşâir ise bu haldedir. Ya mezâlim-i vâkıanın oradaki milletimiz ve şâir milletler üzerinden ref'i esbâbının is-tikmâline veyahut ne suretle hareket edileceğinin inbâsına lütuf ve merhamet buyurulmasını selamet namına arzeylerim. Ferman..." (binbaşı ailesine gitme talebi)

Sebiki aşiret reisi ihtiyat

binbaşı Abdülmecid

Erzurum ve civarından Karakilise'ye kadar
Ermenilerin kaçırdıkları ve namuslarına tecavüz ettikleri
İslâm kadın ve kızları

Suret

"Şu altı seneye kariptir ki, vahşiyâne hareket eden zalim
Ermenilerden görmüş ve elyevm görmekte olduğumuz zulüm
ve hakaretin tarifinin gayr-i kâbil olduğu cümleye müsellem-
dir. Maamafih, yine bu sıralarda, canavarcasına muamele yap-
makta oldukları birtakım yerlerden bildirilmektedir; ileride,
söz bilen büyüklerimizi derdestle şimdilik tevkif ve bilahare
ne gûnâ muamele edecekleri de mechulümüzdür. Ve bir de
nahiyemizde hükümet-i mahallî ittihaz ettikleri Karakurt'tan
gidip gelen yolcuların ve civar kurâdan değirmene gidenler-
den) cebren (para, mal) almaktadırlar. Rükûbumuza mahsus
atlarımızı ve kendi ırz ve namusumuzu muhafaza etmek için
elimizdeki tüfeklerimizi peyderpey toplamaktadırlar. Artık
buralarda pek sahipsiz kalmış olduğumuzdan ve çok yerler-
de dahi İslâmları katleyledikleri re'sü'layn müşâhade olun-
duğundan bu sızıltılarımızın icap eden mahallere bildirilme-
si... zira bizlere yakın bir devlet-i muazzama olmadığı gibi,
uzak yerlere gidip halimizi anlatmaya Ermenilerin ihâfesin-
den takat getiremeyip sizleri vasıta ederek işbu niyaz- name-
mizin takdimine ictisâr kılındı."

4 Temmuz 1335
Karapınar karyesi ahalisi namına
Ömer

Suret

"İmhası mukarrer bir kütle-i ma'sûmenin mülevves ayak-
lar altında çiğnenmesi musammemi namus-ı millimizin müda-
faası için Cenab-ı Hakk'ın da dergâh-ı adaletine sığındığımız
ve hukuk-ı müebbedemizin tezâhürünü beklediğimiz bir sıra-
da firar en gelen Vadibasarlı Musa oğlu Ekber, Abdullah oğlu
İbrahim nam eşhasın ifadelerine nazaran düşman-ı bî-amanın
kâhir pençesiyle viran olmuş kırk beş pâre köy ahaliyi İslâ-
miyye'sinin ilticagâhları dört büyük köyün merkezi olmak-
la beraber dört nahiyenin de kapısı mesâbesinde bulunan

Büyükvadi'de havâli-i mezkûreyi az zamanda mezaristan haline ifrağ edecek derecede şiddetli ve kanlı bir müsademenin başladığı ve sekiz topla tahminen dört bin kişilik Ermeni kuvvetinin bir hakk-ı sibâ'âne ile karye-i mezkûreyi kuşattığı ve her türlü vesâit-i müdafaadan mahrum ve mazlum İslâmların beş kilometre mesafede oldukları ve mel'unların maksad-ı aslilerinin hasat mevsimi olmak hasebiyle ahali-i İslâmiyye'yi dağlara dağıtmak ve köylerdeki mezrûâta tesâhüp etmek olduğu anlaşılmaktadır. Hükümet-i Osmaniye'yi temsil eden vicdanperver nahiyelerin öksüz ve zayıf kalan ebnâyı cinslerinin vahşete kurban olmalarına kat'iyyen razı olamayacakları hakkındaki(?) izhar ettik. Zavallı kadınların, ak sakallı ihtiyarların, süt emen çocukların... velhasıl beşer cildine bürünmüş bütün felekzedelerin destgîr olabilecek hamiyetmendânı, etrafında görmedikleri için hakkı hakikiyi süngü uçlarından parlatan kuvvetlere karşı mukavemet edemeyecekleri tabiidir. Ağladık, sızladık, yazdık, bağırdık millet prensibi maskesi altında beşeriyeti ezmeye çabalayanlara bile feryat ettik. Kafalarımızda patlayan gülle sadâları yüzünden işitilmedi.

Alem-i İslâmiyet'in yegane hâmi-i müşfiki olan halîfe-i rûy-ı zeminin riyâsetini deruhte ettiği hükümete de feryadımızı ismâ' edemezsek artık kime gidelim, hangi yabancılara sarılalım? Bu şikayetimizin merci-i âidine bildirilmesiyle beraber bizi zulm ü kahr altında ezen millete karşı hayatımızın müdafaasını istirham eyleriz."

Nahcivan ve havalisi vekili

Cabbarzâde Naki

Suret

"Bundan üç gün mukaddem bir İngiliz generali Kötek'e gelerek beni yanına istemiş ve Ermenilerle aramızdaki münâzaanın esbâbını sormuştur. Münazaanın yeni olmayıp eski olduğuna ve biz mevcutça kendilerinden üç kat daha fazla olduğumuz halde, kendilerine imtiyaz verilip bize niye verilmediğini cevaben söyledim. Eğer âdil olduğunu tasdik ettiğimiz İngiliz devleti hakkımızı vermekten içtinap ederse Kürt milletinin kırılacağını ve diğer milletin de bu akıbete düçar olacağını bildirdim. General neleri istediğimizi sordu. Cevaben: Erzurum, Erzincan ve bütün Kürdistan'ı istediğimi söyledim. Müteâkiben general Türkiye'yi sevmediğimizi ve bunları vermeye razı olup olmayacağımı sordu. Siyaseten sevmediğimizi ve meseleyi devletlerinin halledebileceğini söyledim. General bizim sulh konferansında efkârımızı müdafaa edecek adamlarımızın olmadığını ve bizde siyasi zevat bulunmadığını söyledi. Kendisine kardeşlerimizin davet edilmediği bir mahale nasıl gidebileceğimizi ve şu şerâiti haiz Dersaadet'te adamlarımız olmadığını, İngiltere hükümetinin bunları nazar-ı dikkate almasını rica ettim. Ve dört-beş sene zarfında bizimde adam yetiştirebileceğimizi ve bizimde iktisab-ı marifet edebileceğimizi söyleyerek generali memnun ettim. Ve Ermenilerin bütün mezâlimini anlattım. Bunun üzerine beni otomobiline alarak gezdik ve bize yardım etmeye çalışacağını söyleyerek Kağızman'a gitti. Orada bir gece kaldıktan sonra esbâb-ı münâzaayı anlamak üzere Karakurt'a gitti. Ermeniler şimdilik Karakurt kazasında silah patlatmakta ve silahlarını vermeyen Müslümanları oradan kaçırmaktadırlar. Yakında bizim tarafta da bu icraata başlayacaklarını zannediyorum."

Hasan Bey

Suret

İnhâ olunur ki, Karakurt nahiyesinden gelen Ermeniler hükümetinin bizim başlarımıza getirdiği felaketleri birer birer Allah rızası için ve Peygamber aşkına olsun Arupa'daki devletlere bildirin. Şayet eğer bildirmediniz ise yarın kıyamet gününde rûz-ı mahşer kurulduğu zamanda Bârî Teâlâ Hazretleri kadı olur, Peygamberimiz şefaatçi olur, bilcümlemiz davacı oluruz. Ondan sonra;

1. Herbir karyemizden ikişer-üçer kişi eşrafımızdan derdest edip on gün kadar aç susuz bırakır, günde yüzelli ağaç

vuruyor. Parası olan da kendinin kanını geri alıyor. Olmayanı öldürür;

2. Mal, davar alır, yevmiyeleri kat'edilir;

3. Günde bir-iki karyemizi top ve mitralyöz ile yıkıp yakmaktadır. Dahi İslâm ırzına müdahale olunmaktadır. Dünkü gün Mescitli ve Alakilise, Hopviran ve Şadıvan karyelerindeki olan İslâmlar üzerine taarruz ettiler. Yirmi kişi şehit ve otuzbeş kişi mecruh olduğu, eğer böyle devam ederse Kars ve Erivan vilayetlerinde İslâm namı kalmayacak. (Altıyüz seneden beri umum devletlerin içinde olan İslâmlara böyle zulüm ve taaddîye mübtela olunmamıştır);

Erzurum'da sıhhiye efradının, Ermeniler tarafından katledilen Müslüman cenazelerinin defni esnasında

4. Kars ve Erivan ve Batum vilayetlerinde ve bâlâda tahrir olunan vilayetler cihan yüzünde ne kabahat etmişlerdir ki gaddar kelp Ermenileri üzerine musallat etmişler?! Muhafazamız için başka bir devlet yok mu idi ki, tahlis olunmaklığımız için gelse idi. Ermenilerin işlediği zulüm ve taaddîler Şeddad, Nemrud, Firavun zamanlarından beri vukubulmamıştır. Ve şimdiki halde bilcümlemizin hayatları tehlikededir. Bu gibi mazlûmi- yetimizi lazım gelen makamlara bir an evvel bildiriniz efendim.

11 Temmuz 1335

Gazikaya'dan
Acemoğlu Osman

Gazikaya'dan
Velioğlu Ahmet

Yukarı Küplüce'den
Ağaoğlu Bekir

Aşağı Küplüce'den
Kadiroğlu Faka Süleyman

Aşağı Küplüce'den
Mehmetoğlu Esat Efendi

Erzurum'da ciğerleri çıkartılmak suretiyle
katledilenlerden bir manzara

Suret

"İnhâ olunur ki; Karakurt nahiyesine gelen Ermeniler zulüm ve taaddîye başlamış, günde bir-iki karyemizi harap etmeye çalışıyorlar. Ermenilerin zulüm ve taaddîsi belki Şeddad, Nemrud zamanından beri meydana icra olunmamış; günde bir-iki köyümüzü top ve mitralyöz ile gasp ve karz(?) etmektedir ki, tazallümü halledeceğimize? evvela Hazret-i Allah, sâniyen Peygamberimiz aşkına mâruzâtımız veçhile eğer halimiz böyle giderse maa-aile altı-yedibin haneye kadar diri diri Ermeniler elinde mezara ilkâ olunacağımıza şüphe etmeyesiz. Merhamet-i âlîlerine dehâlet ederiz. Ve her lazım gelen makamlara bildiresiz. Ol bapta mazlumların ahvallerini bildirmeniz müsterca'dır."

10 Temmuz 1335

Şemdikoğlu	Örtülü karyesi	Kazıkaya
Bekir	namına	karyesi
	Acemoğlu	namına
	Osman	Süleyman
		Ağazade Kulu

Yüzbaşı Şerif oğlu	Külce karyeli	Armut karyeli
Hacı Salih	Said Abid	Rüstemoğlu
		Ali

Zilan aşireti reisi

Hasan

Suret

"Cihana adalet ve müsavat mümessili olduğunu ilan ve alelıtlak her fert ve cemiyet-i beşeriyenin müdafaa-i hukukunu tekeffül eden İngiliz devlet-i muazzama-i fahîmesi icabât-ı siyasiye ilcaâtı vesilesiyle iki-üç mâh evvel şûramızı ilga ve azayı müntahabesini tardettiği sırada, mal ve can ve ırzımızın taht-ı emniyette bulunduğunu taahhütle şûrâmızın yerine Ermeni heyet-i hükümetini ikâme etmiş idi. Fakat, heyhât ki bu taahhüt yalnız kuru mevâidden ibaret kalmakla beraber hayatımız, mevcudiyetimiz, istikbalimiz mahv-u ifnâ edilmektedir. Bu kabilden olarak İngilizler çekildikten sonra hükümet-i Ermeniye tarafından her türlü tasvir ve tasavvurun fevkinde îkâ olunan ve el'an bütün şiddetiyle icra edilmekte olan vahşet ve mezâlime tarih-i cihanda emsâli nâ-mesbûk cinayet sahifeler dolduracağı cihetle tafsilinden sarf-ı nazar edilmiştir. Yağma ve imha edilen emval ve eşya ve mülkümüzü Ermeni top ve kılıçları altında her gün fecî'âne öldürülen efrâd-ı ahalimizin, kezâ her dakika hedef-i taarruzları olan kadınlarımızın, namusumuzun muhafazasına bir sed çekileceği ümidiyle cinayet-i(?) ânifeden birkaçını arza tevessül ediyoruz: "Kağızman şûra reisi ve mutasarrıf-ı sabıkı Aslan Bey refikası ile ve eşraftan Ahmed Bey ile iki hizmetçisi Kars'a giderlerken, müsellah Ermeniler yollarını keserek Aslan Bey'in refikasının ırzına tecavüzden sonra insaniyet kabul etmeyecek derecede peşini takip ederek suret- i fecî'ada katletmişler, kezâ Küçük Yusuflu Ömer Ağazâde Osman'ın mâlik olduğu servetini kendilerine terk için bin türlü işkenceden sonra tepesi üstü asarak yedibin manatını gasbetmişler ve ba'dehû serbest bırakmışlardır. Kezaâ, tekmil erbâb-ı fikr ü ağniyâ ile ileri gelenleri kısmen kati ve kısmen hapishanelerde cefa çektirmektedirler. İslâmların imhası maksat-ı mahsûsasıyla takip edilen siyaset-i cebbârânenin âsâr-ı fi'liyesi her gün tekerrür etmekte; mal, can ve ırzımız her an Ermenilerin hedef-i tîğ-i mezâlimi bulunmaktadır. Ah u enînimizin dinlenmediği, dinlenmeyeceği kendilerine temin edilmiş olmalıdır ki, pek tabii ve pervasız icra kılınan vahşet tevâlî ve teşeddüt etmekte bulunduğundan, medeniyet ve insaniyetin tekamül ettiği asr-ı hâzırda maruz kaldığımız bu felakete acıyacak, bizi, can ve ırzımızı kurtaracak bir hükümet, feryadımızı dinleyecek, bize istiâne ve istimdat edecek yegane (devletin) cemiyet-i beşeriye arasındaki adaletin temin ve tevziini fi'len isbat edecek Amerika hükümet-i fahîmesi olacağını takdir ederek hükümet-i müşâru'n-ileyhânın sahâbet ve sıyânetine dehâlet ettiğimizin nazar-ı ıttılâ-ı fehîmânelerine arz ve iblâğına delalet ve inâyet buyurulmasını istirham eyleriz."

Kars vilayeti ahali-i İslâmiyesi namına milletvekili Bekir

AMERİKA HEYETİ'NE VERİLMİŞ RAPOR[30]

(İkinci baskı)

- İlk baskısı eski harfler ile idi. 1335 -
- Erzurum 15. Kolordu Matbaası'nda basılmıştı -

Önsöz

Ermeniler Amerika'da bir müddetten beri bir düziye (dizi) Türklere karşı, yazıyla, resimler ve sözle ateş püskürüyorlarmış. Sovyet Rusya'da ise yeni facialar hazırladıklarını işitiyoruz. Halbuki artık Ermeni edebiyatının Türk dostluğu esasına göre ayarlanacağını Gümrü ve Kars muahedelerini imzalarken va'detmişlerdi. Biz sözümüzde duruyoruz. Eski yayınlarımıza tek kelime katmadan onları yeni harflerle neşretmek yeter cevap olacağına inanıyoruz.

1948

25 Eylül 1919'da (1335) Amerikalı General Harbord heyeti Erzurum'u teşrif ettiklerinde, Harb-i Umumi'de Kafkas cephesindeki harekata dair ne Ruslar ne de bizim tarafımızdan neşredilmiş eserlere tesadüf etmediklerinden, vakaların cereyan ettiği bu mıntıkadaki seyahatlerinde askerlikçe istifade edemediklerinden bahisle bu harekâtın genel hatları hakkında kendilerini aydınlatmamı rica ettiler.

---

30   Aslına ulaşamadığımız bu eser, Kazım Karabekir'in Birinci Cihan Harbi'ni Nasıl İdare Ettik? -Sarıkamış, Kars ve Ötesi- adlı eserinden buraya alınmıştır: cilt: IV, s. 357-372.

Erzurum-Ilıca yolu üzerinde Ermeni mezâliminden: Aza-yı
tenâsüliyesine şiş batırmak suretiyle itlaf

Ruslarla yapılan savaşların sükûnet devresinde Irak cephesinden geldiğimi ve istila olunan birçok topraklarımızın kurtarma hareketlerine iştirak ettiğimi, binaenaleyh daha evvelki hareketleri ancak hatıra kabilinden bildiğimi, nezdimde resmî vesaik olmadığını beyan ile itizar ettim. Mütebâki seyahatleri esnasında pek nâfi' ve kıymetli olacağından, hiç olmazsa iştirak ettiğim son hareketlerin muhtasaran(özetle) kendilerine bildirilmesini rica ettiler. Bu arzularına uyarak bu raporu yazdım ve kendilerine takdim ettim:

Birinci Kafkas kolordusunun 1334 (1918) senesindeki harekâtı ve meşhûdâtı hakkında, General Harbord riyâsetindeki Amerika heyetine takdim edilen rapor suretidir[31]

Bolşevik ordusunun çekilmesinden sonra Osmanlı ordusunun ileri hareketleri

1. Eski Hududa Kadar Hareketler

Aralık 1917'de, on gün için Ruslarla muhâsamâtın (mualefet) tatili emri, Brest-Litovsk'ta müzakereler cereyan ediyordu.

19 Aralık'ta mütareke emri geldi. Ocak zarfında Rusların cepheden çekildiği ve yalnız mütareke heyetine memur Rus zabitleri ile Ermeni kıtalarının kaldığı anlaşılıyordu. Her taraftan gelen haberler, kurtulup kaçan insanlar, Ermenilerin müthiş bir İslâm katliamına başladıklarını, yağma ve namusa tecavüzün vahim bir suretle ilerlediğini bildiriyordu. Hele Erzincan'da katliamın pek müthiş olduğu sübut buldu. Müslümanların kuyulara doldurularak itlaf edildiğini Ruslar da tasdik ediyordu.

İki tarafın ordu kumandanları (Vehip Paşa-Odeşelidze) bu bapta uzun muhaberelerde bulundular. (Vesâik kitabında)

Kafkas cephesinde dört kolordu iki orduya münkasemdi (bölünmüştü.) Bunlardan merkezi Diyarbakır olan ordu karargâhı ile merkezi Silvan olan ikinci kolordu karargâhı ve bu

---

31 Erzurum, Onbeşinci Kolordu Matbaası, 1335,14 s.

kolordunun bazı kıtaâtı Suriye'ye aldırıldığından, ileri hareket için üç kolordulu bir ordu hazır bulunuyordu. Bunlardan 4. kolordu (Ali İhsan Paşa) Van-Bayezit, 1. Kafkas kolordusu (benim kolordu) Erzincan-Erzurum istikametinde, 2. Kafkas kolordusu (Şevki Paşa) Bayburd-Trabzon cephesine karşı yürümek emrini aldı. Benim kolordumun bir fırkasını ordu ihtiyata aldı, emrimde iki fırka kaldı. (36 ve 9)

12 Şubat 1918'de harekat başladı. Her taraf ziyade karla mestur (örtülü) olduğundan, hareket yol haricinde pek müşkil ve bazı yerlerde imkansız idi.

Kolordumun Erzincan ovasına inmek için her iki fırka da boğazlardan geçecekti. Ermeniler buraları tuttuğundan, bir gece yürüyüşüyle 13 Şubat'ta Erzincan ovasına indik ve akşama doğru Erzincan'ı işgal ettik. Mukavemet pek cüz'i oldu. 14 Şubat'ta kolordu karargâhı da Erzincan'da yerleşti. Ermeni fecâyi'ini bizzat gördük. Erzincan'daki Rus zabitleri de meşhûdâtımı(şahit olduklarımı) yazdı, birçok fotoğraf ve raporlar "Vesâik kitabında" zaptedildi. Birçok güzel binalar ve kışlalar yakılmış idi, bazılarının içlerine insan doldurularak ateşlemişler. İçi ceset dolu kuyular çoktu. Bu feci manzaralar Erzurum havalisinde de ne facialar geçtiğini bize gösteriyordu."'

Vesâit-i nakliye kolordunun iaşesine (gıda ihtiyacına) kafi değildi. Menzil teşkilatı da gayr-ı mümkündü. Kış da bütün şiddetiyle hükmünü sürüyordu. Her türlü mahrumiyet ve müşkilata katlanmak zaruri idi. Ufak bir müfreze ile olsun Erzurum'un imdadına yetişmeyi muvafık buldum.

22 Şubat'ta Mamahatun'u müfrezemiz işgal etti. Burada canlı kimse bulunmadı. Büyük bir çukura doldurulacak kamilen sekenesi itlaf edilmişti. Her taraf yanıyordu, bunları gözümle gördüm. 25 Şubat'ta bir keşif kolumuzla Aşkale işgal edildi. Müfrezemiz 26 Şubat'ta Yeniköy'ü işgal etti. Burada bulunan bir miktar erzak harekatımızı tesri' (fayda) etti. 2 Mart'ta Karabıyık Hanları işgal olundu. Burada 200 ton kadar erzak ve bu miktar et konservesi bulunduğundan, bütün 9. fırka, kolordu ve avcı taburuna buna istinâden Erzurum

istikametine şevkettim. Karargâhımla Yeniköy'e geldim. Buradan Erzurum'daki Ermenilere bir mektup yazdım. Ruslarla sulh olduğunu, Rusların yine memleketimizi bize terk ettiklerinden(bıraktıklarından) mukavemet etmemelerini, yollarda görülen katliamların pek feci olduğunu, buna mani olmalarını insaniyet namına kendilerinden rica ettim. İşbu mektubu Ermeni kumandanlarından Morel almış, Erzurum'da birlikte bulunan topçu alay kumandanı Tverdo Khlebof'a da bildirmiş, mûmâ-ileyhin yazdığı *Tarihçe'de* bahsolunmuştur.

Yangın alevleri içinde Hasankale

10 Mart'ta hazırlığımız bitti. Kolordu karargâhını Alaca köyünde tesis ettim.

Bayburt'u işgal ile Kop'tan 2. ordudan da bir piyade ve bir süvari alayı (iki bölük kuvvetinde), bir avcı taburu emrime verildi. Ordu kumandanı Vehib Paşa, Erzurum mevki-i müstahkem (mevkide görevli) olduğundan eldeki kuvveti zayıf buluyor, bir keşif taarruzu icrasıyla ve 2 Kafkas kolordusunun dahi vürûduyla orduca taarruzu arzu ediyordu. Bunu ahvale muvafık (uygun) bulmamıştım; zira, geçtiğim yerlerde hayat kalmadığını görüyordum. Karargâhımın bulunduğu Alaca köyünde cenazeler insanın aklını oynatacak bir halde idi.

Bütün çocuklar süngülenmiş, ihtiyarlar, kadınlar samanlıklara doldurulup yakılmış, gençler baltalarla parçalanmıştı. Çivilere asılmış ciğer ve kalpler görülüyordu. Bütün bu acıklı manzaralar, Erzurum'a atılmaya ve oradaki biçarelere imdada bizi mahkum etmişti. Ermeniler, hatt-ı müstahkem haricinde geniş bir hat üzerinde Ilıca'nın şimal ve cenubunda (kuzey ve güneyinde) bulunan bütün ova köylerini işgal etmişlerdi. Ben de bunları geniş bir cephede işgal ve kısm-ı külliyi şose (yol) boyunca tertip ile Ilıca-Gez-Erzurum istikametinde taarruz emrini verdim. Buradan yazdığım raporu aynen kaydediyorum:

Alaca'dan

10.III.1334

Üçüncü ordu kumandanlığına

"Kolordu karargâhının Alaca'ya vusûlünde, Ermenilerin elinden kaçarak kurtulabilen 48 nüfustan hariç, iki odaya doldurularak ateşlemeye teşebbüs eyledikleri ahali-i İslâmiye'den 278'ini şehit, 42'sini, ekseriyesi ağır olmak üzere mecruh buldum. Mecrûhînin tedavi ve isti-rahatlerine çalışılmaktadır. 278 şehit kümesi içerisinde, ırzlarına tecavüz ve sonra ciğerleri duvarlara asılmış genç kızlar, karınları deşilmiş hamile kadınlar, beyinleri süngülenmiş ve vücudlarına benzin dökülerek ihrak edilmiş çocuklar ve erkeklerin hâsıl ettiği pek hazin levha ile, ikinci kolordudan gelirken Arapkir ve Eğin'de üç- dört bin Ermeni'nin kısmen ihtidâ perdesi arkasında büyük bir hürriyet ve müsavât-ı tâmme(tam eşitlik) ile mesrûrâne (mutlu) bir hayat geçirmekte olduklarını tahatturla (şahit olmakla), gördüğüm bu iki hayat arasındaki (Türk ve Ermeni arasındaki haya tezatı) tezat ve mübâyenetten mütevellit ye's ü teessürümü(kötü hissettiğimi) hâk-i pây-i kumandânîlerine bu zavallı şehitlerin başucundan arzetmeye bir mecburiyet-i deruniye (içten bir sorumlulukla) hisseylediğim ma'rûzdur."

Birinci Kafkas kolordusu kumandanı

Kazım Karabekir

11 Mart sabahleyin karanlıkta hareket başladı, kısa bir müsâdeme (çatışma) ile Ilıca zaptedildi. Gez'de akşama kadar mukavemet (direndik) gördük. Fakat, bunlar da mağlûben tel örgüleri gerilerine atıldı, bir gece hücumu ile tel örgüleri kesilerek siperler zaptolundu. Ermeniler Erzurum şehrinin muhit-i muttasılasına (sınırına) çekildiler. Karasu'yun kuzeyinde akşama kadar işgal muharebesi oldu. Bizim sağ cenahta Haydari boğazında da Ermeniler fena halde mağlup oldular. Akşamüstü Erzurum'da müteaddit(birçok) yangınlar başladı. Gece kıtaât Erzurum'a yaklaştırılarak şafakla bir hücum yapıldı. Ve saat 5 evvelde şehir işgal olundu. Ermenilerin ric'atın temin ve yangınların söndürülmesine mani olmak için bazı fedai çeteler şuraya buraya gizlenmiş, ansızın şuna buna ateş ederek hâlâ hûn-rîzlikten (sinsi-gözü dönmüş canilikten) geri kalmıyorlardı.

Öğleden sonra kolordu karargâhını Erzurum'a naklettim. Hasankale istikametinde süvari alayıyla takibe başlattım.

Erzurum muharebesinde bizim kuvve-i-umumiyemiz 5.000, Ermenilerin ise 6.000 kadardı. Ermenilerin Erzurum muhârebatında 500 kadar telefatı zannolunuyor. Kıtaâtımızdan şehit ve mecruhumuz 150 kâdardı. Erzurum(da) bir Rus topçu alayı zabitan heyeti, 40 kadar zabit görüldü. Bunlar

Ermenilerle beraber müsademeye iştirak etmişler... Tazyik altında cebren(baskı altında zorla) muharebeye sokulduklarını kemal-i teessürle anlattılar ve Ermenilerin fecâyi'ini esasen görmüşler, bu sefer de bizimle beraber gördüler.

Hasankale'de Ermeniler tarafından
baltalarla katledilen Müslüman ecsâdı

Erzurum'da öyle feci manzaralar gördük ki insanı insanlıktan nefret ettiriyordu. Halk gözyaşlarıyla şuraya buraya koşup kimi oğlunu, kimi babasını, kimi karısını süngülenmiş veya yakılmış buluyor, saçlarını yoluyordu. Yerlerde çocuk, kadın, ihtiyar... kanlar içinde yatıyordu. Yalnız son gece 3.000 Müslüman kestiklerini kemal-i iftiharla (övüne övüne) Ermeniler, Ruslara da anlatmışlar. Bunu kaymakam (yarbay) Tverdo Khlebof raporunda neşretmiştir.

Şimendifer istasyonunda, sanki bir mezarlık, ölülerini dışarıya fırlatmıştı, cenazeler arasından geçerek bu fecâyi'i seyrettik, bilhassa içerisinde insanların doldurulup beraberce yaktıkları karşılıklı binalar insanı titretiyordu.

13 Mart'ta Hasankale'yi süvarimiz işgal etti. Orada da nâmütenâhi fâcialar (sonu bitmeyen vahşetler) yapılmış, bilhassa yol boyundaki köylerde biraz olsun ümran (imari yapılar) ve hayat (canlı tek yaşayan) bile bırakılmamış.

16 Mart Horasan'ı süvari alayı işgal etti. Burada istasyona doldurulup yakılmış birçok köylü ve esir askerlerimiz haber verildi. (Rusların aldığı esirler buralarda çalıştırılıyormuş.)

23 Mart'ta kıtaâtımız eski hududa dayandı. Ermenilerden ancak tahrip yapan 200 kişilik bir çete ile temas vardı. Oltu istikametine, emrime verilen 2. Kafkas kolordusunun alayını göndermiştim; o da, 17 Mart'ta, Narman'ı (İd) işgal ile hududa vardığını bildirdi.

2. Elviye-i Selâse'de Hareket

Brest-Litovsk muahedesi mucibince Elviye-i Selâse'yi Ruslar Osmanlılara iade ettiklerinden Sarıkamış'ın işgali emrini aldım. Kolordumun her iki fırkası da hazırdı. 3 Nisan'da harekete başladık. İki gün müsademe oldu. 5 Nisan'da Sarıkamış'ı işgal ettik. Aynı günde karargâhım Sarıkamış'ta tesis edildi. Çarşı ve ambarlar ve bazı binalar yanıyordu. Bir Rus ailesinden başka bir fert de yoktu. Ermeni kıtaatı Novo-Selim civarına çekilmişti. Kıtaâtı bunlarla temasa kadar ileri sürdüm, ileri kıtaâtımızla 7 Nisan'da Ermeniler arasında muharebe oldu. Ermenilerin Novo-Selim mıntıkasında kuvvetli oldukları ve kat'i muharebe verecekleri keşfolundu. Bu gün 4. kolordunun da Van'ı işgal ettiği haberi geldi. 8 Nisan'da Kağızman'ı işgal eden bir müfrezemiz, İslâm ahaliden 400 kişinin sokaklarda öldürüldüğünü, bu cinayetin icrası için "Artık kardeş olduk, silahlarınızı verin, birbirimize bir fenalık yapmayacağız!" diyerek silahları topladıktan sonra kıtale başlamış olduklarını bildirdi.

3 Nisan'da Novo-Selim mıntıkasında Ermeniler sağ ve sol cenahlarımıza(ordumuzun kanadına) karşı taarruz ettilerse de, 10 Nisan'da yine eski vaziyetlerine çekilmeye mecbur oldular.

14 Nisan'da, Batum 37. ve 10. fırkalar tarafından işgal olundu. 19 Nisan'da Novo-Selim mıntıkasına taarruza başladık. 2. Kafkas kolordusunun bir fırkası da iştirak etti. Ermenilerin sağ cenahı ric'at (geri çekildi) etti. Fakat, fırkayı sağ cenaha celp ile 36. fırkayı takviye ettim. 2. kolordunun 2. fırkası da geldi, sol cenahtaki boşluğu doldurdu.

22 Nisan'da her iki kolordu (4 fırka) ile taarruza başladık. Ermeniler iki saat bile mukavemet edemediler, Kars'a çekilmeye başladılar.

23 Nisan, Ermenilerden bir heyet mütareke teklifine(ateşkes) geldi.

24 Nisan'da da Kafkas hükümeti Elviye-i Selâse'yi tahliyeyi kabul ettiklerinden, Kars'ın iki kilometre mesafesinde tevakkuf (durma) emri geldi.

Ermeni murahhasları(temsilcileri) geldiler, gittiler, kat'i karar için beni ileri hatt'a davet ettiler, otomobil ile gittim. Fakat, Kars kalesinden topçu ateşi ile karşılandım. Büyük tehlike geçirdik, Ermeniler akşama kadar topçu ateşine devam ettiler.

Kolordum kısm-ı küllisi ile Kars'ı ihâta (kuşatacaktı) edecekti. Bunu Ermeni murahhaslarına anlattım, Kars'ı tahliye etmekte olduklarını ve ihata hareketinin yapılmasına ve bugün garp cephesinden çekileceklerini bildirdiler ve takip etmemekliğimi rica ettiler. Kabul ettim, mütekâbilen (karşılık olarak) şunu da rica ettim: "Kars'ta birçok esir askerimiz olduğunu işittik. Bunlara bir felaket erişmemesini hassaten (özellikle) rica ederim." Maalesef ben(im) Ermeni kıtaâtım Kars'ı kuşatma hareketinden takipten sarf-ı nazar etmek gibi (vazgeçmek gibi) ulüvv-i cenap (iyi niyet) göstermeme mukabil (rağmen) Ermeniler Kars'ı her taraftan yakmaktan ve biçare esirlerimizi istasyonda öldürmek gibi vahşilikten kendilerini alamamışlar.

25 Nisan akşamı Kars'ı işgal ettik. 26'da bizzat Kars'ı dolaştım. Her taraf yanıyor, istasyonda 100 kadar esirimiz gaddarâne öldürülmüş, ayrıca İslâm ahâliden 50 kadarı da Kars deresine atılmış, ceset(lerini) bulduk. (Kars mevki-i müstahkem kumandanlığı dairesinin 20 metre kadar cenubunda, Şelale mevkiinde.)

29 Nisan'da Arpaçayı hududuna kadar ileri hareket emrini aldım.

30 Nisan'da müfrezelerimiz hududa vardı. 30 Nisan'da ben de karargâhımı Hacı Veli'ye naklettim.

3 Mayıs'ta hazır bulunmak hakkında emir aldım.

4 Mayıs'ta karargâhımı Başgedikli istasyonuna naklettim. Kıtaâtımı da toplu bir vaziyette bulundurdum.

8 Mayıs'ta, "bir fırkanın Tebriz istikametinde, güneye hareket edeceği Ermeniler mümânaat (engel) etmiyeceklerdir, eğer mukabele ederlerse Arpaçayı'nı mürurla (geçmekle) cebren kabul ettirileceği" Kars'ta bulunan grup kumandanlığından bildirildi. Ordu karargâhı Erzurum'dan sonraki harekâtta Batum'a gitmiş bulunduğundan, ikişer fırkalı bulunan 1. ve 2. Kafkas kolordularına grup denilmiş ve kıdemli bulunan 2. Kafkas kolordusu kumandanı Şevki Paşa kumandasına verilmişti. Karargâhımı Kızılçakçak'a naklettim.

3. Arpaçayı Doğusunda Harekât

İngilizlerin İran'ı istilâ ettikleri, Tebriz'e kadar müfrezelerinin gelmesi(nin) güney harekâtının sâiki (yönlendiren-sevkeden) olduğu ordudan bildirildi.

Ermenilerin sulhü kabul etmedikleri gibi harekâta da müsade etmediklerinden Gümrü'nün zaptı emri geldi.

Hasankale'de katledilen kadın ve çocuklar

15 Mayıs'ta Arpaçayı'nı her iki kolordu geçtik. Kolordum Gümrü'nün güney ve doğusunu ihata etti. Akşama kadar cephede 2. kolordu kıtaâtı Gümrü'nün mukavemetine maruz kaldı, akşamüstü Gümrü teslim oldu. Buranın ahalisi iyi hareketler ettiler, tahribat yapmadılar, kaçmadılar da. Ordumuz zabitan ve efradını (gümrü halkı) gördükten sonra hayretlere düştüler. Kendilerine, Ermeni çeteleri Türk ordusunu pek fena tasvir etmiş, "Kurûn-ı ûlâ (ortaçağ) kıyafetli, yatağan bıçaklı!" demişler. Halk Ermeni ordusundan gördükleri fenalıklardan kurtulduğuna ve Türk ordusunun ulüvv-i cenabına (samimi tavrına) karşı medyûn-ı şükran (teşekkür borçlu) idiler. Civar köyler de mukabele etmedi, herkes yerli yerinde kaldı.

20 Mayıs'ta karargâhımı Gümrü kasabasının iki kilometre kadar güneyindeki kışlalalara naklettim. Ermeniler güney harekâtına mukabele ediyorlardı. 22 Mayıs'ta Serdarabad mıntıkasındaki müfrezemiz biraz çekilmeye mecbur oldu. 24 Mayıs'ta ordu kumandanı Vehib ve grup kumandanı Şevki Paşalar Gümrü'ye geldiler. Ermeni kolordu kumandanı Nazarbekof da bir Ermeni generali ile gelecek, müzakere edeceklermiş. Fakat, Ermeni generalleri gelmediler. Mesele, Tebriz istikametine ve Gence cihetine kuvvet şevki için Ermenilerin mukabele etmemesi imiş. Fakat, gelen olmadığından müzakere de olmadı ve bilakis 25 Mayıs'ta Ermeniler benim kolorduma taarruz da ettiler. Ordu, Ermeni ordusuna taarruz emrini verdi.

26 Mayıs'ta Ermenilerin kuvvetli bulunduğu Karakilise mıntıkasında 2. kolordunun 11. fırkası muvaffak olamadı, dört kilometre kadar çekildi. Çekilirken, bilhassa Hacıkar köyünde kadın ve köylüler geçen efradı baltalarla parçalamışlar. Karakilise'nin zaptı için kolordumdan bir fırka ile hareket ve 11. fırkayı da emrime almaklığımı grup emretti. Sol cenahımda bulunan 9. fırkayı henüz karla mestur Maymah dağlarından şevkettim. Ben de İmamlı doğusunda Saral civarındaki 11. fırka nezdine geldim. Nümayiş taarruzlarla Ermeni kolordusunun nazar-ı dikkatini cepheye atfettirerek 28 Mayıs'ta 9.

fırka ile hatt-ı ricatlarına(peşlerine) düşüldü. Ermeni kolordusunu panik yaptı; fakat, 27 Mayıs'ta Serdarabad mıntıkasında Ermeniler bizim müfrezeyi tarda (uzaklaştırmada muvaffak olmuşlar, müfrezemiz Alagöz sırtlarına çekilmişti. Bunun için 9. fırkayı derhal, yorgunluğa rağmen, 28 akşamı Karakilise batısına, Kışlak köyü civarına çektim. Ben de Gümrü'ye avdet (yardım) ettim.

29 sabahı şayan-ı teessür (kötü-üzücü haberler) haberler geldi. Gümrü ile güney istikametindeki köyler ahalisi, Şirvancık ve Mahmudlu civarında ellerinde silah dağlara çıkmışlar, ne kadar ambarlarımız varsa basmışlar, muhafızlarını öldürmüşler, bunlardan tek tük kaçabilenler bu haberi verdi. Sağ cenahın imdadına gönderdiğim müfrezenin gerilerine geçerek esasen silahları saklı bulunan halkı ayaklandırıp ambarlarımızı yağma ve muhafızlarını itlaf etmişler.

Kolordum Erivan ve Açmiyatzin'i işgal için toplandı. Karşımızdaki kuvvet (Ermeniler) bizi yürüyüş süratinden dahi alıkoyacak bir halde değildi. Kısm-ı küllileri Karakilise'de perişan olmuş iken "çete muharebeleriyle mevcudiyetlerini (Türk varlığını) mahva çalışan Ermeni milletine" Türklüğün şanından olan "mağluba acıma" (çaresiz kimseye dokunma ilkesi) düsturuna tebe'an (ilkesine binaen) harekât durduruldu.

1 Haziran'da Ermenilerle müsâlaha (barış) emri geldi.

Ermenilerin Sarıkamış'ta çalıştırmak bahanesiyle Erzurum'dan toplayıp götürdükleri ve Erzurum-Hasankale caddesi üzerinde katlettikleri İslâm cenazeleri

4. Müsâlahadan Sonra

4 Haziran'da 30 kadar Ermeni Açmiyatzin istikametindeki Sıçanlı'da kıtaâtımıza 1.300 metreden ateş ettiler, mukabele görünce kaçtılar.

8 Haziran'da 2. Kafkas kolordusunun 5. fırkası Celaloğlu'dan Gence'ye harekete başladı.

11 Haziran'da emir aldım; buna nazaran, İran'a geçecek kıtaâtımıza mukabele edilmemesi için bütün cephede Ermeni kumandanlarına emir verildi, ben de Ermeni kolordusu kumandanı Nazarbekof'la muharebeye başladım.

12 Haziran'da 4. kolordunun Hoy'u işgal etmiş bulunduğu ve bir süvari bölüğünün de Tebriz'i işgal ettiği bildirildi. Dilman mıntıkasında Ermeniler varmış, mü-sâlaha etmiyorlarmış.

13 Haziran'da Alagöz dağı cihetinden 40 kadar Ermeni piyadesi cepheden ateş açtı, 40 kadar süvarisi de oradaki müfrezeseyi kuzeyden ihâtaya başladı ise de tardedildi(geri püskürtüldü.) Halbuki cephedeki mükâleme (barış elçileri) memurları yarın Culfa'ya trenlerimizin serbest işleyebileceklerini ve 15 Haziran'da Ermeni kıtaâtının kâmilen yeni hududa çekileceklerini, müsâdeme (çatışma) yapanların Yezidîler olması ihtimalini söylediler.

Gümrü'de sulh müzakerâtının teferruatını kararlaştırmak üzre tarafeynden birer heyet tayin olundu. Ben Osmanlı heyeti reisi idim. Ermeni heyeti de 16 Haziran'da geldi.

Mevâdd-ı sulhiye mûcibince Culfa'ya kadar şimendifer boyu Osmanlılara terkedilmiş idi. Bu hususun takarrürüne rağmen 24 Haziran'da Kamarlu istasyonuna gitmekte olan bir süvari bölüğümüzü Agamazlu, İmatşlov, Gölcehisar Ermeni köyleri her taraftan ateş altına aldılar, 17 şehid ve 5 mecruh, 46 hayvan mürd (ölü) oldu. Ermeni çeteleri bölüğün bütün eşyalarını yağma etti. İşbu Ermeni çetelerinin, Nahcivan havâlisinde katliamlar yapmakta bulunan Antranik'e ait olduğu zannolundu. Antranik'in hayatı hakkında Ermeni komisyonu ve

Erivan'daki Ermeni kolordu kumandanı Nazarbekof, Gümrü'deki Ermeni ahalisi de Taşnaksiyun komitelerinin Ermeni milletini felakete sevkettiğini kemâl-i sûzişle (büyük acıyla) anlatıyorlardı. Vaka, Ermeni payitahtı olan Erivan'ın yanıbaşında olmasına rağmen, bu vakayı ben de mâfevklerime (üstlerime) bildirirken, Ermeni hükümetini bu meselede masum gösterdim. Binaenaleyh, henüz başlayan dostluğun idâmesine muvaffak oldum. Ermeniler için hayat-memat meselesi olan bu nazik zamanlarda ne menfaat beklediklerini anlayamadığım Ermeni komiteleri yine rahat durmuyordu. Mesela, 4 Temmuz 2, sonra da 200 kadar Ermeni şakisi (eşkıyası) Serdarabad mıntıkasında, Açmiyatzin güneyinden geçen iki piyade bölüğümüze taarruz ettilerse de mukabele görünce Açmiyatzin istikametine kaçtılar.

8 Temmuz, güneye hareket eden 11. fırkanın harekatına Açmiyatzin cenubunda 500 kadar Ermeni mukabeleye kıyam ettilerse de tardolundular. Bu vekâyi'a rağmen, tayin olunan hatt-ı hududun(sınırın) öte tarafına kat'iyyen tecavüz edilmemesi için kıtaâta kat'i emirler verdik. Ermeniler pek tehlikeli bir teşebbüste daha bulundular. O da, 11. fırkaya dahi Agamazal, Çabacalu ve Haratlu köyleri ateş açtı ve hatta taarruza bile kalktı. Kuvvetleri 500 piyade ve 150 süvari idi. Halbuki Erivan'a ve Açmiyatzin'e hakim olan benim kolordumdan sarf-ı nazar, bu fırka dahi Erivan'ı işgal ve Ermeni mevcudiyetine hâtime (son) verebilirdi. Böyle bir vak'ayı tarihiyeye mani olan mesele (Ermeniyi kökten yok edebilme potansiyel gücü) umum zabitan ve efrada (orduya) layıkıyla anlatılmıştı ki, Ermeni hükümetinin mevcudiyeti (varlığı) menâfi'-i milliyemiz (olumlu bakış açımız-insancıl olmamız) icabıdır.

Ermeni hükümeti ile sulh aktedilmesi, şimdiye kadar canlarını, servetlerini komitecilikle temin eden Antranik ve emsalinin işine gelmediğinden vaka ihdasından (olay çıkarmaktan) geri durmuyorlar, tahdit (söz) edilen hudut hiçbir suretle geçilemeyecektir. (Komisyonca protokole nazaran çizilen işbu hudut krokisi umum kıtaâta tevzi (dağıtılmıştı) edilmişti.)

31 Temmuz 4. kolordu Rumiye'yi işgal etmiş.

1 Ağustos'ta kolordular teşkilatı ve cephelerinde tâdilat yapıldı. Evvelce benim emrimde 9. fırka ve 36. fırka vardı. 14. fırka da Romanya'dan geriye geldi. Emrime girmişti. 2. Kafkas kolordusundan 5. fırka Gence'ye ve 11. fırka İran'a geçmişti. Yeni tertip mucibince 15. fırka ve 36. fırka da 2. Kafkas kolordusu olarak Gümrü havalisinde kaldı. Benim emrime de 1. Kafkas kolordusu, 9. ve 11. fırkalar verildi. 9. fırka Erivan güneyinde Nahcivan mıntıkasına kadar, 11. fırka da Tebriz'i işgal edecekti. Kolordum karargâhını Nahcivan intihap ettim, 7 Ağustos'ta Nahcivan'a geldim.

16 Ağustos'ta, emrime verilen 11. fırka kolbaşısı Tebriz'e vardı. Tebriz'e kadar mevcut olan şimendiferi de tamir ettirdik. Tebriz'de İngiliz tahrikâtı(tahrikleri) ziyade olduğundan,-beyne'n-nâs (insanlar arasında) bir fenalık melhuz (çıkması ihtimal) olduğunu haber aldığımdan, 2 Eylül'de karargâhımla Tebriz'e geldim. Buradaki Ermenileri ağırbaşlı ve iş-güçleriyle meşgul buldum. Mukabilinde de benden ve kıtaâtımdan lazım gelen hürmeti gördüler.

5 Eylül, Tebriz'in üç günlük mesafesine kadar takarrüble (yakın) Tebriz'i tehdit eden İngiliz müfrezesine taarruzla ric'ata (uzaklaştırmaya) mecbur ettik ve bir-iki yerde mukavemet etmek isteyen bir müfrezeyi Miyane doğusundaki Kaplan Kûh silsilesinden de doğuya tardettik (sürdük.) İran dahilindeki harekâtı burada tevkif ve tahdidini istiyordu. Fakat, imkan-ı maddisi olmadığını anlattım. Mucib-i memnuniyet olmamakla (memnun olmayarak) beraber mütalaâtımı (kanaatımı) kabul ettiler.

15 Eylül'de Bakü'nün zaptını haber aldık.

22 Teşrîn-i Evvel'de (Ekim) İran'ın tahliyesi emri geldi. Ben de karargâhımı tekrar Nahcivan'a nakil için Tebriz'den hareket ettim.

31 Teşrîn-i Evvel'de (Ekim) aldığım emirde "1. Kafkas kolordusu karargâhı(nın) lağvedildiği(dağıtıldığı), bu karargâhın da İstanbul'a gideceği" bildirildi. Bu gün aldığımız ajans

da, bize, kabul ettiğimiz mütareke şerâitini (ateşkes şartlarını) bildirdi.

Kars'ta yek-diğerine bağlayarak pek feci surette Ermeniler tarafından
katledilen İslâm üserâsı(esirleri)

Ben karargâhımla, Batum üzerinden 28 Teşrîn-i Sâni (Kasım) 1918'de İstanbul'a geldim. Ve Tekirdağ'ında (Rodosto) bulunan 14. kolordu kumandanlığına tayin olundum. 9. ordunun lağvı ve Şevki Paşa'nın İngilizler tarafından İstanbul'a celbi ısrarı üzerine, bu havaliye olan vukufuma(bakış açıma) ve Ermenilerce olan marufiyetime (bilgi ve tecrübelerime) binâen, namı 15. kolorduya tahavvül eden (ismi değişen-dönüşen) eski kıtaâtıma yine kumandan olarak tayin olundum.

19 Nisan'da Trabzon'a ve 3 Mayıs 1919'da Erzurum'a muvâsalat (ulaştım)ettim ve kumandayı deruhte (komutayı üstlendim) ettim. Devam eden şu beş ay zarfında, hududun öte tarafından kaçıp gelenlerden ve gerekse birçok biçarelerin feryadından anladım ki, Ermeni milletinin içerisinde kök tutmuş olan çeteciler, kesip yakmakta hâlâ berdevamdırlar ve bunların bu cinayetlerini tasvip ve fakat dünyaya aksini göstermek için her tarafta kuvvetli yardakçıları da vardır. Fakat, itikadımca komitecileri aralarından def etmedikçe ve siyasi entrikalardan uzaklaşmadıkça, Ermeni milleti, ne kendisi ve ne de aralarında yaşayanlar rahat ve emniyet görmeyecektir. Bundan dolayı, o milletin tanıdığım efrâd-ı ma'sûmesine (masum Ermenilere) karşı da bir hiss-i-şefkatle acımaktan kendimi alamıyorum. Fakat, bir âdil elin dünyanın o köşesinde dahi saadetler uyandıracağını düşünmekle müsterih (huzur buluyorum) oluyorum.

Sâbık (eski) birinci Kafkas kolordusu kumandanı

15. kolordu kumandanı mirliva

Kazım Karabekir

ERMENİ ÇOCUKLARI

Ermeniler Müslümanlara bu mezâlimi reva görürlerken, o sırada Şark'ta(doğuda) ordu kumandanı olan Kazım Karabekir; Osmanlı ordusunu getirenlerin çocukları olmaları dolayısıyla bölge Ermenilerince itilip kakılarak sokaklarda açlık ve soğuktan ölmeye terkedilen binlerce Ermeni çocuğuna barınacak yer ve eğitim imkanı temin ediyordu. Bununla ilgili olarak, kendi eserlerinden biri ile, Doğu'da açtırdığı okullarda okuyan talebelerden Ali Ayrım'ın (Ermeni talebesi) kitabından iki alıntı yapıyoruz:

Kazım Karabekir:[32]

(...)

Bizi, bu kürrenin en kıdemli evlatlarını ve hiçbir tarihte istiklalini kaybetmemiş insanlarını bilmeden ve anlamadan haksız yere mahvetmeye kalkan Taşnaklar (Ermeniler) üç ilimizi (elviye-i selâse), Urfa, Ayıntap, Maraş, Adana havalisini kan ve ateşe boğdular, ne hetice hâsıl oldu? Artık yetmez mi? Acaba ırkî münasebet ve bir tarihte hatta din birliği -Ermeniler senelerce İslâm yaşadılardı- öğrenildikten sonra da aramızda felaketler tekerrür edecek mi?

---

32 İstiklal Harbimizin Esasları, s. 360-363, yayına hazırlayan: Faruk Özerengin, Emre Yayınları, İstanbul, 1995

Ermeniler tarafından katledilen İslâm üserâsını defneden
Türk sıhhiye müfrezesi

Talihim beni İstiklal Harbimiz'de dahi Şark'ta bulundurdu ve tam inkırâz (tamamen yok olma), imha çemberinin hazırlandığı bir zamanda nasihatler ettim, "Samimi olalım, yolumuzu kapamayın!" dedim, dostluk diledim; fakat, kan ve ateşle cevap aldık. Bıçak kemiğe dayandığı bir zamanda zaruri olarak Türk'ün demir pençeleriyle ikinci defa olarak Taşnak ordusunu hırpaladık. Fakat Ermeni mevcudiyetine Türk milleti gene hürmet etti ve onun istiklalini bitirmedi. Yeniden birçoklarıyla tanıştım. Şifâhen, hatta yazıyla bile söz verdiler ki, artık "Türk-Ermeni" dostluğu ebedi kalacaktır. Ermeni milletini yaşatacak (şeyin) ancak Türk dostluğu olduğunu bir daha gördüler ve Ermeni edebiyatının esasının Türk münâfereti (nefreti) değil, Türk dostluğu olacağını kabul ettiler. Ermeni milletinin mahvı ânında ıztırap çekecek (derdine ortak olacak) başka bir üçüncü millet olmadığını da tasdik ettiler.

Ben bu dostluk edebiyatını uzatmıyorum. Kursağına emeksiz ecnebi nimeti akan (nifakçı dış mihrak yardımı) ve hayatın her türlü zevkini o kanaldan emenlerle işim yoktur. Ben alın teriyle çalışan Ermeni vatandaşlarıma ve bunların emniyet ve rahatını düşünen iyi kalpli Ermeni milletine hitap ediyorum: Hala yalan iftira ve kin yağmurlarıyla ruhunuzu ıslatmayınız!

Ermeniler eserimden size iki de vesika yazayım. Daha birçok hakikatleri bu eserden yakında okuyacaksınız. Kars'ta Ermeni ordusu fedakarca çarpıştı; fakat, ters cephe ile yaptığım taarruz, tarihteki emsâli gibi mağlubun felaketiyle neticelendi. Türk ordusunun ne kadar mertçe ve insanca hareket ettiğini gören, Ermeni yetim çocuklarına bakan Amerika heyetinin, İstanbul'daki Amerika mümessili amiral Bristol Cevaplarına 31 Birinci Teşrin 1920'de çektikleri telgraf aynen şudur:

"Tous les Americains a Kars sont biens, et l'arme Turque nous donne excellent soin et tout consideration. Nous avons permition de contineuer l'organisation com me avant. Les soldats Turcs sont bien disciplines etiln'ya pas eu de massacrse."

Edvvard Fox district commander
N.E.R. KARS

Ordumuzun Avrupa ve Amerika ordularından farksız derecede zapt u raptı bulunduğunu ve onlardan daha ziyade âlicenap olduğunu Amerikalılar takdirle söylediler ve vesikalarında bu intizamı ve katliam yapılmadığını da cihana ilan ettiler. Kendilerine müsade ettiğimiz şey, orada topladıkları altıbin fakir veya kimsesiz Ermeni çocuklarına bakım hususudur. Gümrü'de dahi aynı vaziyet hâsıl oldu. Bu çocuklar şimdi birer Ermeni delikanlısı olmuşlardır. Haklarındaki Türk şefkatini unutmamış olduklarını ümit ederim. Ermeni yetimlerinin "yetimler babası" hitabıyla bana hediye ettikleri karakalem resmini samimi bir hatıra olarak saklıyorum.

Gümrü'nün medeni halkı ise, üzerlerinden hemen iki sene fâsıla ile dehşetli harp silindirleri geçtiği halde, ne insânî muamele gördüklerini inkar edecek derecede fena insan değillerdir. Gerek Harb-i Umumi'de ve gerekse mütareke devrimizde yaptığımız her iki Ermeni hareketinin de günü gününe hesabını bu eserimde medeniyet aleminin huzuruna çıkaracağım. Aşağıdaki vesikayı, Ermeni dostlarımız, kendilerini hala Türk düşmanlığına süren ve iftiralarla ruhları kin ve isyan girdabına düşürmek isteyenlerin yüzüne çarpmalıdırlar:

16 Teşrîn-i Evvel 1921

Erzurum-Yakutiye

En büyük kumandana;

"Bugün Ermeni esir zabitleri ve efradı (esir olan asker ve subaylar) için mesut bir bayramdır. Bugün, oniki ay süren esaretten sonra biz artık ailemize ve vatanımıza kavuşuyoruz. Bizim en büyük âmirimiz olmak hasebiyle, zât-ı âlîlerine ve maiyyetleri zabitanına biz Ermeni zabit ve neferleri Türkiye'de hakkımızda gösterilen hüsn-i muameleden (güzel muameleden) dolayı bütün kalp ve ruhumuzla arz-ı teşekküre müsâra'at eyliyoruz. Biz buradan hareket ederken, güzel hatıraları da birlikte götürmekteyiz. Biz emin bulunuyoruz ki, bundan sonra Ermeni askeri size karşı silah-ber-dest (silah doğrultmayacaktır) olarak bulunmayacaktır. Ve taraf-ı âlîlerinden bizlere tebliğ edildiği üzere, 1 Teşrîn-i Evvel 1921'de Kars'ta bu husus her iki milletin evliyâ-yı umuru (vazifeli makam sahipleri) arasında takrîr ve temin edilmiştir. Biz dahi bundan eminiz. İki memleket arasında, Türklerle Ermeniler birbirlerine karşılıklı yardım edecek ve birlikte yek-diğerini müdafaa ve sıyânet(-koruyacak ve destekleyecektir) eyleyeceklerdir."

Ferik General General Miralay Miralay Miralay Zabitler

(imzaları mahfuzdur)

Sarıkamış-Kars yolu üzerinde Ermeniler tarafından
kafası taşla ezilen bir Türk

Ali Ayrım:[33]

Yüzümüze sıvanmak istenilen çamur

(...)

Yeni gelenlerle sevişmiş (dostluk kurmuş), kaynaşmış, kardeşçesine arkadaşlığımı sürdürürken, okulumuzda Ermeni çocukları olduğunun toplum arasında da söylendiğini, yayıldığını duymuş, yine çok üstelememiş, aldırmamıştık. Bundan bir süre sonra Ermeni adı dallanmış, budaklanmış, çiçek açmış, meyvesini vermeye, kokusunu saçmaya başlamış, öğretmenlerimiz üzülmüş, Karadenizli olan müdür yardımcısı Nureddin Bey, bunun kötü düşünceli kimselerce uydurulduğunu, hepimizin Türkoğlu Türk olduğumuzu, bütün bunlara boş vererek üzülmememiz gerektiğini söylemişti.

Ama yavaş yavaş, sinsi sinsi işe Kazım Karabekir Paşa da karıştırılıyor, onun okullarında okuyan çocukların tümünün Ermeni çocuğu olduğu ve Ermenistan'dan toplanıp getirtildiği propagandası yapılıyordu. Ak yüzlü Karabekir Paşa suçlanıyor, bizler onun dölleri(nesli) oluyor, lekeleniyor, adımız kötüye çıkarılıyordu. Okulda görünürde birşeyler sezinlemiyorsak da, dışarılarda kendini bilmez, kötü duygulu kişilerin baş döndüre, göz kırpa, fısıltılarla bizi kötülediklerini, olmadık utanç verici sözlerle bizleri aşağılatmaya çalıştıklarını duyuyor, görüyorduk.

(...)

Oysa ki, Kazım Karabekir Paşa'nın Sarıkamış'taki okullarından birisine girebilmek için ne çileler doldurmuş, askerlik şubelerince ne denli incelemelerle, zorluklarla karşılaşmıştık.

(...)

Erzurumlular bizden yana oluyor, takma adımızı kâle almıyor, 'Bunlar Kazım Karabekir'i kötülemek için uydurulmuş, içi karaların ortaya atarak yer kapmak, ün almak için ileri sürdükleri tiksindirici yalanlardır.' diyorlardı. Ama, bizler bu ad altında eziliyor, üzülüyor, ölüm terleri döküyorduk. Olana baş

---

33 (62) Yalan (Anıların Romanı), s. 128-133, İstanbul, 1978:

eğmekten özge (başka) bir gücümüz yoktu. Ermenilerin dığası (kalıplaşmış küfür sözü), pis suratların kurbağası olarak taşlanıyor, yaralanıyorduk. Bu uydurular ömrüm boyunca etkisini sürdürecek, beni baskısı altında tutacak, başarılarımı kösteklecekti.

(...)

Erivan çevresindeki köylerden başlayarak, Türklüğün ve Müslümanlığın izini silmek amacı ile baltalamaya girişen Ermeniler, kolayca ellerine geçirdikleri bu ilde de eylemlerini sürdürmüş, buradaki Türkleri de yok etmeye başlamış, 1920 yılında bu ilin sınırında beklemekte olan Türk ordusunun ayranını kabartmış, Kazım Karabekir Paşa'nın ani bir 'İleri!' buyruğu ile Gümrü'yü elimize geçirmiş, Erivan'ı kuşatmış, Ermenileri ölüm çemberi içine almıştı.

***

Bu olaydan 52 yıl sonra, bir gün İstanbul'da Suphi Paşa konağı önünden geçen Horhor caddesinin bir yanında, çevrenin emeklilerinin emekleye emekleye gelerek toplandıkları Ozanlar gazinosunda, hemşehrim Ramazan ve Haydar Beylerin aracılığı ile, albaylıktan emekli Mehmed Bey'le tanışmıştım.

Her gün öğleden sonraları gelir, sessizce bir yana oturur, çayını içer, arkadaşları ile geçmişten söz eder, çok kimselerle senli benli olmaz, tek oturduğu yerde, gülüyor mu ağlıyor mu belli olmayan suskunluğunu sürdürürdü.

Armağan adındaki kitabımı o da okumuş. Bir gün benim de birazıcık sözünü ettiğim bu konuya değinmiş, Kazım Karabekir Paşa'nın topladığı öksüzlerden söz ederek şöyle demişti:

"Kazım Karabekir Paşa'nın komutasında Gümrü'ye girdiğimizde, kentin sokaklarını tıklım tıklım ortalıkta kalmış Ermeni çocukları ile dolu bulmuştuk. Kış başlamıştı; açlık, soğuk, hastalıklardan ölenleri sokaklarda kalıyor, kentin görünümünü, havasını bozuyor, görenlerin tüylerini ürpertiyor, içini bulandırıyor, tiksindiriyor, hastalıkların salgınlaşmasına, yayılmasına yol açıyordu.

Her ne kadar bunlardan binlercesi, Amerikalıların açtıkları yurtlarda toplanmış; yediriliyor, içiriliyor, barındırılıyor, korunuyorsa da geride kalanları sokaklarda titreşiyor, iki büklüm olmuş, başları boş, gözleri yaş, ne ekmek buluyor ne de aş, dolaş babam dolaş, dönüp duruyorlardı.

Gümrü'nün varlıklı Ermenileri bunları görmüyor, arpa danesi değil zırnık bile vermiyor; Türk ordusunun buralara girmesine neden olanların çocukları olduğu için onlardan iğreniyor, kapılarını yüzlerine sıkıca kapatıyor, Türk ordusunun hoşgörü güvencesi altında yaşamlarını sürdürüyorlardı.

Ermenilerin bu denli ilgisizlikleri, Kazım Karabekir Paşa'yı çok üzmüş, bir iç acısı, insanlık adına bir utanç duyarak, varlıklı Ermenileri bir araya toplamış, az bir sürede onlara yurtlar açtırarak bu çocukları ölümden kurtarmıştı.

Ermenilerin Kars'ta yaktıkları Türk mahallâtı (mahalle)

Ama, neye yarar ki, Paşa'nın bu insancıl eylemi, bir yandan varlıklı Ermenileri küstürmüş, bir yandan da Ermenilerden çok kötülükler, çirkinlikler görmüş Türkleri kızdırmış; Paşa'nın Ermenileri koruduğu sözlerini her yana yaymaya başlamışlardı.

Tam bu günlerde güçlü bir kış olmuş, her yanı kasıyor, kavuruyor, kente ölü bir gün yaşatıyordu. Yakacak darlığı başlamış, odun altın olmuş, gözleri kendine çekiyordu. Nöbet yerlerinde donma, kurt saldırıları da artmıştı.

Amerikalıların Ermeni çocuklarını barındırdıkları yurtlarda da yakacak kalmamış, Kazım Karabekir Paşa'ya başvurmuş, süngülerimiz altındaki ormanlardan yakacak odun istemişlerdi. Paşa onlara yardımda bulunacağını, bizim erlerimizin de dağ başlarında çıplak olduklarını ileri sürmüş, Amerikalılarla anlaşarak, verilecek odun karşılığı binlerce battaniye almış, bunları kestirmiş, erlerimize gocuk (kaban) yaptırmış, Mehmedleri o yılki amansız kışın etkisinden korumuş, dondan kurtarmıştı.

Paşa'nın bu yaptıklarını da doğru bulmayanlar olmuş, Amerikalılar aracılığı ile yine Ermenilere yardım ettiğini söylüyor, ikinci bir kez onu kınıyor, suçluyorlardı.

Paşa, Gümrü anlaşmasını yaptıktan, yurda döndükten sonra, Gümrü'de gördüğü Ermeni çocuğu sayısından daha da çok sayıda, Doğu illerini dolduran öksüz Türk çocukları ile karşılaşmış. Gümrü'de Ermenilere yaptırdığını burada da Türk varlıklı kişilerine yaptırmak istemişse de, kuru topraktan başka tek varlıklı kişi bulamamış, askerî okulları açtırmış, bu çocukları buralarda toplamış, okutmaya, yetiştirmeye başlamıştı.

Bu olaylar aradan yıllar geçtikten, Karabekir Paşa'nın yıldızı söndükten sonra, 1925'te birçok gammazlar, Paşa'nın, topladığı bu çocukları Gümrü'den getirdiğini, öz-be-öz Ermeni çocukları olduğunu dört bir yana yaymış, üçüncü bir kez üstüne gölge düşürmek istemişlerdi.

Bütün bu olanları bilmeyen, araştırmayan, sormayan kişiler, onun soruştura, öz-be-öz Türk çocukları oldukları anlaşıldıktan sonra askerî okullarda topladığı öksüzlere, anlamsız, yersiz olarak çamur atmışlardı.

"Oysa, bizler böylesine öz çocuklarımıza çamur atar, onları ağlatır, üzer, yaralarının üstüne tuz biber ekerken, Ermeniler Karabekir Paşa'nın onlara zorla açtırdığı yurtları geliştirmiş, çoğaltmış; buraları, Türklerden öç almak için 25.000 Ermeni çocuğunun eğitim, öğrenim yerleri durumuna getirmişlerdi.

"Türk acıması, Türk insancıl düşünce, duyarlığı, Türk zoru ile ölümden kurtarılanlar, Türkleri yok etme planları kuruyor, öç alma marşları söylüyorlardı."

İKİNCİ BÖLÜM

EKLER

EK-I

TARİHÇE

Bu 'Ekler' bölümüne alman metinlerden ilk ikisi; Kazım Karabekir Paşa'nın, kitaplarında yeri geldikçe atıfta bulunup eserleri içerisinde neşrettiği, Osmanlı ordusunca esir alman ikinci Erzurum kale topçu alayı kumandanı ve Erzurum Deveboynu mevki-i müstahkem kumandan vekili, Rus yarbayı Tverdo Khlebof tarafından Erzurum'daki Ermeni mezâlimine ilişkin *Tarihçe* ve *Hatıra* adıyla kaleme alınmış iki önemli risaledir.[34]

---

34 Paşa, Khlebof ve eserleri hakkında şunları söylemektedir:
"...(Esir alman) kaymakam (yarbay) Tverdo Khlebof'la karargâhında uzun uzadıya görüştüm. Pek zeki ve yüksek tahsili olan bir Rus. Kars'ta topçu kumandanlığında dahi bulunmuş. Kendisinden Ermeniler ve Erzurum ve Kars kaleleri hakkında hayli malumat aldım. Ermenilerin 6000 kişi kadar olduklarını ve pek çok mezâlim yaptıklarını anlattı. Bunları imzası altında dahi vereceğini va'detti. Bu hususta yazdığı iki risalenin asılları Rusça olup resmî makam-ı âidinde mahfuzdur. Türkçe ve Fransızca tercümeleri o zamanlar tab' ve neşrolunmuştu. Birinin başlığı Tarihçe olup, ikinci Erzurum kale topçu alayının teşekkülünden itibaren Osmanlı ordusunun Erzurum'u istirdat(geri alma) tarihine kadarki ahvâli gösterir. (İngilizcesi: War Jurnal of the Second Russian Fortress Artil- lery Regiment of Erzeroum, (Erzurum) 1919.) Diğeri de (Hatıra) Rus ihtilali hidâyetinden itibaren 27 Şubat 1918'de Osmanlı kıtaâtımn Erzurum'u istirdat ettikleri tarihe kadar Ermenilerin Erzurum şehri havâlisi Türk sekenesine karşı tavr u hareketlerini tafsilatıyla bildirmektedir. (Draum from the Mcmoirs of Lieutenant-Colonel Twerdo Khlebof, (Erzurum) 1919."
Birinci Cihan Harbi'ni Nasıl İdare Ettik? Erzincan ve Erzurum'un Kurtuluşu, cilt: III, s. 213-214.

Tarihçe

İkinci Erzurum kale topçu alayının teşekkülünden itibaren, Osmanlı ordusunun Erzurum'u istirdâdı tarihi olan 12 Mart 1918'e kadar ahvâli hakkında[35]

Erzurum ve Deveboynu mevki-i müstahkemi(hükmedilen belirli yer) kumandan vekili ve ikinci Erzurum kale topçu alayı kumandanı esîr-i harp kaymakam

Tvverdo Khlebof

Mukaddime

Erzurum Rus ikinci kale topçu alayının harp ceridesi olan bu *Tarihçe'nin* Rusça aslı mahfuzdur. Ermenilerin İslâmlara yaptıkları fecâyi' ve mezâlim bu ceridenin (çorak arazi) bazı mahallerinde kayd-u tesbit edilmiş ise de, İslâmların düçar oldukları zulüm ve i'tisâfâtın (ifsat) derecesini öğrenmek arzu buyuran zevât (kişi), Erzurum Rus ikinci kale topçu alayı kumandanı kaymakam Tverdo Khle- bofun *Hatırat*'nı ve bu vesâike müsteniden (istinaden) neşrolunan diğer kitabı mütalaa (bakmalıdır) etmelidir.

1917 Kânun-ı Evvel'i evâsıtında (ayının ortasında) Rus Kafkas ordusu gerek ordu ve gerek başkumandanlığın müsadesi olmaksızın kendi kendine cepheden çekildi.

Ordu ile birlikte Erzurum kale topçu alayı da gitti. Erzurum Deveboynu mevki-i müstahkemi kıtaâtıyla Erzurum kale topçu alayından yalnız 40 zabit kaldı. Bu zabitan, efrad tarafından metruk (terk edilmiş) bir halde bırakılan toplarının başında vazîfeten kalmışlardı. Diğer zabâbitan da gittiler. Mevki-i müstahkemde 400'den fazla top kaldı. Topların şevki (sevkedilmesi-taşınması) imkanı olmadığından, bilmecburiye mevzilerinde kaldılar. Zabitan ise gerek vazife ve gerek namus

---

35 Bâskı yeri ve yılı olmayan 35 sayfalık bu önemli tarihçe şu eserler içerisinde de yayımlanmıştır:
a) Kazım Karabekir, a.g.e., cilt: III, s. 222-253; b) Muhittin Nalbantoğlu, Türklere Karşı Ermeni Vahşeti, s. 74-85, İstanbul, 1992; c) A. Alper Gazigiray, a.g.e., s. 426-439.

düşüncesiyle, başkumandanlığın ya kendilerine yeni nefer göndermesi veyahut topları terk eylemeleri emrine intizâr (çağrı) ediyorlardı. Birinci alayın gitmesiyle, kalan zabitandan ikinci Erzurum kale topçu alayı teşkil edildi. Ordunun çekilmesiyle Erzurum'da ihtilâl tarîkiyle Ermeni ittihadı teşekkül etti; kendilerine "Ermeni asker-i ittihadî" ismini verdiler. İşte o tarihte ordu kumandanlığı tamamıyla acemi olarak 400 kadar Ermeni'yi ikinci kale topçu alayına verdi. Bunların bir kısmı kaçıp dağıldı, kalanlar da ancak nöbet mahallerini ve mevzideki bataryaların muhafazasını deruhte (üstleniyorlardı) edebiliyordu.

Ordunun çekilmesinden bir müddet mukaddem Şimâli Kafkasya'da muharebat-ı dahiliye başlayıp Mavera-yı Kafkas'ın Rusya ile irtibatı münkati' (kesilince) olunca, Tiflis'te hükümet-i muvakkate (geçici hükümet) teşekkül ve "Mavera-yı Kafkas komiserliği" ismini takındı ve kendisinin müstakil bir hükümet olmayıp, işler düzelinceye kadar muvakkaten hükümet-i merkeziyeyi temsil ederek Rusya'nın gayr-ı münfek (ayrılmaz) bir kısmı olduğunu ilan etti. Çekilen ordunun yerine komiserlik 1917 senesi Kânun-ı Evvel 18 tarihli tamimiyle(genelgesiyle) yeniden ordu teşkil olunacağını ilan etti ve yeni ordu milis esası üzerine Rus, Gürcü İslâm, Ermeni kolorduları ve Çerkez, Asetin ve Aysor gibi diğer küçük milletlerden de ufak cüzütamlar (askeri birlikler) teşkil edecekti.

Topçu kıtaâtının hangi milletten teşkil olunacağı meselesi hallolununcaya kadar Erzurum. Deveboynu mevki-i müstahkem topçusu muhtelit (karma) bir halde kaldı.

Kumanda heyeti kâmilen Rus olup efrad Ermeni idi. Kumanda heyeti gibi esas kadrosu kâmilen Rus olan bu topçu kıtaâtını hiç kimse Ermeni farzedemez. Bunların Ermeni olduğuna dair hiç kimse bir emir vermedi. İşbu topçu kıtaâtı daima Rus ismini taşıdı. Biz daima Rus ordusu topçusunda hizmet, Rus veznesinden maaş aldık ve Rus kumandanlarının emri altında bulunduk. Alayda Rus papazının idaresi altında Rus kilisesi vardı, Ermeni kilisesi yoktu.

Henüz Rus ordusunun çekilmesi iki ay kadar olmuştu ki, diğer milletlerden ikmal efradı(ikmal askeri) gelmediği gibi, Erzurum'a diğer milli kıtaât da gelmemişti. Alayda zapt u rapt teessüs (askeri düzen tesis olmadı) edemedi. Efrad kaçıyor ve yağma ile uğraşıyor ve zabitanı tehdit etmeye ve açıkça emirlerini dinlememeye başladılar. Bulgar Ermenilerinden olduğunu işittiğim miralay Torkom, Erzurum merkez kumandanı tayin olundu. Bu senenin Kânun-ı Sâni'si evâsıtında Ermeni piyade kıtaâtından birkaç nefer Erzurum mu'teberân ve eşrafından (itibarlı-nüfuzlu) birisini hanesinde katledip malını yağma etmişler. Maktulün ismini derhatır (hatırlayamıyorum) edemiyorum.

Başkumandan Odişelidze, bütün kıtaât kumandanlarını yanına toplayıp, mutlaka üç gün zarfında katilin meydana çıkartılmasını talep etti.

Sarıkamış'ta Ermenilerin katlettiği bir Müslüman

Bilhassa Ermeni kumandanlara katilin meydana çıkarılmasının Ermeni namusuna taalluk eder mesele olduğunu söyledi. Ve Ermeni efradı tarafından şehirde îkâ' olunan mezalim ve itaatsizliğe nihayet verilmesini istedi. Yahut ki (aksi takdirde), kendilerini müdafaa edebilmeleri için İslâm ahaliye silah tevzi etmek mecburiyetinde kalacağını ilave etti. Miralay Torkom cevâben "birkaç eşkiyanın zulüm ve yağma etmesiyle bütün bir milletin lekelenmesinin doğru olmadığı gibi bütün Ermenilerin de eşkiya olmadığı"nı münfa'ilâne (ilanen) bildirdi. Kıtaat kumandanları divan-ı harp teşkilini ve ceza kanununun tatbikini, idam ile tecziyeyi başkumandandan istediler. Bunlar hakkında teşebbüste bulunduğunu söyledi. Ancak katilin bulunup bulunmadığını bilmiyorum. Hatırımda kaldığına göre miralay Torkom Şubat'ın 25'inde Erzurum şehrindeki umum kıtaata bir resm-i geçit yaptırıp yirmibir pâre top endaht ettirerek (attırarak) şehir sekenesine askerin kuvvetini göstermek istedi.

Resmi geçitte General Odişelidze'ye, Torkom Ermeni lisanında muharrer (yazıya geçirilmiş) bir nutku okudu. Bittabii Ermenice bilmediğimiz için hiçbirimiz birşey anlamadı(k.) Sonra söylediklerine nazaran: Ermenistan teşekkül ettiğini ve bizzat kendisinin de icrayı hükümet etmeye başladığını ilan etmiş: Başkumandan bunu öğrendiği vakit Torkom'u Erzurum'dan defetti. Hükümetin, her ne suretle olursa olsun Ermeni istiklaline meydan vermek istemediğini bundan anladık.

Gerek Erzurum ve gerek civarındaki depolardan ve cephede Ermenilere verilmiş olan eşya, esliha ve malzeme Ermenilerin kendi malları olmayıp, başka kıtaat mevcut bulunmamasından dolayı bu şeylerin Ermenilere, muvakkaten muhafaza ve lüzumu ânında iade etmeleri şartıyla verilmiş olduğunun erkân-ı harbiyeden müteaddit (birçok) defalar ihtar (uyarıldığını) edildiğini işittim.

Bu esnada, Ermenilerin Erzincan'da silahsız, muti'(itaatkar) Türkler her türlü vahşetle katlederek, o civara Osmanlı kıtaâtının takarrübü haberinden dolayı Erzurum'a doğru firar etmekte oldukları haberi geldi. Başkumandanlığın istihbaratına ve mahall-i vakada bulunup avdet eden Rus zabitanın ifadelerine nazaran, Erzincan'da Ermeniler tarafından sekizyüz Türk katledildiği halde, ancak müdafaa-ı nefs sırasında yanız bir tek Ermeni telef olmuş. Erzurum civarındaki Ilıca köyünde de biçare Türklerin katledildiği tebeyyün etti. Şubat'ın yedisinde, öğleden sonra sokaklarda milisler ve askerler tarafından birçok erkekler(in) toplanıp gayr-i muayyen(bilinmeyen) bir tarafa sevkedilmekte olduğu nazar-ı dikkatimi celbetti. Bunun sebebini sual ettiğimde, "demiryolunda toplanan karların temizlenmesi için amele olarak sevkedilecekleri"ni söylediler.

Saat 3'e doğru, alayımın zabitanından mülazım-ı sâ-ni (teğmen) Lipiski, bulunduğu kışladaki Ermeni efraddan birkaçının sokaktan beş Türk'ü tutup kışlanın avlusunda bir kenara sıkıştırarak dövmekte oldukları ve belki nihayet bunları öldüreceklerini telefonla bana söyledi. Rus zabiti bunları kurtarmaya teşebbüs etmiş ise de silahla mukabele görmüş ve orada bulunan bir Ermeni zabiti de bunların kurtarılması teklifine muvâfakat etmemiş.

Yakında bulunan diğer üç Rus zabitini birlikte alıp bu biçareleri kurtarmaya şitâb (acele) ettim. Bana telefonla ihbar eden Rus zabiti ile Erzurum belediye reisi Starofski bana karşı çıkıp, yine Ermeniler tarafından sokakta yakalanmış olan bunların ahbabı bulunan bir Türk'ü aramakta olduklarını söylediler. Ermeni neferlerin kışla avlusuna girmeye silahla mani olduklarını da ilâve ettiler. Kışlaya yaklaştığımız zaman avlu kapısından oniki kadar Müslümanın havf (ve) dehşetle çıkıp etrafa kaçıştıklarını gördük. Bunlardan birisini tutabildik.

Fakat tercümansız konuşamadık. Muhalefetsiz kışla avlusuna girdim. Sokaktan toplanan ahalinin nerede bulunduğunu göstermelerini talep ettim. Ahaliden kimsenin kışlada bulunmadığını söylediler.

Kışlayı aradığım esnada, kışlanın hamamında korku ve dehşet içinde yetmiş kadar Türk kapanmış olduğunu gördüm.

Hemen tahkikata giriştim. İşin mürettibi olan altı neferi hapsedip Türkleri hemen tahliye ettim. Tahkikat sırasında, meçhul bir Ermeni nefer tarafından, kışlanın civarındaki hanelerin birinin damında görülen biçare bir fakirin tüfekle öldürüldüğünü öğrendim. 27 Şubat'ta Osmanlı kıtaâtının Erzurum'u istirdadı sırasında maatteessüf bütün resmî evrakım meyanında işbu tahkikat varakalarıyla, kurtardığım Türklerin isimlerini hâvi liste dahi zayi olmuştur. Fakat, bugün Erzurum'da berhayat bulunup, sokakta rastgeldiğim zamanlar hayatlarını kurtardığımdan mütevellit minnettarlıklarını samimi selamlarıyla izhar eden Türklerden sual edi(le)rek vaka meydana çıkarılabilir. Erzurum belediye reisi Mösyö Starofski'nin maiyyetinde tahrirat kitabetinde bulunan tercüman Ali Bey Pepenof, tahkikat esnasında zabıt varakasını ve listeyi tanzim etmiş bulunduğundan o şahısları tanıyabilir.

Sarıkamış'ta Ermeniler tarafından gözleri oyularak
bir suret-i feci'ada katledilen köylü

Tahkikat neticesinde, topçu alayına merbut(bağlı) piyade kıtaâtı meyanındaki Ermeni zabit vekili Karagadayef'in vaka mürettebi olup, ahaliyi hanelerinden topladığı vakit birçok eşyalarını da, bu hususta tecrübe sahibi olan Ermeni neferler vasıtasıyla gasbetmiş olduğu tebeyyün etti. Bu dahi, diğer Ermeni neferleri birlikte hapsedildi.

Akşam üstü havali komiseri Zilanof ve muavini Starofski'nin huzuruyla başkumandana ihbâr-ı keyfiyet edildi (durum haber verildi.) Bugün zarfında Ermeniler ötede beride birkaç kişi telef ve Türk pazarında harîk ika etmişlerdir (yangın çıkarmışlardı)

Suret-i umumiyede bu günlerde gerek Erzurum ve gerek havalisinde münferit katiller olduğu haber alınmakta idi. Tafta istikâmı civarında bir Türk'ü telef ettiğinden dolayı bir Ermeni'yi bizzat kendim yakalayıp merkez kumandanına teslim ettim. Amele sıfatıyla işe sevkedilen Türklerden birçoğu(nun) izi kaybolarak bir haber alınamadığı ahali tarafından söyleniyordu. Belediye heyeti bunu başkumandana bildirdi.

Büyük rütbeli topçu zabitanı hep birleşip başkumandana verdiğimiz raporda, mevki-i müstahkemden hepimizin infikâkına (yerinden ayrılmasına) müsade edilmesini, çünkü burada hiçbir gûnâ (şekilde) fayda temin edemediğimiz gibi Ermeni mezâlimine karşı dahi hiçbir şey yapamayıp, ancak bu eşkiya yüzünden nâmımız(ın) lekedâr edilmesini hiçbir zaman arzu etmediğimizi bildirdik. Bunun üzerine başkumandan, Osmanlı ordusu kumandanı General Vehip Paşa'dan aldığı telsiz telgrafta ordu-yı Osmânî'nin Erzincan'ı işgal ve ileri harekatına devam emrini aldığı ve Ermenilerin bu havali ahalisine icra ettikleri mezâlime başka türlü nihayet verilemeyeceğine hükmettiğini ve bu ileri harekatın Rus kıtaâtıyla temasa gelinceye kadar devam edeceğini bildirdiğini söyledi.

Bu sebeple Maverayı Kafkas Komiserliği hükümet-i Osmaniye'ye sulh teklif etti. Bu teklife telsiz telgrafla alınan cevapta, Osmanlı ordusu kumandanı, sulh teklifini memnuniyetle kabul ettikleri ve fakat meselenin hallolması için Maverayı

Kafkas Komiserliği'nin teklifinin hükümet-i Osmaniye'ye ihbar edildiği bildirilmiştir.

Bizim müracaatımız üzerine General Odişelidze komiserlik reisi Kekeçkuri ve başkumandan General Lebedeniski ile telgrafla muharebe etti. Alınan cevapta, Ermeni Millet Meclisi'ne bir ültimatom verilerek Ermeni rezaletine nihayet verilmesi suret-i kat'iyyede talep edilmiş olmakla, Erzurum'daki yolsuzluklara nihayet verilmek için Ermeni Millet Meclisi tarafından doktor Gavriyef ve Antranik(in) gönderilmiş olduğu ve zabitanın metâlibine (talebine) kat'i cevap verilmesi(nin) Osmanlı hükümetinden sulh hakkında alınacak cevaba mütevakkıf bulunmakla zabitanın o vakte kadar Erzurum'da kalmaları icap edeceği bildirilmiş ve buna ilave olarak, zabitanın şimdiye kadar ifa ettikleri vazifeye teşekkürle beraber Rusya'nın yeniden tehlike karşısında bulunduğu bu hengâmda (doğrultuda) bütün zabitanın son dakikaya kadar vazifeleri başından ayrılmayacaklarına itimat edildiği dahi zikredilmiştir.

Bundan başka, ordu kumandanı tahrîri emirnamesinde bütün zabitanın vazifelerinden ayrılmamalarını tembih ettiği gibi zabitanın nâhak yere(haksız yere) telef ve bednâm (isminin kötü anılmasına) olmalarına hiçbir veçhile (şekilde) müsade etmeyeceğini ve eldeki bütün kuvvetiyle buna mani olacağını bildirdi. İşte bu veçhile biz ancak Rus kumandanının emri ve yalnız Rusya'nın menfaati maksadıyla Erzurum'da kaldık. Bu hengâmda hükümet-i Osmaniye'nin Za-Kafkas Komiserliği'nin teklifine razı olduğu, sulh müzakeresine Trabzon'da ve Şubat'ın 17'nci günü başlanılacağı anlaşıldı.

Erzurum ve civarında Osmanlı kıtaâtıyla harp etmek tasavvur etmediğinden muahede-i sulhiye (barış anlaşması) imza edilinceye kadar Erzurum'da kalınacak ve bu muahede mucibince bütün esliha ve malzeme ya Rusya'ya naklolunacak veyahut kamilen hükümet-i Osmaniye'ye teslim edilecek ve aksi takdirde sulh imza edilmeden Osmanlı kıtaâtı Erzurum'u istirdada (geri almaya) teşebbüs ettiği halde, toplar tahrip edildikten sonra mürettebat ve zabitan da Rusya'ya çekilecek ve bunlar için her halde yedi gün evvel emr-i kat'i verilecek olduğunu umum zabitana ordu kumandanı şifahen (yüzyüze) söyledi.

Kars'ta Ermenilerin yaktıkları cami ve çarşı

Zabitanın Erzurum'da kalıp kalmaması meselesi suret-i kat'iyyede halloluncaya kadar, Kürtlerin muhtemel olan taarruzlarına karşı müdafaa mecburiyeti mevcut bulunduğu tezâhür etti; çünkü, hükümet-i Osmâniye tarafından Kürtlerin söz dinlemeyip kendi kendilerine hareket ettikleri, mütareke müzakeresi esnasında resmen bildirilmişti. Bu sebeple, daha Kânun-i Sâni nihayetinde Erzurum-Erzincan menzil hattına lüzumu kadar top gönderilmesi ve Kürtlerin bu hat üzerindeki ambarlardan erzak iğtinâm (ganimeti gaspetmek) etmek için vâki olan hücumlarının dağıtılması zımnında ordu kumandanlığınca mukarrerat ittihaz edilmişti. Bu veçhile her menzil noktasına bir zabitle bir yahut iki top ikâme edildi. Ermeni kıtâtı Erzincan'dan Erzurum'a çekilirken bu toplar da bunlarla birlikte geri geldi. 10 Şubat tarihlerine doğru aynı maksatla Trabzon kapısı üzerindeki Büyük Kiremitli mevki ile Surp Nişan mevkiine ikişer top konmuştu ve daha şehrin müdafaa noktalarından bazılarına birkaç top daha kondu. Palandöken cihetinden Kürtlerin taarruzu ihtimaline mebnî Kars ve Harput kapıları arasına da top konacaktı. Halbuki bu toplar bilhassa Kürtlerin taarruzuna karşı vaz' edilmiş olup, mürettebatıyla ancak bu hizmeti ifa edebilirse de, topçusu bulunan muntazam orduya karşı bir-iki endahtta (atışta) kâmilen imha edileceği aşikar idi.

Şubat evâsıtında (ortalarında) uzak mevâzi'deki (mevzilerdeki) topların kamaları (top malzemesi-kapağı) ve rasat ve nişangâh dürbünleri kâmilen toplanıp merkezdeki depoya cem'edilmiş, yakın mevâzi'dekilerin dahi nişangâhları çıkarılıp sıra kamalarının alınmasına gelmişti. Palandöken'deki toplar hakkında dahi bu emir verilmiş idiyse de henüz icra edilememiştir. Yalnız Kürtlerin taarruzunu def'a tahsis edilmiş olan topların nişangâhları üstünde idi. Osmanlı kıtâtının yakın zamanda taarruzu beklenmiyordu. Osmanlı kıtâtı yaz gelmeden evvel harekete gayr-i muktedir ve kuvve-i maneviyesi bozuk zannediliyordu.

Şubat'ta tepeden tırnağa kadar müsellah olan Ermeni eşkıyasının on-oniki kadar Türk'ü istasyon civarında alenen

kurşuna dizdiklerini gören iki Rus zabiti bunları kurtarma-
ya teşebbüs etmiş ise de bunlar da silahla tehdit edildiklerin-
den, bu biçareler, kimse tarafından muâvenet göremeyip telef
olmuşlardır.

Şubat'ta ordu kumandanı idare-i örfiyye ilan ve divan-ı
harp teşkil ederek eski kanun mûcibince idam cezası tatbiki-
ni emretti. Miralay Morel Erzurum mevki-i müstahkem mer-
kez kumandanı ve Ermeni'den birisi de divan-ı harp reisi tayin
olundu.

Başkumandanla birlikte mevki-i müstahkem kumandanı
General Gerasimof da bu gün Erzurum'dan hareket ettiler.
Bunlar icabında topçu çekilirse geride hangi mevkide içtimâ
edeceklerini tayin edeceklerdi. Mevki-i müstahkem top-
çu kumandanlığı vazifesini ifa etmek üzere kaldım. Miralay
Morel'in karargâhı ekseriyetle Rus zabitlerinden müteşekkildi.

Alay erkan-ı harp yüzbaşısı Şeneur idi. Ordu kumandanı
gidince miralay Morel başka bir tavır takındı.

Erzurum son dakikaya kadar müdafaa edileceğinden, zabi-
tan ile eli silah tutan zükûrdan (erkeklerden) kimse(nin) şeh-
ri terketmelerine müsade etmeyeceğini söyledi. Erzurum'dan
hareket etmek arzusunda bulunan zabitan hakkında divan-ı
harbe malumat verdiğim zaman, divan-ı harp azasından
Sahomyan yüksek sesle bağırarak, "Erzurum'dan çıkmak
isteyenlerin hepsini bizzat kendisi(nin) vuracağını ve gizli-
ce kaçanların ise Köprü- köy ve Hasankale'de ikâme edilen
kuvvetli Ermeni kıtaâtı tarafından bizzat kendi vesikasını
hâiz olmayacaklarından dolayı yakalanıp divan-ı harbe irsal
(gönderileceğini) edileceğini" söyledi. Kurtulmak güç olan
bir kapana tutulduğumuzu anladım. İdare-i örfiye ve divan-ı
harb(in) (can ve mal güvenliği için kurulmuş meclis) Ermeni
eşkiyası için olmayıp bilhassa Rus zabitleri için teşekkül etti-
ği tezahür etti. Şehirde cebr ve tazyik eskisi gibi devam etti.
Her zamanki gibi silahsız ve müdafaasız oldukları halde taar-
ruza düçar olan Türk ahalisini Rus zabitleri imkan dairesin-
de müdafaada bulundular. Maiyyetimde bulunan zabitlerden

birçoğu sokakta yakalanmış, soyulmuş olan Türkleri cebren kurtarmışlardır. Fen memuru vazifesini ifa eden Karayef, gündüz sokakta bir Türk'ü soyup kaçan bir Ermeni'yi silahıyla vurmuştur. Silahsız muti' ahaliyi telef edenlerin cezalandırılacağı va'dinden hiçbir şey çıkmamıştır.

Divan-ı harp Ermenilerden korktuğuntan hiçbir Ermeni'yi mahkum edemedi. Halbuki divan-ı harbin teşkilini en ziyade Ermeniler talep etmişlerdi. "Hiçbir zaman bir Ermeni(nin) diğer bir Ermeni'yi cezalandırmıyacağı"nı Türkler musırran (ısrarla) iddia ederlerdi. Rus darb-ı meselinden, "Karga, karganın gözünü oymaz." derler ki doğru olduğunu gözümüzle gördük. Eli silah tutabilen Ermeniler, firar etmekte olan ailelerinin muhafazası kaydıyla hep beraber firar ettiler.

Kars'ta katledilen İslâm üserâsı

Mahpus bulunan zabit vekili Karagodayef haberim ve müsadem olmaksızın tahliye edilmiş. Bunun esbâb-ı tahliyesini (tahliye sebeplerini) miralay Morel'den sual edince, "yeniden tahkikat icra edilerek masumiyeti(nin) tebeyyün etmiş olduğu"nu söyledi. Halbuki gerek ben ve gerek bir iki zabitim vakanın en mühim şahitlerinden idik.

Bize buna dair hiçbir sual sorulmadı. Maamafih, alayca tahkikat ve isticvâbât (sorgulayıp cevap alma) icra ettirerek dosyasını miralay Aleksandrof'a tevdi ettim. Tafta'da bizzat yakaladığım cani dahi hiçbir cezaya düçar olmadı. Miralay Morel Erzurum Türk ahalisinin kıyâmından havf etmeye (ayaklanmasından korkmaya) başladı.

Şubat'ta Antranik Erzurum'a geldi. Bununla beraber, havali-i müstevliye (istilacı çetesi) komiseri muavini doktor Zaveryef de beraberdi. Ermeni mesâiliyle (meseleleriyle) hiç meşgul olmadığımız için, Antranik'in hükümet-i Osmaniye'ce idama mahkum bir cani addedildiğinden haberdar değildik. Bunların hepsini, 7 Mart'ta Osmanlı ordusu kumandanıyla konuştuğum zaman öğrendim. Antranik Rus mirlivası üniformasıyla geldi. Dördüncü rütbeden Sen Vilâdimir ve ikinci rütbeden Sen Jorj salibi (haç) nişanlarını hâmil(taşıyorlardı) idi. Bunlardan başka, efrada mahsus Sen Jorj salibinin ikinci rütbesini dahi hâmil idi. Bunun maiyyetinde, kendi erkân-ı harp reisi olan Rus erkân-ı harp miralayı Zinkeviç de beraber gelmişti. Andtranik, Erzurum'a gelmeden bir gün evvel miralay Morel, Antranik'ten aldığı telgrafta, Erzurum'dan firar eden korkakları kâmilen telef etmek üzere Köprüköy'üne makinalı tüfenkler ikâme edilmiş olduğu(nun) zikredildiğini umûma ilan etti.

Antranik gelince, miralay Morel'in yerine Erzurum merkez kumandanlığını deruhte etti. Miralay Morel bunun emri altında kaldı.

Biz de daima Miralay Morel'in kumandasında bulunduk. Antranik'in muvasalatı(ulaştığı) günü mıntıkam dahilinde bulunan Tepeköyü'nde bütün ahalinin kadın, erkek, çoluk çocuk kâmilen Ermeniler tarafından katliam edilmiş olduğunu o mıntıkadaki zabitim vasıtasıyla haber aldım. İlk görüştüğüm hengâmda hemen buna dair havadisi kendisine söyledim. Benim yanımda emir verip Tepeköyü'ne yirmi atlı gönderdi. Hiç olmazsa faillerden bir kişi olsun derdest edilmesini (yakalanmasını) emretti. Bundan ne netice çıktığını ben elyevm (o gün) bilmiyorum.

Miralay Torkom yine zuhur etti. Antranik'in muvâsalatından bir-iki gün sonra Ermeni topçu miralayı Dulohanof Erzurum'a geldi. Bidâyette kendisi topçu müfettişi olarak benim âmirim olacağını söyledi. Buna cevâben ben kendim fırka kumandanı selâhiyetini haiz bulunduğum için âmire ihtiyacım olmadığını ve böyle olmadığı halde hizmetten çekileceğimi bildirince miralay Dulohanof'un Erzurum mevki-i müstahkemi topçu umûrunu temşîte (topçu işlerini yürütmeye) memur bulunduğu ilan edildi. Binaenaleyh, bana yolladığı mukarrerat(alınan karar) kendi namına olmayıp, Antranik namına gönderilmekte devam etti.

Kumandanı altındaki topçu taburu kumandam yüzbaşı vekili Ermeni Canbulatyan dahi benim işlerime karışmaya yeltenmişti. Bütün topların ve projektörlerle dinamolarının kâmilen geri görüleceğini söylediğimde, Ermeniler her halde Erzurum'da kalacakları için, bunların kâffesinin kendilerine lüzumu olduğundan bahisle hiçbirisinin geri gönderilmesine razı olmayacağını ifade etmişti. Bundan anlaşılıyor ki bütün emir-kumandayı Ermeniler kendi ellerine alarak, Rus zabitlerine icra memurluğundan başka (bir şey) bırakmak istemiyorlardı.

Rus zabitlerinin himmetiyle Ermeni istiklaline çalıştıkları ve fakat bunu kimseye sezdirmek istemedikleri pek aşikardı; çünkü, bu maksatlarını açıkça söyleseler, Rus zabitlerinin ekseriyeti işten el çekince Ermeniler zahitsiz kalacaklardı. Topçu zabitanın terk-î' hizmet etmelerinden Ermeniler'in pek ziyade korktukları yedinci Kafkas cebel topçu taburu kumandan vekili yüzbaşı Pelyat'ın ber-vech-i âti ifadesinden anlaşılmaktadır:

7 Şubat'ta cebel topçu taburunun Sarıkamış'a hareket edeceğini haber alan Ermeniler daha 5 Şubat'ta topçu park kumandanını tevkif etmişler ve ordu kumandanının emriyle tahliye edilmiş, sonra üç defa daha yakalamışlar. Eğer topçular Erzurum'dan çıkarsa Ermeniler Erzurum'u kana boyayacaklarını söyleyerek tehdide kalkmışlardır. Hapsedilenler Rus karargâh zabitlerinin teşebbüsüyle tahliye edilmekte olduğundan, nihayet ordu kumandanının emriyle topçuların şevkinden sarf-ı nazar edilmiştir.

Yedinci cebel topçu taburu kumandanıyla anlaşmak mecburiyeti hâsıl oldu. Rus topçu zabitanına Ermeniler bilfiil cebr etmeye cesaret edip Ermeni menfaatine çalışmaklığımızı açıktan açığa talep ederlerse yek-diğerimize muâvenet (yardım) etmekliğimizi hafiyyen kararlaştırdık. Elimizde maddi kuvvet olarak top ve makinalı tüfek ve bir de Rus zabitleri vardı. Cebel topçu taburu zabitanı mümkün mertebe yek-diğerine yakın mahallerde ikamet etmeye başladıkları gibi, mevki-i müstahkem topçu zabitanı da ta bidâyet-i işgalden (işgalin başından) beri karargâhımızın bulunduğu İslâm mahallesinde birbirimize yakın yerlerde toplandık.

Kars'ta yirmiikinci seyyar hastahanede mecruh bir İslâm kadını

Antranik'in vürûdundan sonra miralay Morel'in karargâhında Erzurum ahalisinin kıyâm edeceği korkusu arttı. İhtilal mürettipleri tevkif olunacağı zaman hakikaten bir kıyâm zuhur ederse bunların üzerlerine topçu ateşi açabilmek için Mecidiye istihkâmında bu işi becerebilecek Rus zabiti bulundurulmasını miralay Morel emretti. Bizim hepimiz(in) de Müslüman mahallesinden çıkıp Ermeni mahallesine nakletmekliğimiz emredilmişti. İki seneden beri Müslüman mahallesinde bunlarla yanyana yaşamış bulunduğumuz cihetle Ermenilerin bu hayali korkularına güldük. Rus topçu zabitanı yek-zeban olarak (ağız birliği ederek), namuslu bir düşmanla harp etmek için hizmette kaldıkları cihetle kadın, çoluk, çocuk üzerine topçu ateşi icrasına hiçbir zaman muvâfakat etmeyeceklerini pek kat'i bir lisanla bildirdiler; çünkü Ermeniler(in), hiçbir sebep olmadığı halde, Müslümanların kıyâm ettiklerini farzederek bu biçarelerin üzerine topçu ateşi icrasını talep edeceklerinde şüphe kalmamıştı.

Ermeni mahallesine nakil imkanı âtideki üç sebepten nâşi (ötürü) gayr-i mümkündü (mümkün değildi):

Tayin olunan zamanda nakledebilmek mümkün değildi;

Rus zabitanının Müslüman mahallesinde(n) infikâkı (ayrılışı) Ermenilerin burada serbestçe kıtal icra etmelerine müsade olacaktı;

Rus zabitleri her halde son zamanlarda hiçbir suretle emniyet edemedikleri Ermeni muhitine kendi kendilerini düşürmüş olacaklardı.

Mevki-i müstahkem kadrosuna dahil olmayan cebel topçu taburu zabitleri de aynı veçhile bu teklifi reddettiler. Nihayet, Ermeniler kendi işlerini kendileri görmek mecburiyetinde kalıp, kendilerine "kıyâm müşevvikleri" (dirilmeye-kalkınmaya teşvik) diyerek gûnâ tevkîfât (bir çeşit gelir elde etme) icrasına başladılar.

Miralay Morel'in şehre top ateşi teklifi nazar-ı dikkatimi celbetmekle, maiyyetimdeki zabitlerle içtima akdetmek mecburiyetini hissettim. Bir gün fâsıla ile iki içtima akdettik.

Birinci ictimada Erzurum'da mevcut bilumum topçu zabitanıyla birkaç günden beri Erzurum'da bulunan iki İngiliz zabiti, miralay Morel, Zinkeviç, Dulohanof, Torkom, Antranik ve doktor Zaveryef hazırdı.

İngiliz zabitlerinin bu içtimaa davetlerinden yegane maksadımız Rus zabitleriyle Ermeni kumandanı arasındaki münasebeti görmeleri ve Rus zabitlerinin Ermeni vahşetine ne dereceye kadar mümâna'ata muktedir (engel olmaya gücü yetme) bulunduklarını anlayıp birkaç gün sonra avdetlerinde meşhûdât ve mütalaâtımı (şahit olduğum incelemelerimi) bir vaka ile teyit edebilmeleri idi; çünkü, doğrudan doğruya emrim altında telgraf ve telefon hatlarına mâlik olmadığımdan, yazdığım telgrafların mahallerine verilmediğini müşahede ettiğim ve gerek haber almak suretiyle muttalif durumdan haberdar) olduğum her türlü Ermeni vahşetini bütün fecâyi'iyle ortaya koydum. Ermeni itaatsizliğinin son dereceyi bulduğunu bizzat ordu kumandanı Odişelidze'nin lisanında(n) işittiğim vekâyi'le (hadiselerle) izah ettim. Bütün bu izahatımı ber- vech-i âti cümlelerle neticelendirdim:

Erzurum'da kalan bütün Rus zabitleri kendi haysiyet ve (üni)formalarıyla Ermeni mezâlimini setretmek(örtmek) için kalmayıp, ancak âmirlerine itaatla yalnız Rusya'ya hizmet etmek için kaldık. Ve Erzurum'da bulunduğumuz müddetçe Ermeni vahşet ve rezaletine nihayet verilmesini ve aksi takdirde bütün Rus zabitlerinin terk-i mevki ederek geri gitmelerine müsade edilmesini muasırran (ısrarla) talep ettiğimizi bildirdim. Benden sonra söz alan zabitan da hep benim fikrimi teyit ettiler.

Antranik buna verdiği cevapta: Ermeniler(in), Rusya'ya son derece minnettar olup, büyük Rusya ahalisinin gayr-ı münfekk (ayrılmaz)bir kısmı bulunduklarını ve hâl-i hazırda Rusya'ya yardım etmekten başka bir gaye takip etmediklerini, "Ermeni kıtali" denilen şeyin asırlardan beri Ermeni-Türk arasındaki husumetin neticesi olmakla beraber ba'demâ (bundan sonra) hiçbir gûna (çeşit) yolsuzluk vukua gelmemesini temin için bizzat Erzurum'a geldiğini ve eğer ki burada Ermenilere söz geçirip kıtalin önünü almaya muvaffak olamazsa bizzat kendisi(nin) birinci olarak Erzurum'u terkedeceğini ifade etti. Mükâlemeler (kelimeler) kâmilen tercüman vasıtasıyla oldu. Arzu eden zabitanın Erzurum'dan çıkabilmeleri imkanı sual edildiğinde: Cesaretine güvenemeyenlerin çıkmaları(nın) daha iyi olacağı cihetle bunların çıkmalarına imkan dairesinde "müsait davranacağını" söyledi. Miralay Zinkeviç ise bütün hâzırunun muvacehesinde (yüzlerine karşı); "burada ifa edilecek hizmet(in) yalnız Rusya'ya hizmet vazifesi olduğuna kâni olarak, bizzat kendisinin de ancak bu kanaatle Erzurum'da bulunduğunu" söyledi.

En nihayet, bütün zabitan on gün kadar daha bekleyerek, Antranik'in söylediklerinin doğru olup olmadığını görmeye ve neticeye göre hatt-ı hareket takibine karar verdiler. Bu içtima 20 yahut 21 Şubat'ta vâki oldu. İçtima hitamından (bittikten) bir müddet sonra miralay Dulohanof Rus zabitanının Ermenilere bu derece hiss-i nefretle bakmakta olduklarını hiçbir zaman tasavvur edemeyip hayrette kaldığını gerek bana ve gerek diğer Rus zabitlerine kemal-i taaccüple (büyük şaşkınlıkla) söylemiştir.

Ertesi gün Antranik tarafından sokaklara ta'lîk ettirilen (astırılan) Türkçe beyannamelerde, "katledilen Müslüman olsun Ermeni olsun mutlaka fâili(nin) bulunup aynı cezaya düçar edileceği ve Müslümanların hiçbir şeyden korkmayıp dükkanlarını açarak ticaretleriyle meşgul olmaları ve çalıştırmak için cem' ve sevk olunan Müslümanlardan birinin ziyânında bunları cem' ve şevke memur olan kıtanın kâffesi(nin) kendi hayatlarıyla mesul tutulacakları vesaire..." tahrir edilmiştir (yazılmıştır.)

Ertesi günü, maiyyetimdeki taburlardan birinin kumandanı olan yüzbaşı vekili Canbulatyan ile birlikte at üstünde bir sokaktan geçerken birkaç kişinin duvardaki ilanı okumakta olduklarını gördük. Canbulatyan bunlara Türkçe izah ederek, "Müslüman ahali tarafından bir kıyâm vukubulmadığı

takdirde Ermeniler tarafından bir gûnâ fenalık zuhura gelme-
yeceği"ni anlattı. Buna cevaben, "iki seneden beri Müslüman
ahalinin hiçbir fenalık yapmak teşebbüsleri görülmediği gibi
badema (bundan sonra) böyle bir fenalık yapak tasavvurun-
da dahi olmayıp, ancak silahsız ve müdafaasız kalan Müslü-
manların bilâ-sebep (sebepsiz) itlaf edilmemesini rica ettikle-
ri"ni söylediler.

Benim Rus topçu kumandanı olduğumu ve gerek ben ve
gerek benim arkadaşlarım Rus zabitleri(nin), Müslüman aha-
linin hiçbir veçhile zarar görmelerini arzu etmeyip, şimdiye
kadar olduğu gibi ba'demâ dahi ellerinden geldiği kadar bu
biçareleri müdafaa edeceğimizi kendilerine anlatmasını yüz-
başı vekili Canbulatyan'dan rica ettim. Orada bulunan Türk-
lerden birçoğu ve bilhassa içlerinden bir-iki tanesi 7 Şubat
vakasında bizzat benim kendi hayatlarını kurtardığımı söy-
leyerek sözümü tasdik ettiler. Canbulatyan Ermeni komite-
si azasından idi.

Kars'ta ayaklan başlarına bağlanarak suret-i fecî'ada
katledilen mazlûmînden

İkinci içtima yalnız Rus zabitanından mürekkep olup, hariçten ancak doktor Zavaryef vardı. Bu ictimada "İkinci Erzurum kale topçu alayı, Ermenilerin zannı gibi, Ermeni topçu alayı olmayıp daima Rus topçu alayıdır ve zabitandan hiçbirisi Ermenilere gönüllü yazılmamıştır, yazılmak da istemiyor. Ermenilere hizmet etmek için hiçbirimiz imza vermemiş ve mukavele akdetmemiştir ve hakikat-i halde hükümet bu alayın Rus veyahut Ermeni alayı olduğunu suret-i kat'iyyede (kesin bir şekilde) tesbit etmelidir. Eğer ki Rus alayı ise bize Rus neferleri göndermeli; eğer ki Ermeni alayı ise, Rus ordusunda hizmet etmek arzu eden zabitana bu alaydan infikâk (ayrılma) müsadesi verilmelidir. Kafkas cephesinde hizmet etmek istemeyenleri de âhar (başka) cephede hizmet etmek üzere geriye gönderilmeli. İlan olunan idare-i örfiyenin ancak yalnız buna mümânaat (engel) edebildiği görülmüştür. Bu aralık şuyû bulduğuna (mesele son bulduğuna) göre Mâverâ-yı Kafkas Rusya hükümetinden ayrılacaksa Rus zabitlerine mutlaka izin vermelidir ki, bunlar burada ecnebi zabiti vaziyetinde kalacaklardır." zemininde mübâhasât (konular) cereyan etmiş ve neticede, mevcut tamimlere (yazılara) istinaden ya Harbiye Nezâreti emrine veyahut Rus kolordularından birine naklolunmak için her arzu eden zabitin resmen müracaat edebileceği anlaşılmıştır. Bana verilecek bu gibi istidaların (arzuların) tervîcen makamât-ı lâzımına (gerekli makamlara) gönderileceğini ilan ettim.

Bu içtima hengâmında bunlar müzakere ve mübâhase edilirken, yedinci Kafkas cebel topçu taburundan yüzbaşı vekili Yermolof yeni teşkil olunan Ermeni taburuna gitmek istemeyerek infikâk istidasında(ayrılma talebi) bulunmuş, evvela vazgeçmesi için kandırmaya çalışmışlar. Fikrinde sabat (sabit) ettiği anlaşılınca miralay Morel istidasının zirine (içeriğine) yazdığı ilamda "bu zabitin, işe yaramadığından dolayı cephe erkân-ı harbiyesi emrine iade edildiği" kaydını koyarak 24 saat zarfında Erzurum'dan çıkması için tazyik (baskı) edilmiş.

İşte bu veçhile pek fedakâr bir harp zabiti olan Yermolof'un,

228 • Kazım Karabekir

bilhassa Ermeni kıtaâtına hizmet etmek istemediğinden ve bir de miralay Morel'in Ermenilere hizmet ettiğini alenen söylemek dikkatsizliğinde bulunmasından böyle nâ-hak yere lekelendiği zikredildi.

Doktor Zavaryef dahi, tıpkı Antranik'in söylediklerini tekrar ederek, sulh aktedilinceye kadar Erzurum'da kalmaklığımız(ın) Rusya'nın menfaati iktizâsından bulunduğunu ve mütemeddin (dinli) bir millete mensup zabit olduğumuz cihetle, "Ermeniler, siz Türklerle hesaplaşınız! Birbirinizi kesiniz! Şeytan alsın, sizin dâhili işinize biz Ruslar neden karışalım?" diyemeyeceğimizi ileri sürdü. En nihayet, "eğer alem-i insaniyete hizmet etmek arzu ederseniz Erzurum'da kalarak bundan böyle Ermenilerin İslâmları katliam etmemesine çalışmak da bir vazife-i insaniye " olduğunu söyledi. Zavaryefin nutku (sözleri) lüzumu veçhile (istenildiği gibi) tesir edemedi. İctimadan sonra bizzat doktor(un) kendisi "Artık hiçbir ümid-i salâh kalmamış olmakla belki bütün zabitan infikâk edecektir (ayrılacaktır.)" dedi.

Ordu-yı Osmâni'nin Erzurum'u istirdadından on gün sonra bazı vesâiki (vesikaları) okumak fırsatı düştü. Bu vesâikte, doktor Zavaryef, açıktan açığa Ermenilerle muhtariyet i'tâsından (özerklik verme) bahsetmiş ve bunun için de Rus zabitlerinin hizmetinden istifade edilmek icap edeceği mezkur olup, doktor Zavayef Erzurum'a gelmeden akdem kaleme alınmıştır. Dr. Zavaryef(in) Rus heyetinin ahvâl-i ruhiyesini pekala anlayabilmiş olduğu tezahür etmişti. Biz daima asker idik, politika ile iştigal(meşgul) etmek arzusu hiçbirimizde yoktu.

Ermeni partizan muharebesini dahi Rus zabitleri hiçbir zaman kendilerine mal edinmemişlerdir. Antranik'in va'di vaad şeklinde kaldı. Ahali bunların hiçbirisine inanmıyordu.

Çarşılar kapalı, herkes korkuyor, İslâm mahallâtının (mahallelerinin) sokaklarında hiç kimseler yoktu. Yalnız belediye dairesi civarında bir-iki dükkan açık olup, yalnız gündüzleri birkaç Müslüman buralarda toplanabiliyordu. Hiçbir Ermeni ceza görmedi; hiçbir kabahatli Ermeni meydana çıkarılmadı. Kabahatsiz Ermenilere nasıl ceza edilebilir ki? Ermenilerin o mütalaalarına (görüşlerine) karşı, Rus zabitleri(nin) şimdiye kadar birçok kabahatli Ermenileri meydana koyduğu halde bunların hiçbirisi (nin) ceza görmediği söylenirse sükut ediyorlardı. Münferit kıtallerin(tek tük cinayetlerin) arkası kesilmemiş, fakat biraz gizli tutmaya çalışmışlardır. Cinayetler şehirden uzakça köylerde ve Rus zabitlerinin nazarından uzakta yapılmaya başladı. Şehre yakın köylerdeki Türkler kayboldu; fakat, nereye gittikleri bilinemedi.

Uzak köyler de silahla kendilerini müdafaaya başladılar. Şehirde kıyam (ayaklanma) korkusu bahanesiyle tevkifler (tutuklamalar) çoğaldı. Tevkif olunanların ne halde bulundukları, Erzincan'daki gibi boğazlanmaları tehlikesi ve hayatları hakkında miralay Morel'e sorduğum imalı suale "mevkuflar(ın) emniyetli karakol vasıtasıyla sevk ve muhafaza edilmekte ve kısmen Tiflis'e gönderilmekte olduğu, bir kısmı(nın) da rehin makamında Erzurum'da alıkonulmakta olduğu" cevabını vermiştir.

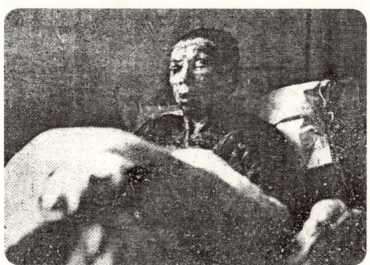

Kars'ta bir binaya doldurularak yakılan İslâm kadınlarından biri, yüzü ve vücudu yanmış olduğu halde yirmi ikinci seyyar hastahanede taht-ı tedavide

İaşe hususunda yolsuzluklar başgösterdi. Topçu alayı için yağ talep edilince ambar memuru Ermeni vermez. Halbuki elektrik denilen Ermeni bölükleri için başçavuşları gidince Antranik ile eskiden muârefesi (tanıdık) olması dolayısıyla hemen yağ verilir. Şeker talep ederler, bizzat Antranik şekeri kendi nezdinde cem'edip tevziini (dağıtımını) umuma siyyânen(eşit) icra edeceğinden bahisle verilmez hale geldiğini aldığım raporlardan anlamaya başladım. Menzil hatlarını takiben gelen Rus zabitleri çektikleri sıkıntıdan bahisle şikayet ettikleri halde, Ermeni zabitanı her yerde sıcak yer ve yemek bulurlardı. Şubat evâsıtında (ortalarında) topçu zabitanına iki vagonet[36] verilerek bununla kısmen eşya ve kısmen dahi ailelerini geriye sevkedeceklerdi.

Daha üç vagonet verilmesi hakkındaki müracaata, erkân-ı harbiye, henüz Erzurum'dan infikâk (ayrılmadan) etmeden evvel muvâfakat (onay) cevabı vermişti. Erkân-ı harbiye hareket ettikten sonra vagonet verilmesi uzadı. Bunun üzerine miralay Zinkeviç'e tahriren (yazı ile) müracaat etmekle, buna memur olan Ermeni, iki günden evvel cevap veremeyeceğini söylediği halde, bütün zabitlerin gözü önünde firari Ermenilere her türlü vasıta-i nakliye tedarik olunmakta idi.

Yollarda ise müsellah (silahlı) firari Ermeni, sürülerle kaçarken tesadüf ettikleri her şahıstan korkularından veyahut paralarına tama'an (göz dikip) gizlice itlaf (öldürüp) edip soydukları daima vâki olan ahvalden bulunduğundan eşya ve ailelerin muhafazasızca şevki (savunmasız hayatları) pek ziyade tehlikeli idi. Geriden ikmal efradı gönderilmediği gibi, elde bulunan cüz'i miktar piyade efradı da hiç kimsenin emrine itaat etmemekte idi. Antranik gelmeden evvel piyade bölükleri cepheye gitmekten imtina (men-engel) ediyorlardı. Antranik geldikten sonra gerçi cepheye sevkolunabilmişlerse de, son derece rezaletle firar etmekte idiler.

Antranik bizzat at üstünde olduğu halde kılıçla veyahut yumrukla firarileri toplayıp cepheye sevketmeye uğraşıyordu.

---

36 Toprak tesviye işlerinde kullanılmak üzere, ayak ucuna veya yana devrilebilen küçük vagon. (Haz.)

Rus zabitlerinin cebren bulundurdukları kıtaât ise ufak çeteler haline geldi. Antranik askerleri idare hususunda belki meharet sahibi olabilir; ancak, miralay Dulohanof vasıtasıyla alman emirleri saçmalık, kıymetsizlik itibariyle beni hayrete düşürürdü.

Başlarında Antranik olduğu halde bütün Ermenilerin yegane ümidi Rus topçusunda idi. Halbuki mevki-i müstahkemdeki toplardan istifade edilebilme(nin) muallem efrada (bilgi sahibi halk) ve miktar-ı kâfi muti (yeterli miktarda itaatkar halk) ve muallem piyadeye(bilgi sahibi asker) mâlik olmakla mümkün olacağını hiç düşünmüyorlardı. Maksat-ı asli aşikar idi: Firar ederken topların himayesine sığınmak, ki netice tamamen böyle çıktı.

Trabzon sulh müzakeresinin hidâyeti her gün başka tarihe ta'lîk (erteme) olunmakta idi. Evvela 17 Şubat, sonra 20, daha sora 25 Şubat'ta başlanacağını Erzurum kıtaâtı erkân-ı harbiyesinden öğreniyorduk. Karargâhımın her ikisi de şehrin muhtelif cihetlerinde idi. Mevki-i müstahkem karargâhındaki telefon hemen hiç işlemez derecede fena olmakla, bizzat günde iki defa oraya gitmek mecburiyetinde idim. Miralay Morel ile onun erkân-ı harbiyesinden aldığım malumatta Erzurum civarında muntazam Osmanlı kıtaâtı mevcut olmayıp, Kürt çeteleriyle, aralarında Osmanlı ordusunun Erzurum'dan çekildiği 1916 tarihinden kalma muallem efrad bulunan müsellah (silahlı) civar köylüleri ile harp edildiği anlaşılıyordu. Gerek çeteler ve gerek aralarında asker bulunan köyle kitleleri, bu civara gelen bazı Osmanlı zabitanının bilhassa Müslümanların müdafaa-i nefs için yaptıkları teşkilattan ibaret olduğu farzediliyordu. Mütearrizînde (malum yerde), ancak Ermenilerin Erzincan'da terkettikleri iki cebel topu vardı. Bunlar Erzincan, Oltu, Fem istikametlerinden taarruz edebilirlerdi. Geriden, Kars ve Palandöken taraflarından dahi gelmeleri muhtemeldi. Miralay Morel, nedense yalnız Oltu tarafından hücum edilecek zannında idi. Keşif hidemâtı (hizmetleri) Ermeniler tarafından pek câhilâne bir surette yapılmakta idi. Süvariler ise köylerde kati ve yağma ile meşguldü. Keşif yerine köylülerin hayvanlarını sürüp götürmekle vakit geçirirlerdi. Raporları ise kâmilen uydurma idi. Keşif müfrezesine taarruz eden düşman kuvveti ikibin gösteriliyorsa, hakikatte mutlaka ikiyüz kişiden az çıkardı. Üçyüz-dörtyüz kişi tarafından ihata (kuşatıldıklarını) edildikleri ve kurtulmaya muvaffak olduklarını söyledikleri halde ancak bir yaralı, bir telef verdiklerini de ilave etmekten sıkılmazlardı. Bir gün Ermeni zabitlerinden birisi, kumanda ettiği mıntıkaya dörtyüz kişilik bir müfrezenin taarruz etmeye başladığını telefonla bildirmiş ve hakikatte ise karşı köyden iki silahsız adamın çıkıp ba'dehû (sonrasında) geri dönmesinden başka birşey olmadığı tezâhür etmişti.

Kars'ta Ermenilerin şehid ettikleri Müslümanların sıhhiye efradı tarafından defni

Ermeniler Erzincan'ı terkettikleri zamandan Osmanlı kıtaâtının Erzurum'u işgali tarihine kadar geçen müddet zarfında Ermeni keşif kolları tarafından Türk ordusundan yalnız bir süvari yakalanmıştı. Tahminime göre bu biçarenin ya ayakları donmuş olacak yahut bir değerinin muâveneti olmaksızın yürümeye mecali bulunmayacaktı. İkinci zabitan ictimamdan sonra bazı zabitler diğer kıtaâta nakillerini istida (istemişlerdi) etmişlerdi. Bunların istidalarını miralay Morel'e götürdüğüm sırada pek ziyade köpürüp, divan-ı harp kararıyla bunların ayrılmasına kuvvetle mümânaat (engel olacağını) edeceğini söylemişti.

Halbuki toplar henüz Rus zabitlerinin elinde bulunmakla, cebir ve şiddete karşı top ateşiyle mukabele edebileceklerini bildirdim ve zabitan kendi kendilerine terk-i mevki etmeyip kanun mucibince tebdillerini (yer değişikliğini) talep eyledikerinden, arzularının is'âfı(nın) (isteklerinin) zaruri olacağını anlattım ise de, infikâk etmeyi (ayrılmayı) arzu eden bütün zabitana yüzbaşı vekili Yermolofa verilen vesika gibi kendilerini lekeleyecek vesikalar vereceğinden, arzu edenin tecrübe etmesini söyledi. Miralay Dulohanof, Tiflis'te ve Batum'da söylediği gibi, arzu etmeyen zabitanın işbaşında kalmasında fayda olmayacağını ileri sürdüğüm zaman, zaten bunun için 60 İngiliz topçu zabitanın Erzurum'a gönderilmesini talep edip vaad aldığını bildirdi.

Erzurum istasyon sermemurluğu vazifesinde bulunan bir Rus veyahut Polenez neferi(nin), hizmette kalmak istemediğinden dolayı tevkif (tutuklanıp) olunup, cebren (zorla) ifa-yı hizmete sevkedildiğini bu sırada işitmiştim. Emirlerin hüsn-i ifasında sürat husulü bahanesiyle ve hakikatte her ihtimale karşı bütün zabitanın yek-diğerine lüzumunda muâvenet edebilecek surette yakın yerlerde ikâmet etmeleri hakkında evâmir-i lâzıme (gerekli emirleri) verdim. Yüzbaşı vekili Yermolof Şubat'ın 25'inde hareket etmişti. Giderken, yolda Sarıkamış'a uğrayıp orada bulunan erkân-ı harbiye reisi general Vişinski ile topçu kumandanı general Gerasimof'a Ermeniler arasındaki fena vaziyetimiz hakkında gördüğünü ve bildiğini söylemesini ve mümkün olduğu kadar süratle şu halden halâs edilmekliğimizi (kurtarılmaklığımızı) rica eylemesini tavsiye ettim.

24, 25 Şubat'ta bir Osmanlı tayyaresi(nin) gelip civarı keşfetmesinden, Osmanlı kıtaâtının Erzincan'da ve hatta Mamahatun'da bulunduklarına hükmetmiştim. Bu hengâmda(durumda) Erzurum'un tahliyesi hakkında Türklerden bir teklif varakası(belgesi) aldığını miralay Morel söylemişti.

Osmanlı kıtaâtının Erzurum'u işgalinden sonra, bizzat kolordu kumandanı Kazım Bey'den (Karabekir) öğrendiğime göre, tahliye hakkmdaki kağıt(ın) gayr-i muayyen (bilinmeyen) bir teklif varakasından ibaret olmayıp, bizzat kendi imzasını hâvi (içeren) bir mektup olduğu anlaşılmıştır. Miralay Morel ise meseleyi ehemmiyetsiz görüp, bizzat kolordu kumandanının imzası hâvi olan resmî teklifi, imzası adi bir propaganda varakası gibi göstererek beni iğfale (yanıltmaya) çalışmıştır.

24, 25 Şubat'ta cephede tehlikeli bir hal görülmediği mevki-i müstahkem erkân-ı harbiyesinden bildirilmiştir. Yalnız Tekkederesi civarında Kürtlerin içtimai haberi alınmakla o cihete bir müfreze sevkedilip bunların ileri harekâtına mümânaat edildiği malumdu.

Erzurum'dan sevkolunan bir müfreze ise, düşmanı Ilıca'dan birkaç verst[37] geri attığı söyleniyordu. 26 Şubat'ta Tekkederesi'ndeki Ermeni müfrezesi(nin) ihata edilmiş ve kaçabilenleri(nin) Erzurum'a koşmakta ve Ilıca'daki müfreze(nin) de bozulup aynı istikamete kaçmakta oldukları haber alındı.

Mütaarrizîne(yerden saldıranlara) karşı topçu ateşi açılması hakkında miralay Morel'den emr-i şifâhî almıştım; ancak, hiçbir yerde taarruz eden bir hedef göremedim. Harput şosesi(yolu) üzerinde, panik halinde Erzurum'a firar eden Ermeni askerlerinden başka birşey görülmüyordu; Trabzon şosesi üzerinde ise, manevra meydanında yürüyüş yapar gibi toplu

---

37 Versta: Rusya'da kullanılan bir yol ölçüsü birimi. (Haz.)

yol kollarında Ermeni kıtaâtı Erzurum'a ric'at (dönmekte) etmekte idi.

Ermenilerin yaktıkları Kars çarşısı

Öğleden sonra, civardaki Göz köyünün etrafında düşman kıtaâtı bulunduğu anlaşıldı. Bunların miktarını binbeşyüz kişi tahmin ettim. Bu müfreze talim görmemiş Kürt çetesine benzemeyip, muntazam (düzenli) sevk ü idare edilen bir alaya benziyordu. Ancak, aralarında bulunan süvari döküntüleri (Ermeni) bunlara, biraz tanzim edilebilmiş (şekil verilmiş) (güya) Kürt müfrezesi şekli veriyordu.

Ric'at edenlerin hali ve manzarası pek acıklı ve ümitsiz idi. Ric'at eden Ermeniler arasıra kısa tulde (kısa vadede) seyrek avcı halinde yayılıyorlar. Kâh şosenin etrafında ufak kümeler halinde toplanıp sersem sersem yürüyorlardı. Bunların yüzlerinde korkudan başka birşey görülmüyordu. Antranik, bunları bir parça tanzim edebilmek için avcı hattına doğru gitti ve bu hattı bir miktar ileri sevketmeye muvaffak oldu ise de, korkak Ermeniler bir kere yatınca bir daha kalkmadılar. Bizim tarafta topçu ateşi gece karanlığına kadar devam etti. Kürt eşkiyasının taarruzlarının başlamasından dolayı bunları def' ile meşgul olmaya başlanıldığı zamandan itibaren bütün Rus zabitleri infikâk (ayrılma) kararından vazgeçip, uhdelerine terettüp (makamlarında olan) eden vezâifi (görevlileri) hakkıyla ifaya çalışmışlardır; çünkü, böyle zamanda infikâk arzusu izhar edenler korkaklıkta itham edilecekti.

Ermenilerin topçu hakkındaki fikirlerini bu gün öğrendim. Büyük Kiremitli civarındaki bataryamın muhafazasına memur olan Ermeni piyadesini ileri sürmek imkanı olmadı. Bunlar bilakis bataryayı bırakıp Harput kapısına doğru daima geri çekilmekte idiler. Tekkederesi köyünden firar eden Ermeniler, kaçarken bile civarda buldukları hayvanâtı sürüp götürmeye ve yalnız gördükleri silahsız ahaliyi öldürmeye çalışmışlardır.

Türklerin şehre takarrüpleri (yaklaşmaları) Rus erkân-ı harbiyesince gayr-i muntazır (beklenmedik) bir zamanda vâki olmuştur; çünkü, iktizâ eden (gerekli olan) muharebe emri bile verilmemişti, verilmiş olsa bile bana kadar vâsıl olamamıştır.

Hariçten silahbaşı ve baskın borusu çalındığı zaman piyade kıtaâtının işgal edecekleri mahaller(in) evvelce tayin edilip tamim (genel inceleme) edilmiş olduğunu işitmiştim. Fakat, bu emir de bana kadar vâsıl ol(a)mamıştı. Benim vazifem pek basit idi: Şehrin hudud-ı müstahkemesinin (sınır içi) top ateşi haricindeki düşmanı, oradan ileri geçirmemek için top ateşi altına almak. İleri mevâzi'de ise piyade ile birlikte benim emrim altında bulunmayan cebel topları (tepe topları) vardır.

Ahilkelek civarında Okam İslâm köyünde Ermenilerin irtikap ettiği fecâyi'den yüzlerce cesetlik bir levha (Fotoğraf üzerinde: 11 Mayıs 334'te Ahilkelek civarında Okam İslâm köyünde Ermenilerin taarruz ve katliamına uğrayan masum ahali-i İslâmiye'den bir kısım şühedâyı gösterir.)

Bu gün akşama kadar şehir milisleri (Ermeniler) şehir dahilindeki Müslüman zükûrun (erkeklerin) kâffesini, hatta ihtiyar ve hastaları bile toplamaya devam ettiler. Esbabı sual edildikte, şimendifer hattındaki karları temizlemek için amele topladıklarını söylüyorlardı. Oturduğum evin kapısında ismim yazılı olduğu halde, bir Ermeni darülfünun (üniversite) talebesinin) maiyyetindeki devriye ile güya taharriyat icrası için haneme dühul etmiş (girmiş) olduğu(nu) bu akşam haber almıştım. Familyamın mümanaatı(engeli) ile eve girmeye cesaret edemediği gibi, ev sahibi olan ihtiyar bir Türk ile birkaç Kürt hizmetçiyi alıp götürememiş, fakat ağzına geleni söylemiş. Bu yolsuzlukların Antranik'in emriyle yapıldığını mektepli kendisi ifade etmiş(ti.) Ahaliyi toplamak maksadıyla bir daha ev sahibi ihtiyarı almaya geldikleri vakit bana dehalet edebilmesi için benim ikametgâhıma geçilecek bir kapı açtırdım. Son zamanlar benim Antranik ve erkân-ı harbiyesi ile olan münasebetime şahit olmak için, her gittikçe beraberime seferberlik kısmı müdürü yüzbaşı Julkeviç'i aldığım cihetle, bir akşam da zabitan ictimama yine birlikte gitmiştik. Komisyona muvâsalatımızda (ulaşmamızda) bizim gelmekliğimizi beklemeden celse(nin) in'ikat (sonuçlandırılmış) etmiş olduğunu öğrendik, odada âtideki kimseler mevcuttu:

Antranik, doktor Zavaryef, miralay Zinkeviç, Morel, Dulohanof ve diğer birkaç kimseler. Beni gördükleri gibi, başkumandan Odişelidze'nin telgrafını miralay Zinkeviç ber-vech-i âti okudu:

"Osmanlı ordusu kumandanı Vehib Paşa, Erzurum'un işgali için kıtaâta emir verdiğini telsiz telgrafla bildirdiğinden, mevki-i müstahkemde mevcut topların tahribiyle kıtaâtın geri çekilmesi."

İmza

Odişelidze

Bu emir biraz geç kaldığından, üç gün kadar zamana muhtaç olan tahrip ameliyatını bittabi yapamadık.

Antranik yüksek sesle Ermenice birisine küfür ediyor, doktor Zavaryef bunu teskine çalışıyor ve Antranik'in söylediklerini bize tercüme ediyordu. "On-onbeşbin kişi gönderdik. Erzurum'u muhafaza edecekleri yerde geride oturup da Ermeni milletini ve Ermenistan'ı batıran Ermeni rüesâsına lanet ettiğini, elde bulunan birkaç bin Ermeni'nin de hiçbirisi(nin) cepheye gitmek istemediğini" bağıra çağıra söylemekte imiş. Bundan sonra Antranik ber-vech-i âti kararını bize söyledi: İki gün daha Erzurum'da sebat ederek, mümkün olan tahribatı yaptıktan sonra tahliye edilmesi. Ba'dehû, odada hiç kimse yokmuş gibi soyunup yatağına yattı.

Şehrin ötesinde berisinde zuhur eden yangınların söndürülmediğini ve gece vakti milisler tarafından İslâmlardan ihtiyar ve hastaların bile evlerden toplanıp bir semt-i meçhule gönderilmekte olduğunu doktor Zavaryef'e söylediğim zaman, yangınların itfası(söndürülmemesi) ve İslâmların toplattırılmaması hakkında emirler verildiğini bildirdi.

Doktor Zavaryef ile akdemce geçen mübâhaselerimizde (konularımızda), kendisi hükümet azasından bulunmak sıfatıyla hiçbir gûnâ (şekilde) yolsuzluk yapılmamasını son derece arzu ve buna bütün kuvvetiyle çalışacağını söylerdi. Gerek bu ve gerek bunun emsâli olan Ermeni mütefekkirlerinden (düşünür kimse) hep bu yolda muvafık fikirler işitirdim. Yüreklerinde ve fikirlerinde ne maksat beslediklerini bilmem, ancak lisanlarından Ermeni mütefekkirleri arasında kıtal ve yağma fikrinin mekruh(nahoş) olduğunu ve alenen söyleyenlerin mevcut olduğu gayr-ı kâbil-i inkardır (aşikardır.) Doktor Zavaryef(in) Ermeni mefkuresini (Ermeni düşünürlerini) benden daha iyi bilmesi lazımdır. Antranik tarafından verilen kararın suret-i icrası hakkında bazı gûnâ müzakerattan (şeklen müzakereden) sonra herkes evlerine dağılmıştı.

Erzurum'da iki gün sebat etmek meselesine gelince: İleri hattaki tahkimatın kuvveti ve müdâfinin kesreti itibariyle, yalnız Kürtlere karşı değil muntazam kıtaâta karşı bile kırkiki gün müdafaa edilirdi. Mütareke müzakeresi hengâmında (barış anlaşması bağlamında) Kürtlere söz geçiremediklerini

Türkiye hükümeti resmen bildirmiş olmakla, Kürtlerin hücumuna karşı her türlü tedâbir ittihazı (tedbir almak) bizim borcumuz olmuştu.

Gece haneme avdet (varınca) ederken, yangınların itfa edilmiş (söndürülmüş) ve her gûnâ yolsuzluklardan eser kalmamış olduğu görülüyordu. Karargâhıma avdet edince, topların tahribi için lazım gelen emirleri verdim. İki gün zarfında bunlar tahrip olunabilirdi. Piyadelerin gece karanlığından bi'l-istifade siperleri terkettiklerini zabitlerimin raporlarından anlıyordum. Birçok uğraştıktan sonra telefonla miralay Morel'i bulup aldığım haberleri kendisine söyleyebildim. Buna karşı "tedâbîr ittihaz edip (tedbirler alıp) takviye kıtaatı gönderdiği cihetle bu husustan dolayı hiçbir tehlike mevcut olmadığı"-nı bildirdi. Haneme gidip gece saat birde yattıktan sonra iki ile üç arasında şehirde tek tük silah sesleri işitilmeye başladı. Tıpkı geçen günlerde olduğu gibi, sokaklarda Ermeni sesleri, balta sadâları, kapıların kırılması, ahalinin cebren götürülmesi gürültüleri işitilmeye başladı.

İki gün sürünce beni pek sıkmaya başladı: Evvela, içinde bulunup da meseleyi gözleriyle görmeyenlerin bu "hürriyet mücahitleri(!)" Ermeni eşkiyasının, yaptıkları vahşet ve rezaleti Rus zabitlerinin müsadesiyle yaptıklarını zannedip, Rus zabitlerinin de Ermenilerle birlikte lekelenmesi; saniyen, şehre taarruza başlayan kitle arasında muntazam Osmanlı kıtaatı dahi bulunmak ihtimali olduğundan ve halbuki başkumandanın kararı ve emri ve arzusu muntazam kıtaâtla harbetmek olmayıp şehrin tahliyesinden ibaret olduğundan, bu cihetle dahi bir su-i tefehhüm ihtimali, iki mühim sebeplere karşı bervech-i âti mukarrerât ittihaz (tekraren ilettim) ettim:

Sabahleyin erkence miralay Morel'e gidip kat'i (kesin) iki teklifte bulunmak:

Evvela, Ermenilerin şekâvetini ta'tîl (zulümlerini bitirmek) etmek iktidarında değilse, topların bir kısmını Ermenilerin üstüne çevirip, ibtidâ teklif etmek, sonra ateşle icbar etmek(-topa tutup bitimek.) Sâniyen (ikincisi), der-akap (çabucak) mükâleme (konuşmacı) memurları göndererek, harekât-ı harbiyenin ta'tîl ve iki gün zarfında kan dökülmeksizin Erzurum'un tahliye ve teslim edileceğini Osmanlı kıtaatına bildirmek ve Erzurum'un tahliyesi esnasında Ermenilerin kıtal yapamamaları için, Rus zabitlerinin kumandası altında Ermenisiz müfrezeler teşkil edip kıtale silahla mümânaat (engel olmak) etmek ve şâiredir (gereklidir.)

Erkence, yüzbaşı Julkeviç ile birlikte miralay Morel'e giderken, yolda topçu cephane deposunun önünde buna memur olan mülâzım-ı sâni (teğmen) Bagratonyan'a rastgeldik. Ric'at (geri çekilme) emri verildiği için cephanenin infilak ettirilmesini (havaya uçurulmasını) arzu ediyorsa da bu bapta benden emir alınması lazım geldiğini söyledi. Buna hayret ettim; çünkü, cephane deposu miralay Dulohanofa aitti. Maamafih, cephanenin infilak ettirilmesi hakkında topçulara hiçbir emir verilmemiş olduğundan, bu infilaktan bütün Rus zabitleriyle birlikte şehir sekenesi de müteessir (etkileneceğinden) olacağından, infilak ettirilmemesi lüzumunu söyledim. İkna ederek cephaneyi kurtardım.

Miralay Morel'in karargâhına yaklaştığımda, herkesin kaçmakta olduklarını gördüm. Karargâhın karşısındaki Amerika konsolosun(un) hanesi(nin) tamamen tutuşmuş ve yanmakta olduğunu gördüm. Miralay Morel ile Torkom beygirlerine binmişler ve eşyalarını bir otomobil ile birkaç arabaya tamamen yüklemişler firara müheyyâ (kaçmaya hazır) bir halde bulunuyorlardı.

Saat sabah yedi idi. Ahvalin ne merkezde olduğunu sorduğumda, sabah beşte ric'at emri verildiği halde, henüz bu emrin bana vâsıl olmamasından birşey anlayamadığını söyledi. Korktuğum başıma geldi. Rus zabitanı ve topları himayesinde Ermeniler firara muvaffak oldu. Rus zabitanı toplarını bizzat kendileri idare etmek şartıyla mütearrızı (saldırganları) tevkife (tutuklamaya) çalışırlarken, Ermeniler geride rahatça katliam yapıp firara muvaffak olmuşlardır. Kendim gelmeseydim ric'at emrinden hiçbir Rus zabitinin haberi olmayacaktı.

Evvelce vekâyi'a dair mümkün olduğu kadar az malumat ver-dikleri halde, bana hiç âidiyeti olmayan tamimleri (genelge) ve emirleri de gönderiyorlardı. İlk işim, piyade mermilerine karşı muhafazalı ceketlere bürünüp, Kars şosesinde serbestçe firara koyulan cesur(!) Ermenilere son teşekküratımı ifa etmek için Mecidiye tabyasına koşup, bunları şarapnel ile güzelce bir selamlamak olacaktı. Ancak, firarilerin yânında hiç kabahat-siz bazı kimselerin de mutazarrır olacaklarını (zarar görecek-lerini) düşündüğüm için bu fikirden vazgeçtim. Erzurum'da daha birçok ahali ve çoluk çocuk kalmıştı.

Ermeni mezaliminden: Karnında ateş yakmak, yüzleri kesilmek suretiyle itlaf edilen İslamlar

İşte Ermeni fâtihlerinin(!) bu veçhile Rus zabitlerini aldatmalarından dolayı toplar tahrip edilememişti. Hemen karargâha avdet(dönüyorduk) ediyorduk. Yolda, korkularından akılları başlarında kalmayan birçok Ermeni firarilerine rast geliyorduk. Yollar firarilerin attıkları eşya ve malzeme ile dolmuştu. Yollar geçilmez bir hale geldiğinden, sokakların biraz daha tenhasına sapmıştık. Burada birçok insan feryatlarıyla yaylım ateşe tesadüf ettik. Sokakların dönek mahallerinden ileride ne olduğu görülmüyordu. Yalnız karların üzerindeki kan lekelerinden, bu civarda muharebe cereyan etmekte olduğuna hükmederek geri döndük. Dörtyol ağzına gelince arabadan inip yaya yürümeye başladık. Sokakların birinden milis kumandanı Ermeni'nin at üstünde olarak çıktığını görünce tahminimde aldanmadığıma hükmettim. Karargâha avdetimde piyade ile birlikte ric'at etmeleri için bataryalarıma emir verdim. Topçu zabitlerinin infikâkı (ayrılması) için nakliye arabalarının verilmesini emrettim. Nakliyedeki arabacıların daha geceden kâmilen firar etmiş olduklarını öğrendik.

Baştan aşağıya kadar fişenkli (mermili) Ermeni firari neferleri hayvanları arabalardan söküp bir beygire ikişer kişi binerek Kars'a doğru firara koyulmuşlar. Benim arabamdaki hayvanları da sökmek istedikleri zaman seyisim mümânaat (engel olunca) edince üzerine ateş etmişler, hayvanlarımdan birisi yaralanmış; fakat alıp götürememişler.

Elli arabadan ibaret olan bütün nakliyeden ancak iki-üç araba ele geçirebildik. Bu arabalardan ancak birkaç zabit istifade edebilip acele ile eşyalarını yükleyip gittiler. Birkaç arabadan daha istifade imkanı vardıysa da, sokaklarda gelişigüzel öteye beriye şiddetli tüfek ateşi icra eden korkak Ermeni firarilerinin kör kurşunlarından muhafaza kaydıyla evlere girmeye mecbur olmuştuk. Türk ahali gerek bizi ve gerek ailelerimizi Kürtlerin tasallutundan (saldırı) muhafaza edeceklerini temin ettiler. Ermenilerin sersemce ateşine bakmayarak sokaklardan geçmeye çalışsaydık bile Kars kapısını Türkler tutmuş olmakla buradan geçmek mümkün olamayacakmış. (Nitekim) yüzbaşı vekili Mitrofan o civara yakın olduğu halde bile bu kapıdan geçmeye muvaffak olmayarak avdet (dönmüştü) etmişti.

Biraz zaman sonra Osmanlı kıtaatının şehre girdiğini haber alınca, mütearrizînin yalnız Kürtlerden ibaret olmayıp, muntazam kıtaatın mevcut bulunduğunu da öğrenmiş bulunduk. Cesur(!) Ermeni piyadeleri geceden bi'l-istifade fırtına süratiyle Erzurum-Kars şosesinde firara başlamışlar; eğer ki sahihten fırtına olsaydı bu kadar az zamanda Erzurum'u Ermeni levsinden tathîr edemezdi (pisliğinden temizleyemezdi.)

Gerek siperlerde ve gerek şehirde hiçbir yaralı veyahut maktul Ermeni kalmamıştır. Ne kadar muannidâne (inatla) müdafaa bulundukları bununla da sabittir!! Erzurum'da esir olan bilhassa Rus zabitleri olmakla bu dahi Ermenilerin ne kadar büyük fedakarlık ettiklerine O bir şahit-i adildir! Osmanlı kıtaatının Erzurum'u işgalini öğrenince, yaverimle birlikte müracaat ederek mevcudiyetimize dair malumat verdim.

Rusya'nın Türkiye ile sulh akdetmiş olduğunu ancak bu dakikada öğrendim. Yollardu gidip gelirken bana rastgelen Türk ahali ellerime sarılarak hayatlarını kurtardığımdan dolayı teşekkür etmekte idiler. Diğer Rus zabitleri hakkında dahi aynı veçhile müteşekkir idiler; çünkü, eğer ki Rus zabitleri bulunmasaydı Osmanlı kıtaatı Erzurum'u işgali zamanında hiçbir canlı Türk bulamayacaktı.

Romalı Petroni, Ermeniler hakkında "Ermeniler de insandır, fakat evlerinde dört ayak yürürler." diye yazmıştı. Rus şairi Lermontof dahi bunlar hakkında "Sen kölesin, sen korkaksın, sen Ermeni'sin!" demişti.

29 Nisan 1918 Erzurum Erzurum ve Deveboynu mevki-i müstahkemi kumandan vekili ve ikinci Erzurum kale topçu alayı kumandanı esîr-i harp kaymakam

Twerdo Khlebof

EK-II
HATIRA

Hatıra

Rus ihtilali hidâyetinden itibaren 27 Şubat 1918'de Osmanlı kıtaâtının Erzurum'u istirdat (geri aldıkları) ettikleri tarihe kadar Ermenilerin Erzurum şehri ve havâlisi Türk sekenesine karşı tavr u hareketlerine dair[38]

Erzurum Deveboynu mevâzi'i muvakkat kumandan vekili ve ikinci Erzurum istihkâm topçu alayı kumandanı esir-i harp kaymakam

Twerdo Khlebof

Bu hatıra, İkinci Rus Erzurum kale topçu alayının *Tarihçe'sine* ilave olarak yazılmış ise de, başlıbaşına bir vesika mahiyetini dahi hâizdir (bir belge niteliğindedir.)

---

38 Khlebof'un, baskı yeri ve yılı olmayan 16 sayfalık bu mühim hatıratı şu eserler içerisinde de yayımlanmıştır:
a) Muhittin Nalbantoğlu, a.g.e., s. 67-74.
b) Alper Gazigiray, a.g.e., s. 439-448.
Güneybatı Kafkas hükümeti (Kars Milli Şûrası) tarafından Fransızca'ya da çevrilerek L'Etut du Sudouest du Caucas adıyla 1919'da Batum'da yayımlanmıştır: A. Alper Gazigiray, a.g.e., s. 668.

Mukaddime

Erzincan, Erzurum kasabalarında ve Erzincan-Erzurum yolu tarafeyninde sâkin ahali-i İslâmiye'nin düçar oldukları zulüm ve i'tisâfâtın (yıkımın) derece-i vüs'atini(büyüklüğünü) bütün çıplaklığıyla bu vesika tesbit ve takrir ediyor. Kaymakam Tverdo Khlebofun el yazısıyla yazılan işbu vesikanın Rusça aslı mahfuzdur.

Eskiden beri Avrupa'da ve Rusya efkâr-ı umumiyesince (kamuoyu) malum olan Türk-Ermeni husûmeti, bu Harb-i Umumi'deki tezâhürâtı (oluşumu) mertebesinde hiçbir zaman tasavvur edilmemiştir.

Ermenilerin Türkleri görmek istemedikleri eskiden beri malum; Ermeniler kendilerini daima mazlum, makhûr (hor görülmüş) mertebesinde göstermişler; medeniyetteki terakkileri ve dinleri dolayısıyla pek ağır işkencelere düçar olan bir millet şeklinde görünmekte daima muvaffak olmuşlardır.

Ermenilerle bir dereceye kadar teması fazla olan Ruslar, Ermeni medeniyeti ve liyâkati hakkında bir parça başka türlü fikir hâsıl etmişlerdir. Bunları oldukça hasis, şaşırtıcı, açgözlü ve ancak başkasının sırtında geçinebilir bir millet olarak tanımışlardır. Rus köylüsü Ermenilere başka türlü hüküm verirdi:

Rus neferlerinden birçok defalar şu sözleri işittim! "Ermeniler ayı milleti, Türkler bunları becerdiler, fakat iyi kesemediler; bir tane kalmayıncaya kadar kesmeliydiler!" Rus kıtaâtı arasındaki Ermeni efrad her hususta daima en aşağı addolunmuştur. Ermeniler daima perâkende (düzensiz) hizmeti ve cepheye gitmemeyi tercih etmişlerdir. Ermenilerden birçok firariler ve kendi kendini yaralamakla muharebe bidayetinden beri bunlar hakkında bu fikri tesbit etmiştir. Fakat, Türklerin Erzurum'u istirdatlarına kadar geçen iki ay zarfında Ermenilerden bizzat gördüğüm ve işittiğim ahval, bunlar hakkındaki her türlü fena faraziye ve tasavvurun fevkindedir (kötü fikir ve düşüncelerin üstündedir.)

1916'da Erzurum'un Rus kıtaâtı tarafından işgalinde gerek şehre ve gerek civarına hiçbir Ermeni yaklaştırılmamıştır.

Birinci kolordu kumandanı General Kaltin Erzurum ve havalisi kumandanlığında kaldıkça, aralarında Ermeni efradı bulunan kıtaât bu havâliye sevkedilmedi idi. İhtilalden sonra her türlü tedâbîr lağvedilmiş (tedbirler kaldırılınca) Ermeniler Erzurum ve havâlisine saldırdılar. Bu hücumla beraber gerek şehirde ve gerek civar köylerde evler yağma edilmek, sahipleri kâffeten (tümden) katlolunmak gibi cinayetler başladı. Rusların mevcudiyeti Ermenilerin bu cinayetlerini alenen yapmalarına mani oluyordu. Kati ve yağma eşkiyavârî (eşkıyalık) gizlice icra edilmekte idi.

1917 senesi bilhassa neferattan mürekkep Erzurum ihtilal icra komitesi ahaliden silah toplamak maksadıyla her tarafı aramaya başladı. Taharriyat (evleri aramalar) muntazam surette cereyan etmediğinden, biraz sonra yağmagirliğe müncer (yağmacılık yapmaya dönüştü) oldu. Neferat tarafından pek vâsi surette yağmagirlik devam etti. Yağmacılıkta en ileri gidenler muharebede korkak olan Ermeni neferleri olmuştur.

Bir gün at üstünde şehir sokaklarından birinden geçerken birçok neferi kümesi, başlarında bir Ermeni neferi olduğu halde yetmiş yaşında iki Türk'ü bir yere sevkediyorlardı. Ermeni neferinin elinde tel örgüsünden bir kırbaç bulunup hiddetinden benzi atmıştı, yollar gayet çamurlu idi.

Ermeni neferleri bu biçare ihtiyar Türkleri çamurların içinde sokağın bir tarafından öbür tarafına sürüklüyorlardı. Neferleri kandırmak için çok çalıştım. Bu ihtiyarlara insan gibi muamele etmelerini söyledim. Kalabalığın başında bulunan Ermeni nefer elindeki tel örgüsü kırbaçla üzerime yürüyerek, "Siz bunları müdafaa ediyorsunuz, öyle mi? Onlar bizi kesiyor, siz bunlara yardımcı çıkıyorsunuz değil mi?" diye bağırdı. Toplanmış olan diğer Ermeniler de bunun tarafını iltizam ettiler. O zamanda Rus neferleri o derece şımarmış idiler ki, her yerde zabitleri dövmekte ve hatta öldürmekte idiler.

Mevkiim fenalaşmıştı; zabit kumandasında mutî (itaatkar) bir devriye kolu zuhur ediverince(ortaya çıkınca) ahval değişti. Ermeniler hemen ortadan kayboldu. Rus neferleri de ihtiyarları hakaretsiz sevketmeye başladılar. Rus kıtaatının cepheden kendi kendine dağıldıkları tarihte, cephede kalan veyahut buralara şitâb (gelen) eden Ermenilerin geriden diğer milletlere mensup kıtaât gelinceye kadar Türk köylülerine pek çok vahşetler yapmak tehlikesi zuhur etmişti. Ermenilerin ileri gelenleri böyle bir hal zuhur etmeyeceğini pek kuvvetle te'mîn ediyorlardı. Türk-Ermeni arasında vifak-ı tâmm (tam bir fikir birliği) oluşumuna çalışıp muvaffak olacaklarını ve bu bapta her türlü teşebbüsatta bulunduklarını dermiyan (gösteriyorlardı) ediyorlardı. Geceleri bu sükûn ve sükutun teessüs edebileceği tasavvur olunabiliyordu.

Ermeni mezâliminden: Burunları kesilmek, bıyıkları yolunmak, karınlarında ateş yakılmak suretiyle itlaf edilen Müslimler

Hakikaten hidâyette bu teminata inanacak ahval nümâyân (belli) oluyordu. Mesela, Rus neferleri tarafından kışla halinde ifrağ (başka bir amaç için kullanılan) olunan camiler tahliye ve tathîr ediliyor ve bir daha ikametgâha tahsis edilmiyordu. Türk ve Ermenilerden mürekkep şehir milisleri teşkil olunuyor, kati ve yağma edenlerin muhâkemesi için divan-ı harpler teessüs etmesini Ermeniler yüksek sesle talep ediyorlardı.

Bunların hepsi(nin) hile ve tuzak olduğu bilahare (hemen) anlaşılmıştı. Milis teşkilatına giren Türkler pek çabuk bundan vazgeçtiler; çünkü, milis teşkilatına giren Tüklerin pek çoğu gece devriyelerinden avdet etmemeye (dönmemeye) ve ne olduklarına dair malumat alınmamaya başladı. Şehir haricine çalıştır(ıl)maya götürülen Türkler de avdet etmiyordu (dönmüyordu.) En nihayet, teşekkül edebilen divan-ı harp, kendisini idama mahkum edeceklerinden korkarak hiç kimseyi cezalandıramıyordu. Münferit yağma ve katiller çoğalmaya başladı. Kânun-i Sâni ile Şubat arasında yağmacılar tarafından Erzurum'un maruf simalarından Bekir Hacı Efendi bir gece kendi hanesinde katledildi.

Odişelidze üç gün zarfında katilin meydana çıkarılmasını kıtaât kumandanlarına emretti. Başkumandan Ermeni kıtaâtı kumandanlarına efradın itaatsızlığı(nın) son dereceyi bulduğunu söyleyerek pek ağır tahkiratta bulundu. Eşkiyaca zulüm ve taaddî (saldırı) ve yollarda çalıştırmak bahanesiyle kıra götürülen Türklerin hemen yarı yarıya avdet etmemesi hususunu Ermenilere izah ederek, eğer taht-ı işgale alınan arazide Ermeniler hakim olmak istiyorlarsa kendileri(nin) mazbut(düzgün) ahlak sahibi olduklarını göstermeleri icap edeceğini ve yaptıkları cinayetlerle kendi milletlerinin namını telvis(lekelediklerini) etmekte olduklarını Ermenilerin münevver kısmına pek acı lisanla ihtar etti. Ve hatta, henüz Harb-i Umumi neticelenmeyip umum sulh kongresi bu havâlinin Ermenilere verilmesini kabul ve tasdik etmemiş olduğu zamanda Ermenilerin, bilhassa daha ziyade kanuna riayetkâr ve serbestîye layık bir millet olduklarını göstermeleri icap edeceğini söyledi.

250 · Kazım Karabekir

Ermeni kıtaât kumandanları ve Ermeni milletleri bir kısm-ı kalîl (az kısmı olan) Ermenilerin icra-yı vahşet (vahşet sergilemelerinin) etmelerinin bütün Ermeni milletinin namusunu lekeleyeceğini lisan-ı kat'iyle (kesin bir dil ile) beyan edip bir kısım Ermenilerin Türklerin eski zulümlerinin intikamını almakta olduklarını ve fakat mütefekkir Ermenilerin buna mani olmaya pek ziyade çalıştıklarını ve bunun için kat'î tedbirler ittihâzını tezekkür ve mevki-i icraya vazedeceklerini söylediler.

Bundan bir müddet sonra Erzincan'da Ermenilerin Türkleri katliamı havâdisi vâsıl oldu. Bunun tafsilatını bizzat başkumandan Odişelidze'nin ağzından işittim ki, ber-vech-i âtidir:

Kıtâl doktor ve müteahhit tarafından (bilgin kimseler tarafından tertiplenmiş) tertip edilmiş, yani her halde eşkiya tarafından tertip edilmemiştir. Bu Ermenilerin isimlerini suret-i kat'iyyede bilmediğim için burada zikredemeyeceğim. Her türlü müdafaadan mahrum ve silahsız sekizyüzden fazla Türk itlaf edilmiştir. Büyük çukurlar açılmış ve biçare Türkler bu çukurların başına sevkolunup hayvan gibi boğazlanmış ve bu çukurlara doldurulmuş; her kangı (çukuru) bir Ermeni sayarmış: 'Yetmiş mi oldu? On kişi daha alır, kes!' deyince on kişi daha keserler; çukura atıp üzerlerine toprak doldururlarmış. Bizzat müteahhit eğlenmek için seksen kişi kadar biçareleri bir eve doldurup, kapıdan çıkarlarken birer birer kafalarını parçalamış.

Erzincan kıtâlinden sonra mükemmel silahlarla mücehhez Ermeniler Erzurum'a doğru ric'ata (dönmeye-yönelmeye) başladılar. Menzil hattını Kürtlerin tasallutunudan vikâye için (saldırılarından korumak için) birkaç topla birlikte menzil ile ric'ata (dönmeye) mecbur olan bir Rus topçu zabiti bir gün icabât-ı harbiyeden olarak Ermeni kıtaâtından bazısını mevzie sokmak istemiş, muntazam harp etmek Ermenilerin hoşuna gitmediğinden, bir gece Rus zabitleri evlerinde uyurlarken evleriyle birlikte yakmak istemişler, evi tutuşturmuşlar

Rus zabitleri pek güçlükle yangından kurtulmuşlar,

çoğunun eşyası kâmilen yanmıştır. Erzincan'dan Erzurum'a ric'at eden Ermeni eşkiya sürüleri, yolları üzerine rastgelen İslâm köylerini ahalisi ile birlikte mahvetmişlerdir. Menzildeki arabaları ve topçu cephanesini sevk ve nakletmek üzere, silahsız ve mutî' ahaliden, Kürtlerden kira ile arabacılar tutulmuştu. Bunlar Erzurum'a yaklaştıkça, yollarda, Rus zabitanının evlerine girdikleri zamanlardan bi'l-istifade, Ermeniler bu Kürtleri öldürmeye başlamışlar. Dışarıdaki feryadı işitip imdat için dışarı çıkan Rus zabitleri, Kürtleri vikâye (korumak) için müdafaa edince aynı akıbete kendileri(nin) de düçar olacakları tehdidiyle ve silahla mukabele görmüşlerdir. Bu kıtâl hayvanca ve vahşetle icra olunuyordu.

Ermeni mezâliminden: Kafaları kesilerek vücutlarından ayrılmak ve kolları kesilmek suretiyle itlaf edilen Müslimler

Erzurum şehrinde Rus topçu zabitan gazinosunda topçu mülazımı Medivani, şöyle bir vakanın şahidi olduğunu alenen beyan etmiştir:

Bir Ermeni, arabacılardan bir Kürt'ü öldürmek için vurmuş; fakat, Kürt henüz ölmemiş, sırt üstü düşmüş. Ermeni, elindeki sopayı can çekişen Kürt'ün ağzına sokmak istemiş, dişleri kilitlenmiş olduğundan sopayı ağzına sokamayan Ermeni, Kürt'ün karnını tekmeleye tekmeleye öldürmüş.

Ilıca kasabasında firar edemeyen Türklerin kâffesinin (hepsinin) katledilmiş olduğu ve kör baltalarla enselerinden kesilmiş birçok çocuk cenazeleri gördüğünü bizzat Odişelidze söyledi.

Ilıca kıtalinden üç hafta sonra, Şubat'ın 26'sında oradan avdet eden(dönen) kaymakam Garyaznof, müşâhedâtını(gördüklerini) bervech-i âtî hikaye etti:

Köylere giden yollarda azası tahrip edilmiş birçok cenazelere rastgelmiş, her geçen Ermeni bir kere küfreder ve tükürürmüş.

12-15 sajen (rusça ölçü birimi 2.13 cm yani 25-30 metre kare) murabba'mdaki (yönetmeliğimde olan) cami avlusunda iki arşın irtifâmda (yüksekliğinde) cenaze yığılmıştı. Bunların arasında her yaşta kadın, erkek, çoluk çocuk ve ihtiyarlar vardı. Kadın cenazelerinde cebren taarruz âsârı (zorla saldırı izleri) pek ayân bir halde idi. Birçok kadın ve kızların mahall-i tenasüllerine (üreme organlarına) tüfenk fişengi sokulmuştu. Ermeni kıtaatı nezdinde telefon hizmetini ifa eden Ermeni kızlarından bir-ikisini kaymakam Garyaznof cami havlusuna davet etmiş ve Ermeni marifetlerini görüp iftihar etmelerini makam-ı serzenişte teklif etmiş ve götürmüş; o hali gördükleri zaman müteessir olacaklarına bilakis meserretle (neşeli) gülmeye başlamaları nefretle karışık hayretini mucip (nefretle hayret etmiş) olmuş ve pek çok müteessir olan Garyaznof bunları ta'zîr ve tekdir (azarlamaya) etmeye başlamış ve "Ermenilerin, hatta kadın bile olsalar en alçak ve vahşi bir millet olduklarını ve harp etmiş ve nice fecâyi' görmüş bir zabitin bile tüylerini ürperten bu vahşet levhası karşısında talim ve terbiye ve mektep görmüş genç kızların meserretle gülmeleri buna delildir." deyince, bir parçacık sıkılmak lüzumunu derhâtır (az da olsa üzülmeyi hatrına getirmeyen) eden kızlar, sinirlerinin gevşemesinden güldüklerini ileri sürmüşlerse de efkâr-ı hunhârenelerini (kinci-düşmancı tavırlarını) tevil edememişlerdir.

Alaca menzil kumandanlığı müteahhidi olan bir Ermeni 26 Şubat'ta Alaca'da yapılan vahşet hakkında şöyle hikaye etti: Ermeniler, bir kadını, canlı olduğu halde duvara çivilemişler, sonra kalbini oyup başının üstüne asmışlar!

Erzurum'da birinci büyük kıtâle 7 Şubat'ta teşebbüs etmişler. Şimdi söylendiğine göre, topçu neferleri sokaklarda ahaliden 270 kişiyi yakalamışlar, bunları kamilen soyduktan sonra maksad ı malumu tatmin için hepsini kışlanın hamamına doldurmuşlar. Bizzat benim son derece gayretim semeresiyle, bunlardan ancak sağ kalan yüz kişi kurtulmuştur. Diğerleri(nin), güya benim meseleye vukûfum dolayısıyla, neferler tarafından evvelce salıverilmiş olduğunu söylediler. Bu işin mürettibi(nin) topçu kıtaâtına merbut (bağlı) piyade Ermeniler arasında zabit vekili Karagodoyef isminde bir vahşi olduğu anlaşıldı. Bugün sokaklarda birçok Türk katledilmişti.

12 Şubat'ta Erzurum şimendifer istasyonunda birtakım Ermeniler gayr-i müsellah muti' Müslüman ahaliden on kişiden fazlasını kurşuna dizmişler. Bunları müdafaa ve muhafaza etmek teşebbüsünde bulunan Rus zabitlerini ölümle tehdit etmişlerdir. Bu esnada hiç kabahatsiz bir Türk'ü öldürdüğünden dolayı bir Ermeni'yi hapsetmiştim. Umum kumandan divan-ı harp teşkilini emretmişti. Eski kanun mûcibince, cinayet icra edenler idam edilecekti. Ermeni zabitlerden biri bu mevkuf olan Ermeni(ye) cinayetinin cezası olarak salbedileceğini (asılacağını) söylediği zaman mevkuf (tutuklu) Ermeni hiddetlenmiş, "Bir Türk için bir Ermeni asıldığı nerede görülmüş!" diye bağırmış. Erzurum'da Ermeniler Türk pazarını yakmaya başladılar. 17 Şubat'ta topçu alayının

mıntıkası dahilinde Tepeköy'ün bütün ahalisi(nin) kadın-erkek, çoluk-çocuk kâffeten katledilmiş olduğunu işittim. Aynı günde Antranik Erzurum'a geldiğinden, bu katliamdan bahsederek faillerinin meydana çıkarılmasını söyledim. Ne netice çıktığı henüz malum olamadı.

Antranik topçu zabitanı gazinosunda umum muvâcehesinde zapt u raptın (sıkı yönetim) teessüs edeceğini va'detti; fakat, icraat vaat şeklinde kaldı. Halbuki Za-Kafkas hükümeti tarafından bilhassa zapt u raptın teessüsü için Antranik ile doktor Zaveryef Erzurum'a gönderilmişlerdi. Şehirde bir dereceye kadar gürültü azaldı. Sükkânı (ikame eden) sağ kalmayan köylerde de bittabi (tabiki) sükun hâsıl oldu.

Harekât-ı harbiye Osmanlıların Ilıca'ya doğru geldiklerini gösterince, Erzurum şehrinde Ermeniler tarafından Türk ahali tevkifine tekrar başlanıldı. Bilhassa 25-26 şubatta tevkifler göze çarpacak dereceye çıktı. 26-27 gecesi Ermeniler Rus zabitlerini aldatarak katliam yapıp Türk askerlerinin korkusundan kendileri de firar ettiler. Katliam tesadüfi olmayıp, bi't-tertip evvelce tevkif edilenlerle beraber hepsi tamamen yakalanıp ba'dehû birer birer katledilmiştir, ki o gece katledilenlerin yekunü(nün) (yaklaşık) üçbine bâliğ olduğu yine Ermeniler tarafından iftiharla söylenmişti. Müdâfi Ermeniler o kadar az idi ki, iki topla binbeşyüz mevcuttan ibaret Türk askerine karşı duramayıp kaçtılar; fakat, yalnız bu gece zarfında yaptıkları kati pek çoktu.

Katliamın önüne geçmek tamamen Ermenilerin ileri gelenlerinin elinde idi. Binaenaleyh, katliamda yalnız eşkiya değil, mütefekkir Ermeniler de medhaldardır. Ermenilerin aşağı tabakası ileri gelenlere ve bilhassa içinde bazı temayüz etmişlerin (imtiyazlı-önemli kişilerin) emirlerine son derece mutî'dir (itaatli idiler.) Benim alayımın zabitanı kâmilen Rus olduğu halde, efradı hemen kâmilen Ermeni idi. Elimizde bunlara karşı hiçbir kuvvet olmadığı halde, emirlerimizi daima infaz ettirebildik. Bu efrad hiçbir zaman alenen cinayete tasaddî (teşebbüs) edemedi. Hatta, katliam gecesinde alayın nakliyesinin bulunduğu kışlada yalnız bir Rus zabiti nöbetçi olduğu halde, seyis Kürtlerden hiçbirisi katlolunmamıştır. Şâyân-ı dikkattir ki, silahsız Kürt seyisler yalnız kırk kişiden ibaret olup, bunların etrafında bulunan Ermeni topçu neferâtı yüzlerce olduğu halde hiçbir Müslümanın burnu kanamamıştı.

Bilâ-tefrîk (fark olsun ki) bütün Ermeni mütefekkirlerinin cinayette medhaldar (cinayete meyilli) olduklarını iddia etmek istemiyorum. Hayır, bu halin muvâfık olmadığını, Ermenilerin tuttuğu yolun çıkmaz olduğunu(vahşetle bir yere varılmayacağını) itiraf eden Ermeni mütefekkirlerine rastgeldim. Hatta, yalnız kavlen değil, fiilen kıtâle mümânaâtta bulunan bazı Ermeni mütefekkirleri de görülmüştür. Ancak, bunlar ekseriyet arasında pek ekalliyette (pek az) kalıyorlar. Bunlar da Ermeni mefkûresine muhalif addolunarak, ekserisi Ermeni vahşilerinin nazarında daima makhûr (bu iyi ermeniler hor görmüşlerdir) bulunmuşlardır. Bazıları da sûretâ cinayet aleyhinde görünerek hakikatte gizlice kıtâl imkanında hemen icrada kusur etmemişlerdir. (bazıları da vahşete karşı görünüp,- gizlice cinayet işlemişlerdir)

Bazıları sükutu ihtiyâr eder, bazıları da Rusların serzenişlerine karşı "Siz Russunuz, hiçbir zaman Ermeni milletinin mefkuresini (gaye-düşünce-fikir) anlayamazsınız!" derlerdi. Vicdan azabı nedir bilmezler. İnsanların vicdanı kıymettar elmas gibi lekesiz yaratılmıştır, lekesiz kalmalıdır.

Türklerin katlinden dolayı vâki olan tekdir (azar) ve serzenişlere bazı Ermeniler de şu yolda cevap vermişlerdir: "Türkler de Ermenileri imha için böyle hareket etmiyorlar mı? Yaptığımız intikamdan başka nedir?"

Vukuât-ı ânife (belalı-olay çıkarıcı) Ermeni milletinin ve Ermeni mütefekkirlerinin mefkurelerini pek aşikar surette gösterir. Hiç kimse, olan vukuatı olmamış bir hale koyamaz.

Ermeniler rüzgar ektiler; fakat, rüzgar ekenin fırtına biçeceğini unuttular.

Erzurum Deveboynu mevâzi'i muvakkat kumandan vekili

ve ikinci Erzurum istihkâm topçu alayı kumandanı esir-i harp
kaymakam

Twerdo Khlebof

16 Nisan 1918

Erzurum

Mazrûf mektubun tercümesidir:

17 Nisan 1918 Erzurum

Saâdetlü Efendim Hazretleri;

"Rusya sahra topçusunun yegane mümessili sıfatıyla Rus
zabitlerine karşı gösterdiğiniz lütuftan dolayı teşekkürâtımı
takdim ederim. Birinci kolordu kumandanının size haber ver-
diği yüzbaşı Pelyat ismini derhâtır (hatırlamanızı) buyurmanı-
zı rica ile tasdî'a ictisâr (onaylamanıza sunuyorum) ediyorum.

"Ben Şubat ihtidalarında 12 kıta seri ateşli sahra ve cebel
toplarıyla makineli tüfenkleri(nin), Erzurum cemiyet-i hayriy-
yesi reis(i) Seyidof Efendi'ye, Erzurum'da Ermeni mezâlimini
itfâ (bitirmek) için emirlerine âmâde ve hizmetinde bulunma-
yı teklif eden iki Rus topçusundan birisiyim; o zaman yedin-
ci Kafkas cebel topçu taburu kumandanı olduğumdan, Erme-
nileri Erzurum'dan cebren çıkardıktan sonra, Odişelidze'nin
muvâfakatıyla Erzurum istirdâdında (geri alınmasında) harp
edilmemesini temin etmek için Osmanlı kıtaatıyla anlaşabile-
ceğime emin idim. Türk kıtaâtıyla harp etmek Odişelidze'nin
planında yok idi; fakat, başka türlü hükmünü icra etti. Seyidof,
Türkleri vaktiyle teslîh (silahlandıramadı) edemedi. Kıyam
zuhura gelmedi. Seyidof'la yüzbaşı vekili Yermolof'un itlaf
(ölmüş) edilmiş olmalarından korkuyorum. Ben Ermenilerin
tahribatından kendimi saklayabildim ve Cenâb-ı Hakk'a çok
şükür ki, Ermenilere değil Türklere esir oldum.

"Rus ordusunun cepheden dağıldığı günden itibaren hiç-
bir Türk'e hiçbir veçhile zararım dokunmadığından şu nâçiz
hizmetime mukabil, memleketim olan Ukrayna'daki Kiyef'te

ailemin nezdine gidebilmek üzere esaretten kurtarılmaklığımı rica etmek cesaretinde bulunamam. Bunun vakt-i merhûnu geldiği zaman bizzat emredersiniz. Ancak, birkaç seneden beri beni görmeyen ve altı aya karîb benden mektup alamayan aileme yazdığım melfuf (sarılmış) mektubun Kiyef şehrine gönderilmesine müsade buyurmanızı rica ederim; çünkü, ailem şimdi hayatta bulunmadığıma hükmederek me'yûs (acı-hüzün içindeler) bulunuyorlar. Ben de ailemin yegane velîsi bulunuyorum. Benden başka kendilerini besleyecek kimseleri yoktur. Mektubumu göndermeye müsade buyurursanız bir aileyi yeniden canlandıracak ve beni de bahtiyar edip ilelebet minnettar bendeniz kılacaksınız."[39]

Kemâl-i hürmetle müteşekkir

yüzbaşı

İvan Gokilaviç Pelyat

---

39 Karargâh-ı umumi istihbarat şubesinden süvari binbaşı Mehmed- Hulusi bey tarafından Rusça'dan tercüme edilen risalenin elyazması aslının tıpkı basımı, çevirim yazısı ve sadeleştirilmiş hali için bkz. Askeri Tarih Belgeleri Dergisi, yıl: 31, sayı: 81, Aralık 1982, s. 441-464.

EK-III
BİR RUS GENERALİNİN YAZDIKLARI

Resmî vazifeli olduğu Van ve Bitlis vilayetlerinde beş yıl dolaşarak bu iki vilayetin istatistiğini çıkaran ve Rize konsolosluğu yapan bir Rus generalinin kitabının Ermenilerle ilgili kısmını buraya alıyoruz.[40]

Balkan harbinden sonra Alman ıslah heyeti içinde genel kurmaylığımızın istihbarat şubesinin başına geçirildim. Artık resmî vazife olarak Rusya ve Ermenilerle yakından uğraştım. İşte bu sırada, Rus masasını idare eden binbaşı Sâdık Bey, eline geçirdiği Rusça, pek mühim bir eseri bana gösterdi. Bu eserin adı *Van ve Bitlis Vilayetleri İstatistiği*'dir.[41] Bunu Sâdık Bey'e tercüme ettirerek Askerî Matbaa'da 1914 yılında, Birinci Dünya Harbi'nden önce bastırıp ilgili makamlara yayımladık, kitabı yazan bir Rus generalidir. Bu iki vilayette beş yıl ve resmî vazife ile bulunmuş ve dolaşmıştır. 1899'da Van'dan Rize konsolosluğuna tayin olunmuştur. Bu eseri Ruslar, gayet mahrem sayarak, ancak muayyen şahıslara (önemli kişilere) mahsus olmak üzere bastırıp dağıtmışlardır. Ermenistan'ın muhtariyetinden korkan Ruslar, hakiki durumu olduğu gibi göstermişlerdir.

Küçüklüğümde ancak o gözle tanıdığım Doğu vilayetlerimizin durumunu bu eserden öğrendikten sonradır ki, büyük

---

40 Kazım Karabekir, Ermeni Dosyası, s. 16-25, yayma hazırlayan: Faruk Özerengin, Emre Yayınları, ikinci baskı, İstanbul, 1995; Kürt Meselesi, s. 132-141, yayına hazırlayan: Faruk Özerengin, Emre Yayınları, ikinci baskı, İstanbul, 1995.

41 Van, Bitlis Vilayetleri Askerî İstatistiği, J. Mayeski'den Mehmed Sâdık, İstanbul, Matbaa-i Askeriyye, 1330 (1914), 1+395 s., 6 le. (Özeğe, V/22502) (Haz.)

260 • Kazım Karabekir

vazifelerle o mıntıkalarda bulundum. Benim söyleyeceklerim de bunun aynı olacaktır. Bunun için mühim yerlerini kaydediyorum:

Rus Kurmay Generalinin Yazdığı
Van ve Bitlis Vilayetleri İstatistiğinden Bölümler

Türk vahşetine hiçbir yerde tesadüf edilemez (rast gelinemez.) Türk vahşeti bir hakikat olmayıp, bile bile uydurulmuş siyasi bir hikayedir.

Çünkü, ekseriya göz önünde cereyan eden vakalara dair Avrupa matbuatındaki, bizzat müşahade edenler imzasıyla yazılan satırları okuyunca insanın gözüne inanamayacağı geliyor.

Hakikat gözüyle bakıp da hakikati olduğu gibi söylemek icap ederse, Doğu'da vahşeti Müslümanlar değil Doğu hristiyanlarının yaptığını itiraf etmek icap eder.

Her türlü fenalığı Doğu'daki Hristiyanlar irtikap etmiş, sonra da himayesiz Müslümanların başına yüklemişlerdir.

Bir Türk'le bir Ermeni bir iş görecek olsa, Doğu Hristiyanlarının göz içinden fikir anlamak derecesinde yaltaklanmalarına karşılık, bu Türklerden namus ve doğruluk görür. Eğer bir Türk'ten bir iş sözü alacak olursa, emin olmalıdır ki, bu söz en kuvvetli noterlerin tasdikini içeren kontratodan daha sağlamdır.

Avrupa'nın bunca yıllardan beri ıslahat yaygarası

Türkiye'nin tedricî (yavaş yavaş-derece derece) olarak parçalanması maksadına matuftur. Islahat ne kadar radikal olursa Türkiye arazisinin bir parçasının, başkasının eline geçmesi o kadar çabuk olur.

Kürtler

Kürtlerle ilgili birşey okunduğunda ilk defa göze çarpan şey "Kürtler hırsızdır, eşkiyadır, yağma ile geçinen adamlardır."

Bunun sebebi; Kürtlerin içine sokulup araştırma yapmak iste-yen Avrupalıların çoğu, yalnız soyulmak değil hayatlarını da tehlikeye koymuşlardır. Hakikaten Kürtler, aralarına girmek isteyen her türlü yabancıya dostça muamele etmezler. Bu ter-biye Kürtlerin hassalarındandır. Hükümetin müsade ve hima-yesi olmaksızın Kürtlerin arasına girmek isteyen her Avru-palının, sonu(nun) hayırlı olmayacağını önceden kesin olarak bilmesi gerekmektedir. Bilakis hükümetin müsadesiyle seya-hat etmek, Avrupalının yanma bir-iki jandarma katılınca, bütün seyahat müddetince hayatından emin olabilir.

Bir de istisnasız bütün Kürtlerin Ermenileri mahvetmek için uğraştıklarını iddia eden muharrirlerin(yazarların) iddi-ası tamamıyla yalandır. Eğer o iddiaları doğru olsaydı, Kürt-lerin arasında diğer milletten hiç kimsenin yaşamaması lazım gelirdi. Bunların arasında yaşayan diğer milletlerin ya kâmi-len Kürtlerin esiri olması ya da lokma ekmek tedarikinden aciz kalarak tamamen hicret etmeleri iktizâ (hasıl olurdu) ederdi. Halbuki bu iki şıkkın her ikisi de mevcut değildir. Tersine ola-rak, Doğu vilayetlerini iyi tanımış olan her şahıs itiraf eder ki, bu havalideki Hristiyan köyleri Kürt köylerinden her halde daha zengin ve daha rahattır.

Ermenilerin 1895 yılına kadar olan -eğer Avrupalıların dedikleri gibi- Kürtler hırsız ve eşkiya olsaydı hiçbir vakit mümkün olamazdı.

İşte bu veçhile 1895 yılına kadar Ermenilerin Türkiye'deki sıkıntılı durumları hep hayali ve uydurma hikayelerdir. Tür-kiye'deki Ermeniler, diğer yerlerdeki Ermenilerden daha kötü bir halde değildirler. Ermeni ihtilalcilerinin yağma ve kıtal diye bağırdıkları gibi haller, çoğunlukla Kafkasya'da olagelen şeylerdir. Hayvanları sürüp götürmek meselesi de Rusya'nın muhtelif yerlerindeki hayvan hırsızlıklarından başka birşey değildir. Mal ve can emniyetine gelince; Türkiye'de hüküme-tin nüfuzu geçen yerlerde Elizabetpol (Gence) vilayetinden daha emin idi.

1895 ve 96 yıllarında Kürtler hiç şüphe yok ki Ermeni

ahalinin düşmanıydılar. Fakat, bu mesele iki kavmin arasında sürekli bir düşmanlığın varlığına hiçbir zaman delalet etmez; çünkü, bu vakalar komitecilerin hayalhanelerinde tasarlanıp fiilen işlem yerine konan bir komediden ibarettir. Vakaların en dehşetli zamanlarında bile, bunca yıllardan beri yağma eden ve eşkiya diye şöhret bulan Kürt ağalarından bir kısmının Ermeni fakirlerini himayeleri altına aldıkları görülmüştür. Ermenilerin "yol kesen" adını verdikleri Kürtlerle pek dost olarak yaşadıklarına bundan daha kuvvetli delil olamaz. (Birtakım misaller zikrolunmaktadır.)

Ermeni mezâliminden: Karnında ve yüzünde ateş yakmak suretiyle şehid edilen biçare köylü

1895 ve 96 yılları Kürtlerin Ermenilere karşı gösterdikleri düşmanlığı yalnız dış şekli itibariyle muhâkeme etmemelidir. Bu muhitteki kendi dindaşları arasında, kana karşı kanla intikam almak âdet hükmüne geçmiştir. Bu halk arasında Hristiyanların döktükleri Müslüman kanına karşı ne ile intikam alır?

Bir de Ermenilerin telef ettikleri İslâm cesetleri üzerinde yaptıkları vahşetler(in) de (bazı uzuvlarını kesip ağzına koymak gibi)[42] ne derece gazap ve intikamı davet edeceği düşünülmelidir.

1895'te Van'a varıldığı vakit Ermeni-Kürt münasebetleri lazım olan hadden fazla iyiydi. Türkiye'nin birçok yerlerinde bu iki kavim birbiriyle çok zaman dost geçinmiştir. 1895 yılı sonunda bu münasebet birdenbire aksi şekil aldı. Komitecilerin Kürtleri Ermenilere karşı kışkırtması, sonucunu göstermeye başladı. Halbuki 1897'de ise artık Ermeniler, Kürtleri öfkelendirecek komitecileri defetmiş olduklarından, tekrar Ermeni-Kürt münasebetleri eski halini alıp düzelmeye başladı. Nerede komitacıların varlığı hissolunuyorsa buralarda hükümeti zor duruma sokan bir dizi Ermeni olayları sürüp giderdi. Bundan sonra Ermeni işlerini idare edenler, hiç olmazsa kısmen olsun Kürtleri kendilerinden yana çevirmeye çalışmaktadırlar ki, bu da Ermeni meselesinin henüz lüzumu derecede belli olamayan diğer bir safhasını teşkil edecektir.

(Kitapta gösterilen birçok misaller arasında 1896 yılı Van vakasında Karçkan nahiyesinde Kürt Musa Bey'in yanına sığınan birçok Ermeni arasında iki de bakire kız kardeşin durumları zikre değer: Bu satırları aynen kaydediyorum:)

"Avrupa'da söylenildiği gibi rahat yüzü görülemeyen Türkiye'de iki bakire kız kardeş, İstanbul'u terk edip ufacık sermayeleriyle Karçkan gibi bir köyde bütün Kürt eşkiyası arasında ticaret için tefeciliğe başlamışlardır. Bu bir hakikattir ki, Kürtler ve bütün Türkiye Avrupa'nın hayal ettiğinden pek uzaktır."

---

42 Ermeni komiteleri I. Cihan Harbi'ndeki Şark vilayetlerimizde ve mütareke zamanında Kars vilayetinde aynı vahşetleri yapmışlardır. Demek öteden beri böyle işlerden zevk alıyorlarmış.

Ermeniler

Bu kitabın Ermeniler hakkındaki sözlerinden parçalar:

Bütün Doğu vilayetlerinde bulunan Ermeniler eskiden beri ahalinin zengin tabakasını teşkil ederler. Bunlar her türlü sanat, ticaret ve çifçilikle uğraşırlar. Çiftçilik köylülere mahsustur. Ermenilerde en çok göze çarpan tabiat, çoğunun aşırı derecede mevki sahibi olmasını sevmeleridir. Halbuki buna zerre kadar hak gösteremezler.

Fakat, genel olarak yaratılışlarında bir arzu varsa, o da maddi servet toplamaktır. Bu hususla kendileriyle rekabet edecek pek az millet bulunur. Bütün Ermeniler hürmete şayan derecede tutumlu oldukları gibi, şaşılacak derecede müstesna bir muvaffakiyetle gündelik mecburi giderlerini en az dereceye kadar kısmayı bilirler. Bunlar gerek yiyecek gerek giyecek hususunda pek seyrek harcama yaparlar. Ne kadar zengin olsalar zevk ü safâ hususunda elleri pek sıkıdır.

Bütün Ermeniler çalışkandırlar. Şehirli Ermeniler kendileriyle ciddi rekabet edebilecek Rumların bulunmadığı şehirlerde ticareti tamamen ellerinde bulundururlar. Sanat ve ticaret sahibi olan Ermeniler herşeyden önce ticaretleri için müsait yerler olan şehirlerde topludurlar.

Şehirli Ermeniler yakın zamandan beri bazı özel tabiatlar edinmeye başlamışlardır. İlk derecede olsun okul görmüş olan bir Ermeni, milletinin gördüğü politika hakkında son derece geniş bilgi sahibidir. Şöhret sahibi olmak, yüksekten atıp tutmak, yalnız kendi fikirlerini beğenmek ve bir de Ermenilerin yeniden doğacak olan siyasi önem kazanacakları fikri bunların hepsinde vardır. Şehirli Ermeniler, hele gençleri her türlü politika ile uğraşırlar. Her türlü politika aleminin bütün inceliklerini (bilir görünmek) merakı vardır. Son Ermeni nesli hemen hepsi güzel konuşabilme hastalığına mübteladırlar.[43]

---

43 Büyükada'da eşeklerle malum olan dolaşmalarda, arkadaşlar arasında yapılan yarışmalarda "Ha babam ha!" diye bağrışmaları kaba bulan Paris görmüş bir Ermeni'nin "Ha pederim ha!" diye diye bağırdığı misal olarak söylenir.

Düğün, vaftiz, cenaze gibi içtimai ve dinî törenlerde yirmi-otuz Ermeni bir yere gelip de içlerinden birçok hatipler çıkıp söz söylememesi vâki değildir. Son Ermeni neslinin hepsinin en önemli düşüncesi tesirli bir hatip olmaktır. Son zamanlarda Ermeni ihtilalcilerinin pek çoğu, milletin hakiki ihtiyacını bilmemek yüzünden parlak söz söyleyenler de, onları dinleyenler de pek çok çekmişlerdir. Türkiye'de mahvolan şehirli Ermeni ihtilalcileri arasında hakiki vatansever görülemez.

Ermeni eşkiya çeteleri kimlerden kurulmuştu? Vatanın selametini, kendi aile ocağını ve dinini müdafaa edenlerden mi? Hiçbir vakit! Hemen çok defa birşey öğrenmeyen şehirli gençleri ki, ancak tanınmış komitecilerin parlak sözleriyle alevlenerek ve genel surette en basit meseleyi bile göremeyecek olan cahillerinden ibaretti; çünkü, yaptıkları hareketle vatandaşlarını selamete değil, felakete sevkediyorlardı.

1895 yılında Ermenilerin büyük kısmı, bu komitecileri hem 'millet kurtarıcısı' diye yücelttiler hem de bunlardan veba kadar korktular. Türkiye'deki Ermenilerin çekilmez hali denilen şikayetler, asla şehirlileri için değildir; çünkü, bunlar her zaman serbest olup her hususta fazla menfaatli idiler. Köylüler ise gerek çiftçilik ve gerek sulama sanatını tam bilmeleri sayesinde Türkiye Ermenilerinin hali orta, Rusya'daki köylülerin halinden pek çok iyi idi.

1895 ve 96 yıllarında Ermeni komiteleri Türk ve Kürtlerle Ermeniler arasına öyle bir soğukluk soktular ki artık hiçbir türlü ıslahat bu havalide kurulamaz.

Ermeni ruhani başlarına gelince, bunların din hususundaki çalışmaları hemen hiç gibidir; fakat, buna karşılık milli fikirlerin gelişmesi hususunda pek çok hizmetleri geçmektedir. Yüzlerce yıllardan beri bu gibi fikirler sır dolu manastırların sükunetli duvarları arasında gelişmiştir. Buralarda ruhani ayin yerine Hristiyanlık- Müslümanlık din düşmanlığı yer tutmuştur.

Okullar ve kilise okulları, bu hususta ruhani başlara pek

çok yardım etmişlerdir. Zaman geçtikçe dinî taassup yerine milli duygular yer tutmuştur. Ermeni kalbinde de dini duygular pek az yer tutar. Onun için, Ermeni komiteciler, papazları hemen daireleri içine almaya muvaffak oldular. Türk ve Kürtleri son derece nefretle saydılar.

Batı diplomatları da kendi bakış açılarına göre, bu milliyet kavgasından pek gaddarca bir şekilde yararlanmaya kalkışmışlar, Ermenilerin milli duygularını kışkırtarak, hiç sıkılmadan Türkiye'de bir Ermeni meselesi icat etmişlerdir.

EK-IV
MÜŞAHEDELERLE
ERMENİ VAHŞETİ

8-9 yaşlarında iken düşman saldırısına uğrayıp sağ kalanlarla birlikte kaçarken Ermenilerce esir alınarak Erivan'a götürülen, bilahare Kazım Karabekir'in Doğu'da açtığı okullarda okuyan Ali Ayrım, bizzat şahit olduğu Ermeni vahşetlerini şöylece nakletmektedir:[44]

Çarlık çöktükten sonra ortaya çıkan az süreli, geçici olan bu yönetimlerin birisini de, Taşnakyan komitecilerinin önderliği ve zoru ile Erivan'daki Ermeniler kurmuş (...) Ermeni birliklerini Rusların çekilirken bıraktıkları silahlarla donatmış, Türklere karşı gösteri yapıyor, caka satıyor, bu kez de Araş nehri ötesinde Ermenistan içinde bulunan yüzlerce Azerî Türk ve Müslüman köylerini bastırıyor; yağmalatıyor, insanlarını kurşunlatıyor, hançerletiyor, başlarını baltalarla kestiriyor, güçlerini göstermek için kanlı baltalarını kanlı kütükler üstüne saplatıyorlardı...

Köme köme, yığın yığın ölülerle dolmuş Müslüman köyleri, yerle bir olmuş, sokaklar pıhtılaşmış, katran rengini almış kanla örtülmüş, badanalı evlerin duvarlarına, Müslüman kadın ve kızlarının her duygu sahibi yaratığa acı, utanç veren çirkin, çırılçıplak resimlerini çizmiş, öldürdükleri insanların erkek ve dişi organlarını iplere dizerek kolyeler halinde ağaçlara, kapılara asmışlardı... İçleri gibi kömür karası giysiler giymiş,

---

44 Armağan Anıların Romanı, İstanbul, 1971.

268 • Kazım Karabekir

göğüsleri sıra sıra fişeklerle sarılı, bellerinde tabanca, hançer, bıçak, bombaları asılı, omuzlarında tüfek, ellerinde sapları kan rengine boyanmış baltaları ile saldıran gözü dönmüş komutacılar, hiç boş durmuyor, her gün yeni bir canavarlık yapıyor; elleri böğürlerinde, öldürdükleri Türk, Müslüman sayısının çokluğu ile övünüyor, şişiniyor, tüyleri kabarmış kara hindiler gibi kanat açıyor, koltuk kabartıyor, 'Hurra! Hurra!' diye cûşa (gaza) gelerek homurdar gibi bir sesle; 'Anadolu! Anadolu! Anadolu da Anadolu!' diye sayıklıyor, dayılarına dayanarak, ellerini çabuk tutmak, Doğu Anadolu'yu, Sivas'ı, Erzurum'u, Van'ı, Muş'u, Ağrı'yı, Bitlis'i tümü ile yutmak istiyorlardı...

s. 9-10

(...)

Şimdi suyun ötesinde duyulmakta olan kurşun sesleri daha da yaklaşmış, büyük bir kalabalıkla birlikte, düşmanla dövüşenler de geri çekilmiş, gelmiş köyü doldurmuşlardı...

Biraz sonra, kalkan toz bulutları içinde; Ermeni atlıları da köye girmiş, sokaklarda kıyasıya, köpeksi bir boğuşma, didişme başlamıştı. Köprü başındaki düzen de bozulmuş, kavgalar çoğalmış, itişen kakışanlar görülmüştü. Karışıklık, didişme yüzünden, köprüden çok az insan geçebiliyor, köprü başına hücum edenlerden itilerek suya düşürülenler de görülüyor, köprü üstünde geçmekte olanlardan kimisinin ayağı kayıyor, ya da telâşe ile şuurunu kaybediyor, suya yuvarlanıyordu. Dere suları da düşmanla birlik olmuş, gittikçe daha korkunç hal alıyor, kıpkızıl çamurdan iri iri dalgalar halinde yuvarlanırcasına akıyordu. Köprüden geçebilenler, öte tarafta kalanlar "Vah!... Vah!...", "Aman Allah'ım!", "Eşhedü- enlâilâheillallah!...", "Yâ Muhammed! Şefaatini göster!...", "Zavallı anneciğim!", "Bak, bak köyü yakıyorlar!...", "Ah kâfirler, dinsizler, imansızlar!...", "Öldük, yok olduk!", "Allah'ım! Sen bize acı ne olur!" diye karmakarışık gürültülü sesler, iniltiler duyuluyordu...

Karşımızdakilerden birçokları dere suyunu deve üstünde geçmeyi denemiş, fakat devesiyle beraber su içinde kaybolup gitmişti. Çıldıranlar, kendisini kaldırıp dalgalar arasına atarak öldürenler de vardı. Bir aralık, son ümit olan bu dört kavak ağacından yapılmış köprüyü de sular almış götürmüştü. Azrail Müslümanlar üzerine soğuk kanatlarını germiş, kimseyi kaçırmak istemiyor; Ermenilere "Öldürün, öldürün! Kim varsa öldürün!" diyordu...

Bizim taraftakiler de galiba akıllarını kaybetmiş olacaklar ki, Ermeniler açıktan açığa köy içinde görüldükleri halde, kimse kaçmıyor, tiyatro seyreder gibi, köydeki faciaları seyrediyorlardı. Karşıda başıboş hayvanlar, sürüler halinde sokaktan sokağa kaçışıyor, böğürüyor, tavuklar duvardan duvara uçuyor, çırpınıyor, acı acı bağrışıyorlardı.

Binicileri vurulmuş eyerli, yularlı atlar, dörtnalla başıboş dört bir yana dönüyor, kişniyor; köyün Ermeni eline geçmiş mahalleleri yakılmış, cayır cayır yanıyordu. Makinalı tüfekler, mavzerler(alman silahı), ara vermeden mermi yağdırıyor, arasıra da gürültü ile bombaların patlatıldığı, yerlerden taş toprağın havaya uçtuğu, etrafa yayıldığı görülüyordu. Kurşunlar bazan üstümüzden vızlayarak geçiyordu...

Sayıları gittikçe azalan, sağ kalabilen Müslüman mücahidlerin sokaklardan ırmağa doğru çekilmeye başladığı görülünce, kafilemiz de dalmış olduğu uykudan uyanmış, birdenbire kendiliğinden harekete geçmişti. Kısa sürede göç parça parça az veya çok topluluklar halinde, ileride yollara dizilmiş, hiç kimse arkasına bakmadan kaçışıyordu...

s. 83-84

...Araş nehrini tekrar geçmiş, tepeler, kayalar arasında, uzayan dar bir yoldan, boncuk dizisi gibi sıralanmış iniyorduk. Daha öğle olmamıştı. Düzlüğe inmeye başlayan topluluğumuz üstüne ansızın kurşun yağmuru boşanmıştı. Daha düzlüğe inmeyenler, dağlar kayıyor, kayalar üstlerine yuvarlanıyormuş gibi, yolu terketmiş, etrafa çil yavrusu gibi dağılmışlardı. Kandırılmış, tuzağa düşürülmüştük. Dört bir yandan şapkalılar, aç kurtların koyun sürüsüne saldırışı gibi, üstümüze geliyorlar, çemberlerini gittikçe daraltıyorlardı...

Elinde sopa bile bulunmayan zavallı Müslümanlara durmadan kurşun sıkıyor, hançer saplıyor, kıpkırmızı kanlarını yere döküyor, kahkahalar atıyor, alay ediyor, küfrediyorlardı.

Yollar, dağ yamaçları, çocuk, kadın, erkek, genç, ihtiyar cesetleriyle, can çekişen, hırlayan yaralılarla dolmuştu. Erkekler yalnız can derdinde, kadınlarsa, herşeylerinden üstün tuttukları namus derdindeydiler...

İyi günlerde güzelleşmesine çalıştıkları, pudraladıkları yüzlerini tırnaklarıyla tırmalıyor, güzel yanaklarında tırnakları ile kanlı çizgiler yapıyor, yüzlerine toprak sürüyor, çamur sıvıyor, saçlarını yoluyor, çirkinleşmeye çalışıyor, kendisini korumak için ne lazımsa yapıyordu...

Yüzlercesinin elleri göklerde, Tanrı'ya yalvarıyor, yüzüstü yerlere kapanıyor, peygamberlerini, evliyalarını çağırıyor, delirmiş gibi hareketlerle, şaşkın şaşkın çırpınıyorlardı...

Ermeniler bu halde iken, birdenbire üstteki tepelerden, Kürt atlıları sel gibi dolu dizgin, akmış gelmiş: "Le he lo, yahude, de her... re de, her... re vaylının babo, le he ho le he!" gibi sesler çıkararak bağırıyor, ellerindeki kılıçla Ermenilere saldırıyorlardı. Başlarında etrafı renk renk saçaklı, ipekli kumaşlar sarılmış, karlı dağları hatırlatan ak ak küllahlar vardı...

Kürtler Ermenilerin çoğunu kılıçtan geçirmiş, bulabildikleri, işlerine yarayabilecek şeylerini almış, bize de "Hadi kardeşler, savuşun kaçın!" diye bağırmış, atlarını sürüp gitmişlerdi...

Onların arkasından biz de geriye dönmüş kaçarken, geriden kavuşan Ermeni kuvvetleri tarafından tekrar çevrilmiştik. Her tarafımız aranmış ne bulmuşlarsa toplamış almışlardı...

Aramalar sırasında ellerine geçirdikleri bir Kur'ân'ı ayakları altına alıyor tekmeliyor, üstüne tükürüyor, karşı koymak isteyenleri hançerliyor, başını eziyorlardı... Kadınların saçlarından tutuyor, entarilerini parçalıyor, yanımızda tecavüz ediyorlardı. Arkamızda ölenlerin kimse cesetlerini görmüyor, yaralıların feryatlarını duymuyor, düşünmüyor, Ermenilerin sille, tokat, kırbaçları, dipçikleri altında yürüyorduk...

Yolumuzun içinden geçtiği Ermeni köylerinde taşlanıyor, yuhalanıyor tükürüğe boğuluyorduk. Yakılmış, yıkılmış bir Müslüman köyüne girdiğimiz zaman, yolun iki kenarına dikilmiş direkler arasına gerilmiş kaim telgraf tellerine Müslüman kadınlarının memeleri, erkek organları dizilmiş, kolye halinde asılmıştı. Şimdi bizi bu vahşet takının altından geçiriyorlardı...

Bununla beraber, bütün bu iğrenç, yüz kızartıcı, insanlık dışı hareketlerine karşılık aralarında iyi huylu nöbetçiler olduğu gibi, bazı Ermeni köylerinde halimize üzülenler, taşkınlıktan çekinenler de olurdu...

Üçüncü günü, bir Ermeni köyü civarında geceliyorduk. Bu köyde bulunan Ermeniler nöbetçilerle anlaşarak bize, gece karanlığında gizlice yiyecek, içecek getirmişlerdi...

Önce bizi toptan zehirlemek istedikleri sanısına varılmış ise de, Ermeni nöbetçilerinin de aynı yiyeceklerden yemeleri üzerine bu sanı (korku zannı) unutulmuş, yiyecekler ka- pışılmıştı. Uzun yıllar geçtikten, yaşlandıktan sonra, insanoğlunun görünür görünmez iki yüzü olduğunu, içinde hem şeytan hem meleğin yuvalandığını; düşmanın dost, dostunun düşman olabileceğini öğrenmiş oldum...

Hâbil ile Kabil gibi kardeş kavgası yapmak, düzeni bozmak isteyenler olduğu gibi, Hazret-i Adem gibi babalık yaparak dünyayı düzene koymak isteyenlerin bulunduğuna da inanmıştım...

Ertesi günü bizler bilinmeyen bir tarafa götürülürken, bazan yolun dört bir çevresinden yoğun bir leş kokusu duyar, bayılacak, kusacak hale gelirdik. Bu civarda çoğalan karasineklerin, kara bulut gibi uçuştukları, yoldan geçen insanlara saldırarak, kısa zamanda yeyip bitirdiklerini söylüyorlardı...

Evleri yıkılmış, sokakları Müslüman ölüleri ile dolu köyler üstünde, kuzgunî kara renkte iri gagalı bok kargaları, kartal ve akbaba sürüleri uçuyor, nöbetleşe nöbetleşe, birbirlerine sataşmadan, köy sokaklarına iniyor, nasiplerini alıyor havalanıyorlardı. Gündüzleri bile adamcıl olmuş, kuduz bakışlı köpeklerle, kurt sürülerinin düz ovada, birbiri ile dalaşmadan dolaştıklarını görüyorduk...

(...)

Köprünün öbür başına vardığımızda, Ermeniler bizi teker teker koyun sayar gibi saymışlar, defterlerine yazmışlardı. Su kenarında biraz mola verildikten sonra, bağlar bahçeler arasından geçmekte olan çok güzel, geniş, gölgeli yollardan bizi Erivan'a getirmişlerdi...

Her yaşta erkek-dişi, her kıyafette dilenci, baldırıçıplak, bağrı yanık, bütün şerefini, ümidini yitirmiş, dalı budağı kesilmiş, yaprakları koparılmış bir ağaç gibi işe yaramaz hale gelen topluluğumuz, düşe kalka Erivan Ermenilerinin tükürükleri, küfürleri, tehditleri arasında bölük bölük ayrılmış, etrafı dikenli tellerle çevrili, tozlu topraklı bir yere kapatılmıştık...

Tellerin etrafını çeviren Ermeniler; her gün bize hakaret eder, söver sayar, kötü kötü işaretler yaparlardı. Bazı Ermeniler de nöbetçilerle anlaşır, aramıza girer; beğendiği yaş ve cinste olanlarımızdan birkaçını ayırır, alır giderdi...

(...)

Burada yerli Müslümanların fırsat bularak getirebildikleri yiyeceklerle geçinirdik.

(...)

Gözü dönmüş, kini artmış, aklını oynatmış Ermeniler, içimizden birisini alıyor, boynuna yular takıyor, eski pabuçlardan başının iki yanına kulaklar yapıyor, arkasına paçavralardan kuyruk takıyor, dört ayak üstünde yerde yürütüyor, sırtına biniyor, kamçılıyor, etrafını çeviren küçüklü büyüklü Ermeni kalabalığının küfürleri, kahkahaları arasında durduruyor, yularından tutuyor, etrafındakilere Türkçe bağırıyordu: "Bu katır satılıktır!" deyince etrafındaki Ermeniler geliyor, ağzını açtırıyor, dişlerine bakıyor, güya beğenmiş satın almış gibi alıp götürüyor ve hemen icabına bakıyordu...

Bazı Ermeniler de erkekleri, kadınları arabaya koşar, yük taşırlardı. En korkunç işkenceleri; daha çok gençlerle, görgüsü az, kini kabarık olan komiteciler yapardı... Ermenilerin işkenceleri herbirinin istek ve keyfine göre idi. Bazıları Müslümanları minare üstüne çıkarır, orada keser, kanlarını yukarıdan aşağıya, kırmızı şeritler halinde akıtır, ya da azılı köpekleri sefil kılıklı Müslümanlar üstüne saldırtır, parçalattırırken, katıla katıla gülerlerdi.

Geceleri Müslümanların bulunduğu yerlere bombalar atar, barınaklarını yıkar, topunu birden öldürürlerdi. Ananın, babanın çocuğunu tanımadığı, çocuğun anasını babasını aramadığı bir günde, herkesin kendi başına buyruk, kendi kaygusuna düşmüş olduğu bir keşmekeş gününde yaşıyorduk...

O günlerde Ermenilerle işbirliği yapıyormuş gibi, salgın hastalıklar da, Müslüman canı almak için onlarla yarışa çıkmışlardı. Kızıl, kızamık, tifo, tifüs, kolera, dizanteri, çiçek, yılancık hastalıkları at başı beraber koşuyor; açlıkla, sefaletle ortaklaşa anlaşarak, beğendiği insanı yere düşürüyor, canını kolaycacık alıyorlardı...

Gün olmuş hastalıklar, ortakları Ermenilere de sırt çevirmiş, 'İnsanlar kardeştir.' demiş, Ermeni semtlerine, mahallelerine, konaklarına da dalıvermişti. Bu sebepledir ki, Ermeniler korkmuş, telaşa düşmüş, sıkı tedbirlere başvurmuşlardı...

Sokakları dolduran Müslüman ölülerini, durmadan toplattırıyor, şehir civarından uzak, bir yerde yakıyorlardı. Sulara ilaç atılarak renkleri gül rengi gibi pembeleştiriliyordu...

Şehirdeki bütün havuzlar, çeşmeler, dördüncü Sultan Murad zamanında yapılmış Gökmescid camiinin, geniş çayırlı çimenli, ağaçlıklı, bahçesindeki fıskiyelerden de pembe renkte sular fışkırıyordu...

(...)

Ermeniler; garip kuşlar gibi şuraya buraya sığınan Müslümanların bulundukları yerlere, gece karanlığında dalar, umursamadan kıyasıya adam öldürdüler. Güneş doğunca açlıktan, hastalıklardan ölenlerle, öldürenlerin cesetleri, sokak başlarında, belirli yerlerde toplattırılır, sonra belediyenin atlı çöp arabaları gelir, işçiler bu cesetleri çengelli demirlerle kaldırır, arabalara yükler götürürlerdi...

Babam, amcamın kızı, ben ve küçük kardeşim yerlilerin Ermeni baskınından evvel, çok zengin olduğu söylenen bir Müslümanın talan edilmiş, kapı pencereleri kırılmış, harabe halinde olan ahırına sığınmıştık. Burada yatar kalkar, yakınımızdaki yerli Müslümanların getirdikleri sadakalarla, yarı aç yarı tok çilemizi doldurmaya çalışırdık...

(...)

Vakit ikindiydi; haber verilmiş, bir çöp arabası gelmiş, (devamlı ishalden ölen) babamı da diğerleri gibi, kancali demirlerle tutup, çöp arabasının üstündeki diğer ölülerin üstüne atmış götürüyorlardı. Babamın kolu arabanın bir yanından sarkıyor, 'Allahaısmarladık!' der gibi ileri geri sallanıyordu...

(...)

Bu olaydan çok zaman geçtiği, güz ayları sona erdiği, kış başladığı halde hiçbir değişiklik olmamış, Ermeniler yeni baştan işi azıtmış, ölüm yarışına girişmişlerdi. Ermeniler tarafından öldürülen Müslümanlar sokakların iki yanında sıralanırdı. Yaralarından kan sızan, daha canı çıkmamış olan cesetler arasında ağızlarına, burunlarına pamuk tıkalı olanları da görülüyordu...

Bu günlerde Ermeniler tarafından kaçırılarak zorla isteklerine uydurmak istedikleri Müslüman kadınlarından bazıları; büyük işkencelere çarptırıldıkları halde, Ermeni koynuna girmemekte direnmiş, dudakları, dilleri, göğüsleri, bacak araları kızgın demirle dağlanmış kadınları da görmüştük...

Bunlar içinde, fırsat düşürüp, gece yarısı koynundaki Ermenileri öldüren, silahını alıp kaçanları, Ermenilere karşı dövüşenleri de duymuştuk. Bunlardan Seher, Kamer adlarındaki iki kadının meydana getirdiği çete Erivan çevresinde büyük işler görüyor, Ermenileri kuşkulandırıyordu.

(...)

s. 91-100

EK-V

KARS MİLLETVEKİLİ FAHRETTİN ERDOĞAN'IN ERMENİ MEZÂLİMİNE İLİŞKİN ANI VE GÖZLEMLERİ

Ermeni mezâlimine ilişkin bir rapor hazırlayarak general Harbord'a takdim eden, Birinci Türkiye Büyük Millet Meclisi Kars milletvekili Fahreddin Erdoğan'ın Ermeni mezâlimiyle ilgili anı ve gözlemlerini buraya alıyoruz:

Sarıkamış kazası ile köylerinde, tren hattı ve yollarında Ermenilerin yaptığı mezâlim[45]

Asboğa köyünde bul(un)duğum zaman; köyleri yıkılan, evleri yıkılan halkı öldürülen köylerden sağ kalan aç ve bî-ilaç Türk köylüleri gelip başıma toplandılar. Ben önce, gelenlerin kendi köylerine dönmelerini ve cenazelerin toplanıp defnedilmesi için bana yardım edecek arkadaş verilmesini istedim. Derhal beş arkadaş, hem cenazeleri kaldırmak ve hem de ölülerin bir listesini tesbit etmek için Yeni Gazi köyünden işe başladık. İleride bahsi geçen Yeni Gazi köylüleri otuz beş şehit verdikten sonra kalanlar silahlı olarak Oltu'ya çekilmişlerdi. Köydeki kadın ve çocukları da, Hacı Yusufla beraber, Ermeniler Kars'a götürmüşler. Köylülerin dostları Rumların ricasıyla bunlar Oltu'ya gönderilmişler. Oltu'dan gelen Zihni Bey'in

---

45 Fahrettin Erdoğan, Türk Ellerinde Hatıralarım, Bulgaristan, Romanya, Sibirya Esareti, Türkistan, Azerbaycan, Kafkasya Türkleri, Doğu Anadolu ve Kars, s. 177-189, Ankara, 1998.

süvari kuvveti ile, köye dönmüşler ve cenazelerini defnetmişlerdi. Kara Hamza köyüne geçtik, Poloş oğlu Mahmut Ağa, oğlu Mecnun ve çocuklarını kaybetmişti. Hacı Dede ve diğer sağ kalanlar köye gelerek, katledilen 200'den fazla ölülerini mezarlıklarına nakletmişlerdi. En büyük felaketi Katranlı köyünde haber aldık. Mahmut Ağa'yı da beraberimizde alarak oraya gittik. Türkmen köylerinden kaçıp da Allâhu Ekber'den aşıp, Oltu'ya geçmek isteyen kadın, kız, küçük çocukların, Lalaoğlu ve Bölükbaşı Rum köylüleri yolunu keserek bunları Katranlı köyüne toplamışlardı. Bunlarda 1200'ünü bir saman damına, 200'ünü de ayrı bir saman damına toplayarak; geceleyin Ermeni ve Rum gençleri bu kadınların içine dalarak 7 yaşındaki masumların dahi namusuna tecavüz ettikten sonra öldürmüşler. Bütün paralarını vesâirelerini aldıktan sonra, kapılara kurdukları makineli tüfeklerle biçmeye başlamış ve sonra kuru otlar getirip bu damlara yığmışlar ve ateş vermişlerdi. 1200 kişinin yakılmasından sonra saman dağının direğine kurşun kalemle yazılan şu satırları gördüm:

Ey Türk kardeşlerim, bir gün elbet, mazlumların katledildiği buraya geleceksiniz. Ermeni ve Rumlar bizi buraya topladılar, 24 saat aç ve susuz bıraktılar. Geceleyin aramıza dalarak kadınların ve çocukların namuslarına taarruz ettikten sonra makineli tüfekleri kurdular.

"Ben de kurtulamayacağımı bilerek bu yazıyı yazdım. Bizim intikamımızı aldığınızda, zulümle öldürülen bu masumların ruhu şâd olacaktır. İmza: Kara Hamzalı Molla Bekir."

Köylüleri topladım, yıkılan damların altındakileri oldukları yerde bırakıp, üzerlerine toprak yığdırdım ve yanına da "Şehidler Mezarı" diye bir levha yazıp bıraktıktan sonra Cavlak köyüne geldik. Eğrice kalelerinde kırk kadar kadın ve çocuk bulduk, bunların içinde bir kadın ve bir erkek, yaralı olarak yaşıyorlardı. Bizim askerler buradan geçerken, sıhhiye erleri bunları oradan çıkarıp yaralarını sardıktan sonra evlerine koymuşlar, cenazeleri köye nakledip defnettikten sonra, gidip yaralılardan izahat aldım. Bu ölenler arasında uzun saçlı, servi boylu, ak yüzlü, çatık kaşlı Melek adında bir taze gelin varmış. Bunu Ermeniler sağ tutup götürmek istemişler, kollarına yapıştıklarında, ilk hamlede gelin bir yumrukla Ermeni birinin burnuna vurarak yere sermiş,- bu defa iki-üç tanesi üzerine hücum etmiş, onlarla da boğuşmaya başlamış. Teslim olması için ilk önce desteleyip saçını kesmişler, buna aldırmayan ve kat'iyyen teslim olmayacağını anlayınca, yumruklayan ellerini kesmişler ve sonra da bağıran, haykıran, nefret eden başı gövdesinden ayırmışlar. Bizler bu aziz ve asil parçaların herbirini bir yerden toplayarak, deste deste kesilen, serpilen saçları da toplayıp, kardeşi İsmail'in cenazesiyle yanyana gömdük. Melek, melekler arasına karışmıştı.

Oradan Dölbentli Ermeni köyüne geçtik; çünkü burada da Ali Sofu, Akpınar ve Karaçayır köylerinin halklarını toplamışlar, onları da bir saman damına doldurmuşlar ve ateşe vermişler. Birtakım cenazeleri de köyün kenarında, evlerine sıva yapmak için açtıkları büyük çukurların yanlarında gördük. Bu saman damlarındaki(ni) de o çukurlara topladık, bir şehitlik mezarı yaptık.

Yine Berne köyünde de birçok Türk kadın ve çocuklarının öldürüldüklerini duyduk, orada da Sava oğlu Nikola'nın adamları bir saman damına 1200, diğer bir dama 300 masumu doldurarak makineli tüfekten geçirdikten sonra, gene otlar doldurup yakmışlar. Bu damları da topraklarla örtüp şehitlik mezarı yaptık.

Oradan da İğdır köyüne geçtik. 50 kadar cenaze vardı.

Bunların içinde Arslan Ağa'nın hayır sahibi eşi Mahbûbe Hanım'ı tutmuşlar, çok para istemişler. İstediklerini aldıktan sonra, "Gizli olanlar da ne kadar varsa ver!" diye ısrar edip, hatun sağ iken kafa derisini yüzmeye başlamışlar. Kadıncağız ne kadar "Yok!" diye söylemişse de boynuna kadar kafa derisini yüzerek onu de fecâatla (işkence ile) öldürmüşler. O zaman diğer köylü kadınlar da bunu seyrediyormuş. Fırsatını bulup kar üstünde kaçarak Tiknis köyüne, oradan da Alakilise'ye geçip kurtulanlardan Mahbûbe Hanım'ın akıbetini duymuştuk. Sübhan Azad köyüne gittik. İleride hazin akıbetini yazdığım sevgili kardeşim Molla Mustafa ile, yeğeni Eşrefin cenazeleri camiin yanına konulmuştu. Ermeniler tekrar bu şehitleri mezardan çıkartıp üzerlerindeki elbiseleri aldıktan sonra çırılçıplak aziz ölüleri yanan camiin avlusunda bırakmışlardı. Bunlarla diğer şehitleri defnettik. Yalnız bu Molla Mustafa ailesinden sağ kalan 14 yaşındaki kızı Hatun'un nerede olduğunu haber aldım.

Babası öldürüldükten sonra erkek elbisesi giyerek başına bir papak koymuş, beline kama bağlayarak babasının pullu kır atına binmiş, Kağızman'a doğru giderken yolda bir grup Ermeni'ye rastgelmiş, tutarak Kars'taki

Ermeni komutanına teslim etmişler, oradan da Gümrü'ye gönderildiğini duydum. Türk ordusu Gümrü'ye girdiği vakit Hatun kız sağ olarak köyüne dönüp gelmiştir.

Aşağı Kotanlı ve Yukarı Kotanlılardaki kuyulara doldurulan cenazeleri çıkararak mezarlara koyduk, Aşağı Kotanlı'da Yusufoğlu Ağa'nın eşi Vesile çok güzel bir gelindi. Kızı 15 yaşındaki Sultan'ı Ermeniler tutmuş, öldürmeden beraberlerinde götürmek istemişler, bunlar da kabul etmiş; yalnız köyün önünden akan Kars çayının buz tutan üstünden geçerlerken, köylülerin su almak için açtıkları deliğin başına gelerek "Sizin gibi canilere teslim olmaktansa ölüm daha evlâdır." deyip kendilerini buradan çaya atıp, buzun altına akıp gitmişlerdir.

Sonra Ağıyar ve Oluklu köylerine geldik. Orada ölenleri de toplattırdık, buradan da vahşice öldürülen Tozluca köylülerinin cenazelerinin başına gittik. Bu köyün 250 nüfusundan yalnız 8 kişi kurtulmuştur; bunları aynı köyde mevcut bulduk. Asıl olayı bilen Abdi oğlu Halil Ağa'nın damadı Ali anlatıyor:

Bir sabah köye dolan muhacirlerle, hariçten gelen fedai silahlılar köyü sarıyorlar. Halkı Memo oğlu Ali Ağa'nın odasına topluyorlar. Herkesi teker teker çıkararak elbiselerini soyuyorlar. İki adam bunun kolundan tutup ölüm yerine getiriyor. Oltu'dan kaçıp gelen Ayvaz adındaki bir cani elinde keskin bir balta ile ortada duruyor, evvela gelenin beynine, sonra boynuna baltayı yerleştirdikten sonra ayağı altına yığılan cesedi bacağından tutup beriye fırlatıyor. En son Ali'yi de bir don ve gömleği ile ölüm yerine getiriyorlar. Ali ölen köylüleri ve baltalı haydudu görünce "Yâ Allah!" deyip sıçrayıp, kollarını tutanlardan kurtarıyor ve çevirenlerin ortasından fırlayıp, kar üzerinden Maksutcuk köyüne doğru kaçıyor. Arkasından yağmur gibi gelen kurşunlar arasından, sanki uçup uzaklaşıyor. Karanlık kavuşunca Maksutcuk köyündeki bir Rum'un samanlığında otların arasına gizlenip uyuyor. Erkenden samanlık sahibi Rum ot almaya gelince, otu çektiğinde, arasından çıplak bir adam çıkıyor. Rum evvela korkuyor. Ali gözlerini açıyor. Rum kim olduğunu soruyor. Ali, olanı anlatıyor. Rum "Dışarı çıkma. Köyde Ermeni askerleri var, seni öldürürler." diyor. Koyun postundan bir kürk getiriyor, çarık ve çorap veriyor, karnını doyuruyor. Geceye kadar burada kalmasını tembih ediyor, gece olunca, bir torba ile azık veriyor. Allâhu Ekber yoluna sevkedip Göle'ye gönderiyor. Ali tekrar Türk ordusu ile dönüp köyüne geliyor. İkinci kurtulan Hacı Mahmut'un eşi Rahime Hanım.

Bu kadın elli yaşlarında. Bunu da soyarak ölüm yerine getiriyorlar. Evvela beynine, boynuna beş balta indirdikten sonra bunu da yığınların üstüne atıyorlar. Yaşatan yaşatır, kadıncağız ölmüyor. Türk askerleri geldiği vakit cenazeler arasında bunu sağ buluyorlar. Sıhhiye erleri yarasını sarıp bir odaya koyup gidiyorlar. Ermeniler kaçıp gittikten sonra diğer altı köylü İnce Arap oğlu Süleyman ve Bektaş gibi, Göle'de misafir bulunan bunlar, bu ölümden kurtularak tekrar köylerine gelmişler. Buradaki cenazeleri de defnettirerek, bir hafta dolaştıktan sonra tekrar Asboğa'ya geldim.

Tiknis Köyü ve Kağızman'da Yapılan Mezalim

Ermeni fedaileri köyleri yakıp halkını yukarıda saydığım gibi öldürdükleri zaman, Selim nahiyesinin 15 köyünden sağ kalanlar Tiknis köyüne toplanarak müdafaa hattı teşkil etmişler. Dölbentli köyünden gelen 200 Ermeni fedaisiyle Yalnızçam, Çepikler, Molla Mustafa Rum köylerinin genç Rumları da birleşerek köyü her taraftan sarmışlar, çarpışma başlamış. Bir taraftan ateş yağarken, Tiknis köyünde kadın ve çocukları köyden çıkararak Paslı'ya doğru yola çıkmışlar. Köydeki bulunan silahlı müdafaa kuvveti de bir taraftan Ermeni ve Rumlarla çarpışıyor, diğer taraftan da kadın ve çocukların peşi sıra çarpışa çarpışa geriliyorlar. Paslı düzüne düşen bu kadın ve çocuk kafilesinin yolunu, Oluklu köyü Rumları silahlı olarak kesmeye çalışıyorlar. Molla Mehmet atlı olarak elinde kılıç, sağa sola seğirtiyor. Kadınların ilerlemesini bildiriyor ve müdafaa edenlere de sesiyle kuvvet ve cesaret veriyormuş. Bu kafile de, 200 kadar ölü verdikten sonra, 1.000'e yakın kadın ve çocuk, üzerlerine hücum eden Rum ve Ermenilere birçok kayıplar verdirerek nihayet Paslı köyüne yetişiyorlar.

Paslı köyüne Şaban, Böcüklü, Kömürlü, Yalnızağaç gibi 25 köyün halkı birikmiş. Burası önemli bir müdafaa hattı idi. Araş boyundan gelen köylülere Morpet kalesinin boğazını keserek Kağızman'daki Ermenileri muhasaraya alırlar. Kars'tan makineli tüfeklerle takviyeli gelen bir kuvvetle bu yolu açmak istemişlerse de muvaffak olamayıp geri dönmüşler. Nihayet Ermeniler hileye başvurarak, "Türk ordusu, Kara Urga'dan ileri geçmeyerek, Kars vilayetini Ermenilere sulhen bırakmışlar, herkes silahlarını teslim ederek evine gidecek." diye propagandaya başlamışlar. Paslı'ya biriken halk buna inanmamışlar, Aladağ'dan aşarak Türk ordusuna kavuşmak için Çamuşlu, Kozlu ve Purut köylerine çekilmişler; nihayet Ermeniler Kara Kaleli Haşan Bey'i Paslılı Halil Ağa'yı ve Kozlulu Firuz Bey'i kandırarak, barışın imza edildiğine inandırılarak, artık kan dökülmeyeceği için halkın silahlarının teslimi temin ediliyor.

Birtakımı teslim ediyor, etmeyenler de kar üzerinde yürüyüp Aladağ bölgesine çekiliyorlar. Soğuk, açlık ve yorgunluktan bunalan 300 kadar çoluk çocuk kendi köylerine götürülmek için Ortaköy'ün Rumlarına teslim oluyorlar. Rumlar ve Ermeniler bu masumları çıkararak Paslı ile Çilehane köyü arasındaki bir derede makineli tüfek ve süngüden geçiriyorlar. Bunların içindeki 60 yaşındaki İsmail oğlu Ali Ağa, hafif yara aldığından, kendini, ölmüş hissi verdirerek çaya atıyor. Geceleyin kalkarak Paslı köyündeki bir saman damına giriyor, ordumuz geldiği vakit askerler bu ölülerin içinden sekiz çocuğu da yaralı olarak buluyorlar. Bunlar da biri sekiz yaşında kız, diğeri üç yaşında oğlan yaralı iki kardeş idiler, annelerinin yanında bunları bulurlarken üç yaşındaki Şahin annesinin memesini emiyormuş. Sekiz yaşındaki Hüsnüye'yi 8 yerinden süngü ile yaralamışlardı. Aldım, tedavi ettirdim, büyüttüm ve Tiknis köyünde Muharrem Çavuş'la evlendirdim. Şimdi beş çocuk sahibi zengin bir aile yuvasının annesidir. Şahin'i Kazım Karabekir Paşa, toplattığı yetimler arasında, Erzurum'dan İstanbul'a darülacezeye göndermişti. Son zamana kadar kayıp olmuştu. Bundan birkaç ay önce, yani Temmuz 1947 ayı, T.B.M.M. Başkanı Kazım Karabekir, İstanbul seyahatleri sırasında İzmit'ten geçerken; Şahin Çalış karşısına çıkmış, kendini tanıtmış, general de onu aradığımı bildiği için haber verdiler, elektrikçi olan bu genci 28 yıl sonra ablası Hüsnüye'nin yanına gönderdim. O hasretler de kavuştular.

İleride yazmıştım, 36. tümenin bir ordusunun Kağızman üzerine yürüdüğünü haber alan Ermeniler, şehirde Türklerin itimat ettiği Feyzullah Beyzade Mustafa Bey'i Ermenilerin büyüğü Ohan Can çağırarak; "Kağızman'da kan döktürmeyelim, bizler şimdi sizi koruyalım, Türkler geldiği vakit de siz de bizi koruyun!" diye söz almıştı. Bir gün, tehlike var bahanesiyle 125 Müslümanı Mustafa Bey de beraber olmak üzere bir camiye doldurmuşlar, yalnız Ali Rıza Bey'le yanındakilerin silahlarını teslim etmelerini rica etmişler, Ali Rıza Bey bu işte bir tuzağın kurulduğunu sezdiği için, evde otururken sessizce Müslümanlardan birini gönderip üzerine kilitlemişler; bunu gören bir komşu kadını, derhal kapıyı kırarak Ali Bey'e bu işi haber vermiş, hemen Ali Bey arkadaşları ile silahlanıp dağa çıkmışlar, geceleyin camiin kapısını açan Ermeniler makineli tüfekle hepsini de öldürmüşler. Ali Rıza Bey Türk ordusu Kağızman'a girinceye kadar dağdan inmemiş, çarpışmış ve hiç zaiyat vermeden ordunun gelişine kadar dayanmış.

Hacı Halil köyü vâkıasına gittim. Burası Gökçedağ'm eteğinde kurulmuş 1200 nüfuslu bir köydü, yanlarında Karakale adı ile Ermeni Protestan köyü vardı. Burası misyonerlerin merkezi idi. Daima Amerika ile ilgili olan bir yerdi. Amerika'dan gelen propaganda kitapları buradan dağılırdı, Hacı Halil köyünün bütün çevresi kuşatıldığı için, Karakale'ye toplanmışlar, bunu haber alan Ganiköyü Ermenileri 200 çete ile gelip etrafı sarmışlar. Karakaleliler, iltica eden köylüleri 24 saat teslim etmemişler, nihayet köyü de yakıp yıkacakları tehdidini duyunca, köylülerin 200'ünü geceleyin Küçük Yusuf köyüne kaçırmışlar; diğer 800 kişiyi teslim alıp Kars'a götürüyoruz diye Ermeniler hepsini de bu iki köy arasındaki bir derede öldürmüşler.

Bunu haber alan Karakale köyünün zengin ve ruhani reisi olan Sarı Gavur oğlu Kirkor Ağa derhal Kars'a, Ermeni komutanının yanına vararak "Siz zalimâne kan döküyorsunuz, bu topraklarda bir daha yaşamanız için Allah müsade etmeyecektir!" diye ağır sözler söylemiş ve kendisi köy halkını da burada eşyalarıyla beraber çıkarıp Gümrü'ye geçip gitmişler.

Bütün bu tesbit ettiğim acı olaylardan sonra Asboğa köyüne geldim, yazdıklarımı bir rapor halinde dosya ettim. Bir gün sanra bir süvari gelerek beni Sarıkamış'a istediklerini söyledi. Ordu Gümrü üzerine gitmek için hazırlanıyor. Sarıkamış o zaman katar kumandanı binbaşı Mehmet Bey adında bir zatın komutasında kalıyor. Onunla görüştüm, sonra "Burayı idare için sivil bir teşkilat kuracağız, fikir almak üzere sizi çağırttım." dedi. Derhal 5 kişilik bir heyeti idare seçtik, kendisini de kaza kaymakamı olarak kabul ettik. Trabzon savcısı İrfan Bey de, yedek subay olarak vazifeli olduğundan onu da adli işlere bakmak için seçtik. Bu kuruluşu bir raporla telefon vasıtasıyla Yakup Şevki Paşa'ya Mehmet Bey bildirdi, heyet-i idare azalan arasında benim de adımı okuyan Paşa -evvelce mektubumu almıştı- beni Kars'a çağırdı.

Sabahleyin, amcam Aziz Efendi ve üç atlıyı da yanımıza alarak Kars'a gittik. Kazım Karabekir Paşa'yı Tayyare meydanındaki karargâhında ziyaret ettim. Yakup Şevki Paşa'nın beni istediğini söyledim, derhal gidiniz diye müsade ettiler, atlarımızı orada bir evde bıraktık, şehire girdiğimizde anıtın üzerindeki saldatı (anıt) yere atmışlardı. Rus kara kartalları yerde, yalnız anıtın bir oturak yeri kalmıştı. Şehir içindeki Rum kilisesine geldik. Ayyıldız hâlâ haçın altında duruyordu. Oradan da konsoloshaneye geldik. Kapılar açık, içeriye girdik, hiç kimsecikler yok. Başkonsolos harp ilanında buradan ayrıldığı zaman, bir Rus doktorunu buraya yerleştirmişler, konsolosumuzun şahsi eşyasıyla demirbaş eşyaları ve sonradan oraya yerleştirilen Rus doktorunun da bir fotoğrafı ve elini yıkadığı sabun bile lavabo üzerinde duruyordu. Bu binanın üst katı, konsolosun hususi ikametgâhı olup, alt katı da resmî makamı idi. Alt kata indim, bütün defterler, pasaportlar, levhalar karmakarışık, orta yerde yığılı bir halde bulunuyordu. Saklanılan gizli resmî evrak da olduğu yerde duruyordu.

Dışarıya çıktım, devriye gezen erleri gördüm. "Yakında subay yok mu?" diye sordum, hemen konsoloshanenin karşısındaki bir Ermeni evinde oturan subaya haber verdiler. Gelenin, 108. alayın iaşe subayı Süleymaniyeli Ali Rıza olduğunu söylediler. Konsoloshanenin sancak direğini işaret ederek, "Burası Osmanlı imparatorluğunun konsoloshanesidir!" dedim. Kendisini alıp yazıhaneye götürdüm. Yerdeki yığılı evrakı göstererek, "Bunlar resmîdir, muhafazası gerektir." deyip yukarı kata çıkarttım, mobilyalarla donatılan salondaki konsolos Cemal Bey'in eşyalarının hepsinin olduğu gibi korunmasını ve teslim almasını kendisine söyledim. Döşeli olan bu bina Ali Bey'in hoşuna gittiği için portatif karyolasını buraya nakletti. Çıkıp Yakup Şevki Paşa'nın ziyaretine gittim. Beni hürmetle karşıladı. Gülerek anıt meselesini açtı. "Raporunuzdaki istek yerine getirildi." dedi.

Bir Mehmetçiğimiz şanlı bayrağımızı eline almış, saldatın heykelinin omuzuna çıkarak fotoğrafı alındıktan sonra anıtın yıkıldığını söyledi. Kilise üzerinde'ki ayyıldız ve haç olduğu gibi kalmıştı.

İki gün sonra Gümrü üzerine yürüyüş başladı. Arpaçayı'na varıldı. Kazım Karabekir Paşa Gümrü'deki Ermeni hükümetine; "Şehirdeki Türkleri köprübaşına getirip teslim edin ve sonra da şehri teslim edin!" diye bir mektup gönderiyor. Derhal Ermeniler telaşla arabalar hazırlıyorlar. Gümrü'de bulunan 250 hane Türkleri bindiriyorlar. Arpaçay üzerindeki köprüden geçerek Türklere teslim ediyorlar. Gümrü'de kimsenin kalıp kalmadığı sorulduğunda, gelenler, geride ihtiyar bir hanımın, evden çıkamayacak halde olduğunu söyleyerek evde kaldığını bildiriyorlar. Derhal bir kamyonla gidip, onu da eşyasıyla birlikte getirip teslim ediyorlar.

Türk ordusu ileri hareketine başlayınca, Gümrü istihkâmları tarafından ateş açıyorlar, Türk ordusu da karşılık veriyor. İki saat top ateşinden sonra Gümrü düşüyor. Türkler Gümrü'ye giriyorlar.

Hazırladığım, Ermeni mezarlığına ait raporun bir suretini Şevki Paşa'ya verdim. Bu da, bir hafta evvel gelip dönen tarihçi Ahmed Refik (Altınay) Bey'e göndereceğini buyurdu.

Kars, baştan aşağıya harabe ve yangın enkazı ile perişan bir halde idi. Taşnak komiteleri, şehirde bir tek ev bırakılmamak şartıyla, çıkarken hepsini ateşe vermişlerdi. Türk mahallelerinde sağlam olarak bir ev bile kalmamıştı. Çarşı baştan aşağıya kadar kül edilmiş, birçok askerî kışlanın da altı üstüne getirilmişti. Hafız Kurban Efendi'yi gördüm. Büyük kardeşi olan ve Sibirya'dan dönen Mevlüd Efendi'yi sordum. Türk ordusu Sarıkamış'tan Kars'a doğru hareket ettiği zaman Cilavuz'dan esir Türk kadınlarını teslim alıp Göle'ye sevkedilmek üzere, delege olarak gönderilmiş; derhal

Cilavuz'daki Taşnakların Mevlüd Efendi'yi tutup paramparça yapmış oldukları haberini verdi.

Amcam Aziz Efendi ile tekrar Sarıkamış'a döndük. Her tarafta toplantı yaparak, idare azası arkadaşlarımızla mahallî İdarî işlerimize bakıyorduk. Aramızda bir de Yanilov adında bir Rum azası vardı. Bu adam hastalığını bahane ederek izin alıyor. İkide bir Rum köylerine gidiyordu. O beni gıyâbî olarak tanıyormuş; halbuki ben onu daha yeni görmüştüm. Beni Kars'ta göğsümü kırarak Sibirya'ya sürdükleri zaman evimizi basan Ermeniler onbeş gün sonra Kağızman'da yakalanıyorlar, üzerlerinden çıkan beşbine yakın altınla benim firûze yüzüğüm ve altın köstekli saatim bunların üzerinde bulunuyor. Eşyalar paket yapıldığı zaman bu Yanilov Kağızman'da başkatip bulunuyormuş. Benim firûze yüzüğü parmağına geçirmiş, yerine elli kuruşluk bir yüzük koymuş, bu hırsızlar da Kars hapishanesine sevkedilmişler.

Sarıkamış taarruzuna başladığı vakit, Karakurutlu Hüseyin Ağa'nın oğlu Halid Bey; Rusça tahsil yapmış arslan gibi bir delikanlı idi. Yanilov bu Türk gencini çekemediğinden, "Halid Bey'in Türk ordusunun önü sıra casusluk yaptığını bizzat gördüm!" diyerek Baratov'a haber veriyor. Halid Bey de tutulup Kars hapishanesine sevkediliyor.

Dört ay sonra, askerî mahkemece, bizim evi basan ve tutulan haydutların yedisine ve Halid Bey'e idam cezası veriliyor. Hapishanenin avlusunda sekizini asıyorlar.

EK-VI
ERMENİ MEZÂLİMİNE İLİŞKİN İNTİBALAR

Dönemin üçüncü ordu kumandanı Vehib Paşa ile, Ermeni mezâlimini yerinde incelemek üzere yabancı gazetecilerle Doğu'yu dolaşan Ahmed Refik Bey'in *Vakit* ve İkdam gazetelerinde yayımlanmış intihalarını buraya dercediyoruz:[46]

Ben bu kitabımda, ehemmiyet ve doğruluğuna inandığım Vehib Paşa'nın yazılı ifadesini aynen okuyucularıma nakleylemeyi, gelecek kuşaklar için faydalı sayıyorum. Bu kanaatle *Vakit* gazetesinin 31 Mart 1335/1919 Pazartesi, no: 517 nüshasından aynen nakleyliyorum:

İstanbul muhafızlığında tutuklu bulunan Vehib Paşa'nın kötülükleri tedkik komisyonu başkanlığına vermiş olduğu yazılı ifadesi:

"Ordunun müşahedeleri" zaman-ı âcizîye ait olmakla beraber ordu tarafından tesadüf edilen ve Ermeniler tarafından Müslüman ahali hakkında reva görülen cinayetleri ve fecâatları aşağıda arzeyliyorum:

1. 1330 senesi nihayetinde Rusların tecavüzü ile başlayan harekatta Hasankale önlerine kadar gelen Rus ordusu içerisinde bir hayli gönüllü ve komita Ermeniler de bulunuyordu. Ruslar tarafından tecavüz hareketleri ani ve süratli bir süratle vukubulduğu cihetle İslâm ahalinin pek azı kaçabilmiş ve hemen kâffesi yerli yerinde kalmışlardı. Ordumuz tarafından mukabil taarruz yapılarak Rus ordusu çekilmeye mecbur edilip hudut dışına atıldıkları sırada, gerek Rus ordusu içerisinde

46 Fahri Çakır, Elli Yıl Önce Anadolu ve Şark Cephesi Hatıraları, s. 158-166, Çınar Matbası, İstanbul, 1967.

bulunan bu gönüllü ve komitacı Ermeniler ve gerekse Osmanlı teb'asından bulunan yerli Ermeniler faaliyete geçerek İslâm ahalinin eli silah tutar ve nüfuz, kudret sahibi olanlarını kâmilen mahv-u ifnâ ve mütebâkisini (gerisini) esir olarak Rusya dahiline sürüklemişler ve düşman tarafından istilaya uğrayıp da bilahare kurtarılan kısımlardaki Ermeniler kâmilen Rus ordusu ile beraber Rusya dahiline çekilmişlerdir.

Çekiliş halinde bulunan Rus ordusu bu cinayetleri önlemeye kâdir olamamış, yahut göz yummuştur. Muhakkak olan birşey varsa ilk düşmanlık silahlı Ermeniler tarafından Müslümanlara yöneltilmiş ve ikiyüzelli kadar parçadan mürekkep olan Pasin'in Yağmur köyleri kâmilen harap olduğu gibi, yüzyıllardan beri bu bölgede kardeş gibi yaşadıkları Müslüman vatandaşlar da Ermeniler tarafından pek acı bir suretle öldürülmüşlerdir.

2. Müslümanlar Ermeni vatandaşlarına karşı harbin başlangıcında merhamet gözüyle bakmaktan ve onlara sahâbet (sahip çıkma) ve himaye eylemekten başka bir his taşımadıkları halde, bilhassa yerli Ermeniler Mişki namındaki köyde zabit ve nefer yaralı esirlerimizin bulunduğu evlere ateş açmışlar, ordumuz bu köyü geri aldığı zaman da birçok Müslüman halk ile beraber feci bir suretle şehid edilen bu askerlerimizin acı manzaralarına şahit olmuş ve bunun gibi Tahir Hâce-yi Ulyâ ve Tahir Hâce-yi Süflâ'da, Efdek ve Veli Baba ve buna yakın köylerde kar kalktıktan sonra, sayısı azalan ahali kesilmek suretiyle öldürülmüş, kırlara atılmış, çukurlara doldurulmuş... hülasa ölümün hatıra gelmeyecek nev'ileri tatbik edilmiş olan Müslüman halkına rastgelinmiştir.

3. 1331 senesi Mart hidâyetinde Ruslar, Ermenilerin bu câniyâne sürükledikleri sivil esir kafilelerinden bir kısmını iade etmişler ve bu meyanda Veli Baba bölgesinde üçyüzyetmişbeş kişilik kadın, çocuk, ihtiyarlardan müteşekkil bir kafile göndermişlerdir. Bu zavallılar Pasin Karakilisesi'ne mensup ahaliden olup Ermeniler tarafından zorla sürüklenip götürülmüşler. Genç erkekleri öldürülmüş olduğu gibi, genç kızları

da kâmilen aralarından ayırt olunarak kendileri haps ve işkence altında kalmışlar ve nihayet, Bakü İslâm Cemiyeti'nden gelen bir İslâm murahhasın (elçisinin) yardım ve himmetleriyle, Ruslara şikayetleri dinlettirilerek memleketlerine avdete müsade alınmıştır.

Ermeniler istedikleri Müslümanları öldürmüşler, öldürmediklerini sürükleyip Rusya'ya götürmüşler; bilhassa genç kızlar hakkında en çirkin muameleleri reva görmüşlerdir.

Pasin'in bakire kızları Ermeniler tarafından Rus Kazaklarına peşkeş çekilmiş; Tutak, Karakilise, Azat, Miçkert ve bunun gibi cephe gerisinde bu İslâm kızlarından kurulu umumhanelerde Ermeniler vasıtasıyla Rus ordusunun kana, ırza ve namusa susamış neferlerinin çirkin hisleri doyurulmuştur. Ciğerpâreleri ellerinden zorla alınarak bu suretle Rus ve Ermenilerin ihtiras kucaklarına atılırken, bağrı yanık olarak memleketine dönen veya firara muvaffak olan Müslümanlar bu fecâatları dindaşlarına nakl ü hikaye etmişlerken bile, İslâm unsuru yalnız Allah'ın lütuf ve keremine sığınarak, hislerine mağlup olmamışlar ve aynı kötü akıbete düşmemek için evlerini ve diyarlarını terk ile hicreti ihtiyâr (mecburen hicret etmişlerdir) eylemişlerdir.

1333 senesi İkinci Teşrîn'i (Kasım) nihayetinde ordunun ileri hareketi icap etmişti. Bir taraftan boyu aşan karları yararak ve donma yüzünden hayli kurban vererek hiç dinlenmeksizin ve tasavvuru mümkün olmayan müşkilat ile ordu ileri harekete başlıyor. Diğer taraftan menzil mıntıkasında yığılmış olan birkaç haftalık erzakı kendilerine yetiştirebilmek için nakil vasıtaları kifayet etmediği ve torbasında demirbaş yiyecek birşeyi bulunmadığı halde ebediyetin eşiğine kadar yükselen feryatlara, istimdatlara doğru insaniyet ve medeniyetten aldığı ruh ve kuvvetle ilerleniyordu. Vaktâ ki Erzincan önlerine gelindi. Sivaslı Murat namındaki eşkiyanın maiyyetindeki Ermenilerle Erzincan Müslümanlarını bir taraftan evlere, kışlalara doldurarak yakmakta olduğu, diğer taraftan yaş ve cinse bakmaksızın umumunu öldürdüğü haberi alındı. 10 Mart

1331 tarihli ve 7 numaralı mektubun devamı kısmında yazılı Gövdin köyüne mahsus verilen bilgide adı geçen Taşnakyan komitasına bağlı Murat'tır.

İleri harekata başlamayı icap ettiren vakalar, o zaman Erzincan'da kumandanlık mevkiinde bulunmuş olan Miralay Morel ile Rus Kafkas orduları başkumandanı general Odeşelidze'nin resmen ve yazılı olarak vukubulan itirafları ile sabit olup burada Ermenilerin İslâmları tamamen öldürmeye başladıklarını itiraf ve bu hadiseleri men etmeye kadir olamadıklarından dolayı Erzincan'a hareket etmek ve Ermeni mezâliminin önüne geçilmesi lüzumu beyan olunmuştu. Bu muhaberat dosyaları 3'üncü ordu karargâhındadır ve cidden mütalaa(öğrenilmeye değerdir) edilmeye şayandır.

Askerimizin Erzincan'a girmesini müteakip bizzat Erzincan'a gittim. Kendi gözlerimle gördüm ki, saç ve sakalı bembayaz ihtiyarlar, çocuğunu bağrına basmış kadınlar, mini mini yavrular... yanyana uzanmış yatıyorlar. Taşlarla kafaları ezilmiş, karınları deşilip bağırsakları boyunlarına geçirilmiş, alet-i tenasüliyesi kesilmiş, el ve ayakları doğranıp atılmış biçarelerin sayısı bini aşkındı. Kuyulara doldurulmuş, fırınlarda diri diri yakılmış, evlere doldurularak bu suretle yakılmış insanların görünüşleri pek gönül harap edici idi. Toplattırılarak, kısmen fotoğraflarını aldırdıktan sonra defnettirdiğim İslâm ahalinin yalnız Erzincan'a ait miktarı ikibini aşkındı.

Bayburt'ta Arşak namındaki eşkiyanın yakmak suretiyle telef ettiği Müslümanlar bine yakındı. Erzincan Kelkit hattından ta hududa kadar ordunun devam eden ileri harekatında küçük ve büyük şehir ve kasabalar dahil olduğu halde bu mıntıkada Ermeniler tarafından yıpratılmamış bir ırz, çalınmaya uğramamış bir mal, kasta maruz kalmamış bir can yoktur.

Esasen bu mıntıka ahalisinden bulunan ordu; ana ve baba ve kardeşlerinin, akraba ve komşularının cesetlerini çiğneyerek ve kulübesinin yakıldığını ve yıkıldığını görerek ilerlerken, tesadüf ettiği münferit (grup grup) Ermenilere ve Ermeni kafilelerine karşı zerrece huşunet (sertlik-karşılık) göstermemiş, bütün manası ile disiplini muhafaza etmek suretiyle Erzurum önüne gidilmiştir.

Erzincan ile Erzurum arasında Mamahatun kasabası ile Hınıs, Karayaprak ve güzergâhı bütün köyler halkı bu mevkilere toplanarak yakılmış ve diğer suretle yok edilmişlerdir.

Şiddetli üç günlük muharebeden sonra Erzurum şehrine girildi. (12 Mart 1918 günü Kazım Karabekir'in kumandasındaki 9. fırka girmiştir.)

Burada dahi general Antranik kumandasındaki kıtalar ve gerekse başıboş Ermeniler tarafından yapılan zülümler tarih-i âlemin şimdiye kadar kayıt eylediği vakaların en başında zikredilmeye değer. Bu baptaki görüşlerim, Erzurum müstahkem mevki kumandanı Twerdo Khlebof'un vermiş olduğu rapor başkumandanlık vekâletine gönderilmişti. Asılları üçüncü ordu karargâhındadır. Bu dosyaların getirilerek okunması faydalı olur.

93 hududundan itibaren Alekssandropol'ün şarkına tesadüf eyleyen Celaloğlu ve Karakilise ile Serdarabat hattına kadar devam eden ileri yürüyüşte kardeşinin, babasının kokmuş meydandaki cenazelerini gördükleri halde hiçbir Ermeni'yi yakışıksız bir surette rahatsız etmeksizin ordunun muhafaza eylediği ismet (temizlik) ve gösterdiği insaniyeti sulh müzarekeleri için nezdimize gelen Ermeni murahhas heyeti(elçi heyeti) tekrar tekrar şükran diliyle ve minnet ile yâdeylemiş ve Açmiyazin'de bütün Ermenilerin baş patriği 5'inci Kevork tarafından ordunun âlicenâbâne (ourlu-şerefli) hareketini tebrik ve takdîsen aldığım telgraf mektubu sureti de yukarda adı geçen dosyalar arasında bulunmakla ayrıca okunmaya değer.

Netice

1. İki unsur arasındaki mukâtelâta (öldürmelere) her zaman Ermeni unsurunun komiteye bağlı adamları tarafından sebebiyet verilmiş ve başlanmıştır;

2. Bilhassa seferberliğin ilanı ile beraber Türk ordusunun

zaaf ve mağlubiyetini icap ettirecek her vasıtaya canı ile ve başı ile müracaattan geri kalmayan ve harbin ilanıyla birlikte İslâm köylerini yakan, İslâmları öldürüp telef eyleyen, yollarda erzak kafilelerini vuran, ikmal efradını öldüren, tek veya toplu hasta kafilelerini telef eden... Ermeni komitalarına bağlı Ermenilerdir.

Türkiye'nin mağlubiyeti halinde maksat ve gayelerini kazanabileceklerini uman Ermeniler bu mağlubiyetin derhal husule gelmesi için ellerinden geleni geri koymadılar ve orduyu, her tarafı çevrili elim bir hale soktular. Bu sebeple Taşnaksiyun ve Hınçak reisleri ile beraber general Antranik'in dahi "hür fikir ve insaniyeti takip ettiklerini göstermek isteyen devletler'in mümessilleri tarafından cezalandırılmaları elzemdir!

Vehib Paşa'nın bu mühim ifadesi okunduktan sonra muhâkemenin devamı ertesi güne bırakıldı.

Bir de İkdam gazetesinde 17 Birinci Kânun 1917 tarihinden itibaren tarihçi Ahmed Refik Bey tarafından bu konuda yazılmış olan yazılardan bir pasaj alalım:

Ardaşa'dan Erzincan'a kadar bütün yol, pek nadir tesadüf edilen aç ve perişan Türkler ile elem verici idi; bir zamanlar kasabaları, köyleri dolduran Türk halkı adeta kökünden denecek derecede ortadan kalkmıştı. Köselerde gördüğüm manzara cidden pek acı idi. Çoluk çocuktan, ihtiyar kadınlardan ortaya gelmiş bir kafile titreye titreye, yalınayak, paçavralar içinde koşuyorlar. Kendilerinden kaçan ölümün peşini adeta kovalıyorlardı. Askerliğin ayrılığına; fecâatların en büyüğüne hedef olan, kocaları ölen, evlatları telef olan bu talihsiz anaların türkülerinde bile gönüllerinin inceliği duyuluyordu.

(16 Şubat 1916'da Rus orduları Erzurum şehrine girmişlerdi.)

Dersim'in önü kelek Harput'a gidek gelek Ağam yanımda olsun Torba tahak dilenek! Onlar hepsine razı idiler. Erzincan adeta bir Türk makteli (mezarlığı) idi. Mahaller hemen kâmilen denecek derecede harap idi. Evlerin perişan ve yıkık duvarları gösteriyordu ki, Ermeni ile Türk arasında en müthiş mücadele buralarda olmuştu.

Viraneler, duvar dipleri, yangın yerleri hep Türk ölüleri ile dolu idi. Mamahatun; parçalanmış evlatlarını sinesine gömmüş, harap camileri, yıkılmış evleri ile adeta ağlıyordu. Ermeniler Akkoyunlulardan kalma camiyi ber-hevâ (havaya uçurmuşlar) etmişler, yollarda köy harabelerinden başka birşey yoktu. Hiçbir köyde tek bir insan görünmüyordu. Koca Ilıca hemen bomboştu. Sığırcık kuşlarından başka hiçbir şey bu yerleri şenlendirmiyordu.

Ermenilerin zulmüne en ziyade uğrayan Erzurum'un Konakkapısı'ndaki Derviş Ağa İslâm mahallesinde iki büyük ev vardı ki, buraları hakiki maktellerdi. Bu evlerden biri Mürsil Efendi'nin, diğeri Ezirmikli Hacı Osman'ın evi idi. Bu iki konak bir cadde üzerinde, karşı karşıyadır. Yokuştan çıkılırken sağdaki evin üst kısmı yanmış, alt kısmı harap bir halde; içeri girildiği zaman duvarda koca bir delik görünüyor; Ermeniler yüzlerce Türk'ü bu eve doldurarak benzinle yakmışlar. İçlerinden birkaçı, duvarda açılan bir delikten kaçabilmişler.

Ermeniler Erzurum'u müdafaa için Rus topçu kumandanlarını alıkoymuşlar ve bunları aileleriyle birlikte esir etmişler. Bir akşam ziyaretlerine gittim. Etrafları Rusça gazete ve mecmualarla dolu idi. En büyük rütbeli kumandanları bir yüzbaşı idi. "Bu ölüm ve hadiselerini hep Rus zabitleri idare etmiş diyorlar." dedim. Yüzbaşı kıpkırmızı kesildi, medeni bir insan tavrı ile elini salladı "Niyet/hayır, biz hiç karışmadık, hepsini Ermeniler yaptı. Biz mani olmak istedik, bizim miralay hepsini yazdı. Onun hatıratını okuyunuz!" dedi. Ermeni ve Türk mücadelesi yalnız böylece bitmemişti. Trabzon'dan başlayan bu boğuşma Gümrü'ye kadar uzanmıştı. Kars'ta çarşılarını, erzak depolarını yakarak kaçan Ermeniler, Gümrü'de şehrin teslim olacağını anlar anlamaz Türkleri boğazlamaya başlamışlardı. Artık Gümrü Ermeni-Türk kıtâlinin (öldürülüşünün) son merhalesi idi. Trabzon'dan Gümrü'ye, Bitlis ve Van havalisine kadar dünyanın en güzel sahraları kan ile sulanmıştı.

İnsan namına hiçbir nüfus kalmamıştı. Bununla beraber bütün bu harabeler içinde Trabzon-Gümrü yolu üzerinde kıtâle ve harabeye en çok uğrayan Erzurum idi. İhtiyar bir Erzurumlu harap bir çeşmenin kenarına oturmuş, yanık kalbiyle, garip, kimsesiz bir sesle:

Ağlar Yakub ağlar Yusuf'um deyü!

Gitti de gelmedi vah oğlum deyü!

söylüyordu. Bir zamanın Erzurum'u bu Hüseynî nağmelerle ne güzel türkülerini söylerdi.

Vaktâ ki bu tarihî beldede yaşayan er yiğitlerin son nesilleri; şimdi Moskof'un çizmesi, Ermeni'nin hançeri ile telef edilmişler. Kimi hendeklerde, kimi enkaz altında yaralı göğüsleriyle yatıyorlardı. Caminin kapısına doğru baktım. Sağ tarafta güzel bir sahle (bir nevi yazı) yazılan kitâbenin sonlarına doğru şu satırlar okunuyordu:

"Evlâd u emcâdımızdan vüzerâ-yı izâm (büyük vezirler) ve vükelâ-yı kirâm (değerli devlet yöneticilerinden) her kim Devlet-i Osmâniye'de bu zulüm ve bidatlara (kötü adetlere) rıza verirse bilcümle insanların ve meleklerin ve Allah'ın laneti bunlar üzerine olsun!" Sultan IV. Mehmed Erzurum halkını bu fermanla bu kötü adetlerden uzak tutuyor, serhat (hudut başı) diyarının kahraman ahalisini yüksek bir mevkide bulundurmak istiyordu. "Bu tarihî şehrin yanık duvarları arasında yükselen camilere, bu topraklar altında yatan talihsizlere, bu sokaklarda bükülmüş belleri, kırılmış emelleri ile dolaşan halka baktım. Gözümden, ihtiyârım (elimde olmayarak) halinde yaşlar döküldü ve kalbimin en derin bir noktasından acı bir inkisâr işitiyordum."[47]

---

[47] I. Dünya Savaşı sonlarında, Ermeni mezâlimini yerinde incelemek üzere, yabancı gazetecilerden oluşan bir heyetin başında Doğu Anadolu'ya gönderilen tarihçi Ahmed Refik Bey (Altınay), buradaki gözlemlerini, -bilahare, Latin harfleriyle de birçok kereler basılan- iki kitapta toplamıştır: a) İki Komite İki Kıtal, İstanbul, 1919, 79 s.; b) Kafkas Yollarında Hatıralar ve Tahassüsler, İstanbul, 1919, 78 s. Her iki kitapta da, buralardaki Ermeni mezâlimine ilişkin hayli bilgi vardır.

EK-VII
RUS BÖLÜK KUMANDANI MÜLÂZIM NİKOLA'NIN ERMENİLERİN ŞENÂ'ATLARI HAKKINDAKİ İFADELERİ

Otuzaltmcı Kafkas fırkasına iltica eden 156'ncı alay, onikinci bölük kumandanı mülâzım Nikola'nın, Ermenilerin Müslümanlara revâ gördükleri fecâyi' ve şenâ'atler hakkındaki ifadeleri *Askerî Tarih Belgeleri Dergisi*'nden aşağıya[48] alınmıştır.

3. Ordu Karargâhı

4.10.(13)33

Başkumandanlık Vekâlet-i Celîlesine

2.9.(13)33'te otuzaltıncı Kafkas fırkasına ilticâ eden 156'ncı alayın onikinci bölük kumandanı mülâzım Nikola'nın Ruslar ve bilhassa Ermenilerin Müslümanlar aleyhinde tatbik eyledikleri fecâyi' ve şenâ'at(işkence ve kötü muamele) hakkında şâyân-ı dikkat (dikkat çeken) görülen ifadâtı aynen ber-vech-i zîr ma'rûzdur:

Mûmâ-ileyhin bu bapta Rusça olarak ayrıca yazdığı kâğıt da melfûfen takdim kılınmıştır.

Sarıkamış harekâtı esnasında Rusya dahilindeki Müslümanlarda görülen harekât-ı iğtişaşkârâneden (karmakarışık olaylardan) dolayı Elizabetpol'da, Bakü'de, Ahısha'da ve daha birçok mahallerde Müslümanlar, Kazaklar tarafından katliam edilmişlerdir.

---

48 Yıl: 31, sayı: 81, Aralık 1982, s. 239-242, belge no: 1846.

Şimdi Rus ordusunda Ermeniler menfur (nefret edilen) bir vaziyette bulunmaktadırlar. Bunlar, muharebe esnasında ekseriye geriye kaçıp köylerde istirahat ederler. Yalandan hasta olurlar, kendi kendini vururlar. Fakat yağma fırsatını asla kaçırmazlar. Düşman ric'at (geri dönse) ederse derhal ileriye gelip, ellerine geçen tüfek, bomba vesâireyi toplar ve saklarlar. Gerek Türk ve gerekse Rus cenazelerini soyarlar.

Bidâyet-i muharebede Horasan'a otuzdokuzuncu fırkadan bir alayın altı makinalı tüfeğini çalmışlar ve toprak altına gömmüşlerdi. Taharriyat neticesinde bu tüfekler meydana çıkarıldı. Fâilleri divan-ı harbe verilmek üzere geriye gönderildi.

Ermeniler, Türkçe bildikleri için, Erzurum'da kendilerini Kafkasya Müslümanı diye takdim ederek, eksik olmayan tecavüzlere karşı daima himayeye muhtaç olan zavallı Türklerden kız alıyorlar ve ba'dehû (sonrasında), adi nizâ (ilişkiden sonra anlaşamama) ve bahanelerle biçareleri tatlîk ediyorlar (boşuyorlar.)

Gerek şehir ve gerek köylerde ahaliden, bilhassa Müslümanlardan aldıkları şeyin parasını vermezler, hücra mahallerde ve köylerde namusa tecavüzleri her zaman görülür, hatta hâl-i asayişte bile Erzurum'un kenar mahallelerinde birkaç kere bu gibi harekât-ı namus şikenânede (iğrenç harekette) bulunmuşlar; fakat, yakayı ele verenler tecedilmişlerdir (sürgün çeşidi.)

Bunların köylerdeki etvâr (çirkin hareketleri) ve harekâtı mürüvvet-i (dengeli tavır) insâniyete sığamaz. Erzurum'da odun pahalı olduğu için, geçen kış Ermeniler Müslüman köy evlerini yıkarak, ağaç ve kirişlerini şehire götürüp satıyorlardı. Bu kirişler, yalnız sekenesi muhâceret (hicret eden) eden evlerden sökülmüyordu. Ermeniler bir köye gidiyor, lâlettayin(sıradan) bir eve girerek, sahibine veya sâhibesine 'Bu odayı bana ver!' diyor. Veyahut evin halkını tamamiyle dışarıya çıkarıyor. Bir-iki gün oturuyor, ondan sonra damını sökerek, yine aynı hanenin kağnısıyla şehire götürüp satıyorlardı. Güzel Müslüman kızlarını veya gelinlerini 'Sen evvelce Ermeni'ydin!' diye yakalayıp götürüyorlar, eğer kız veya kadın 'Ermeni değilim.' diyecek olursa darp ve tehdit ediyorlar. Şayet bunlardan bazıları hükümete şikayet etmek fırsatını bulabilirse, hükümet, ellerinden alarak ailesine teslim ediyor. Ermenilerin köylerde ne gibi mezâlim yaptığına intikal edebilmek için Erzurum'da ihdâs ettikleri vekâyi'-i fecî'a ve hacîleden (yüz kızartan) bazılarını zikretmek kâfidir:

Geçen sene Haziran'ında, Müslüman kıyafetinde birkaç kişi, bir-iki tüfek ve bir mitralyöz (makinalı tüfek) ile Kars kapısı civarındaki yüksekçe bir evin üzerine çıkarak, buradan, Erzurum mevki-i müstahkemi kumandanı olan generalin ikâmetgâhına ateş etmeye başladılar. Tabii derdest edildiler. Bunlar, kendilerinin Müslüman olduklarını ve din ve devlet uğruna her fedakârlığı yapacaklarını; bütün Müslümanların isyan ederek Rusları perişan edeceklerini, maksatlarının temini için lüzumundan fazla asker ve esliha olduğunu bir tavr-ı mütecellidâne (kahramanca) ile söylediler. Ruslar bunların harekât ve ifadelerinden tedhiş(dehşete düştüler) ettiler. O sırada Erzurum'da bulunan Yekaterina Goravski Polk, serî'an Müslüman evlerinin taharrisine başladı. Ermeniler de, güya silahları meydana çıkarmak, taharri edilecek mahalleri göstermek için, rastgelen evlere girdiler, bütün şehri yağma ettiler.

Para, gerdanlık, kemer, bilezik, halı, kumaş ne buldularsa götürdüler, birçok nisvânın (kadının) namusuna tecavüz ettiler. Neticede, kalemtıraş ve ekmek bıçağından başka birşey zuhur etmedi. Taharriyat (aramalar) nihayet bulunca, bazı Müslümanlar toplanarak kumandan nezdine gittiler, talandan, tecavüzlerden şikayet ettiler; kumandan Ermenilerin yedindeki emvâl-i mağsû beden (gasp edilenin) bir kısmını istirdat (zorla alarak) ashabına iade ettirdi ve Türklerin arzusu üzerine, kumandanın karargâhına ateş açanlar Türkler ile muvâcehe edildi (yüzleştirildi.) Şakilerden birinin, vaktiyle Erzurum'da kuyumculuk eden bir Ermeni olduğu anlaşıldı. ErzincanlI ve Trabzonlu iki Müslüman da diğer ikisinin Ermeni olduğunu isbat etti. Bunun üzerine, Rus hükümeti, Erzurum'da bulunan bütün Ermenilerle civarda bulunan Türkiye

298 • Kazım Karabekir

Ermenilerinden birçoğunu geriye teb'îd (iade) etti. Silah isti-
mal eden mezkur eşhasa ne yapıldığını iyi bilmiyorum.

Erzurum civarındaki köylerde Rus kıtaâtı bulunuyor. Bu
köylerden birinde (tarifine nazaran Kân köyüdür.) Ermeni-
ler geceleyin bir Rus nöbetçisini öldürürler. Cenazeyi parça
parça ederek, sabahleyin, bir çuval derûnunda(içinde) oldu-
ğu halde bir Müslüman hamala verirler. Müslüman ve eşraf-ı
memleketten olan belediye reisinin evi(nin) önüne bırakma-
sını tembih ederler. Hamala yolda iki Rus neferi tesadüf eder.
Bunlar çuvalda ne olduğunu sorarlar. Hamal, içinde ne oldu-
ğunu bilmediğini, götürüp belediye reisinin evi(nin) önüne
bırakacağını ifade eder. Neferler, çuvalı açmasını, içinde ken-
dilerine yarayacak şeyler varsa parasıyla almak arzu ettikle-
rini söylerler. Tabii hamal, kendine ait olmadığı için muvâfa-
kat etmez. Neferler, 'Sen bize satmak istemiyorsun, götürüp
Müslümanlara satacaksın!' diye çuvalı indirirler. Hamal tev-
kif edildi; fakat, netice-i tahkikatta katillerin Ermeni oldukları
anlaşıldı ve divan-ı harbe verilmek üzere geriye gönderildiler.

Erzurum'da Rusların muhalefet ve mehmâemkân (olabil-
diğince) dikkatine rağmen bidâyet-i istilada (malum yerde)
mühim yağma ve kıtal yapıldı. Tasavvurun fevkinde şenâ'at-
lar irtikap edildi.

Namusuna tecavüz edilmedik bir-iki yüz kız ancak kaldı
desem mübalağa etmemiş olurum. Ez-cümle, şu vakayı asla
unutamam: Ermeniler Erzurum'un cenubunda (güneyin-
de) bir mahallede bir eve giriyor, genç bir vâlideyi bir dire-
ğe, pederi de diğer direğe bağlıyorlar. Bunların bir yaşında
olan çocuğunu, sofa (evin ortasında) ortasına çaktıkları kazı-
ğa geçiriyorlar.

Çocuğun cenazesini ben bizzat gördüm. Çocuğun vâlide-
si tecennün etmişti (delirmişti), Erzurum'da serseriyâne gezi-
yordu. Kocası, bu halinden dolayı kadını evine almak istemi-
yordu; fakat, hükümet icbar etti (mecbur tuttu.)

Bizim alayla Hasankale'ye gideceğimiz sıra, kasabanın şar-
kında, yol üzerinde tesadüf ettiğim, insanlık için silinmez leke

olan şeni bir manzarayı ma'a'l-ikrah (hoşlanmayacağım şekilde) söyleyeceğim: Güzel olduğu anlaşılan genç bir Türk kadını, mahall-i nisviyetine (üreme organına) kocaman bir kazık çakılmış olduğu halde yerde yatıyordu. Biz bu hacil (yüz kızartan cenazeyi) cenazeyi, nazara çarpmayacak kadar yolun uzağına götürdük bıraktık.

Ermenilerin bu harekâtı eser-i kin olmaktan ziyade muktezâ-yı tıynetleridir (karakter yapısıdır.) Rus ordusunda ne kadar yolsuzluk olduysa hemen kâffesini Ermeniler yapmışlardır. Bir nizah (kavga), bir sirkat (hırsızlık), bir kati (öldürme), bir fuhuş vukubulsa, behemehal taraf-ı mütecaviz Ermeni'dir. Ruslar da bu fikirdedir. Herhangi bir Rus'a, hatta Kazak'a, Türk ile Ermeni mukayese ettirilse, Türk'ü on kere daha mülayim, medeni ve şâyân-ı hürmet bulur. Ermenilerin bu hallerinden bîzâr olan Kazaklar, şayet bir Ermeni'ye tenha (bir) mahalde tesadüf eder ve yakalanmayacağını aklı keserse hemen öldürür. Rus ordusunda Ermeniler hakkında bilâistisna şu dediğîni işitirsiniz: "Ermeniler cehenneme!"

Bu bapta istihsal olunacak diğer malumatın peyderpey nazargâh-ı devletlerine takdim kılınacağıma rûzdur.

Hüsrev

Üçüncü Ordu Kumandanı emriyle

menzil müfettişi

Miralay

Muhiddin

BELGELER

Birinci bölüme alınan, Kâzım Karabekir'e ait
*335 Senesi Temmuz Ayı Zarfında Kafkasya'da İslâmlara
Karşı İcra Olunduğu Haber Alınan Ermeni Mezâlimi* adlı
kitapçığın Fransızca baskısı

L'ÉTAT MAJOR GÉNÉRAL
. OTTOMAN

ATROCITÉS ARMÉNIENNES

Commises contre les Musulmans du Caucase
durant le mois du Juillet 1919.

PREFACE I

Dans les feuilles étrangères on rencontre, ces jours-ci, des nouvelles où l'on par le qu'on commet de nouvelles atrocités contre les Arméniens, que les Arméniens seraient anéantis dans les cas où ils seraient laissés sans protection et que la source des meurtres dans la Caucase se trouve à l'intérieur des frontières ottomanes.

Tout d'abord, par les rapports officiels il est déjà prouvé qu'aucune atrocité n'a été commise par les Musulmans contre aucune des autres nationalités en deçà de la frontière ottomane.

La Turquie n'est point impliquée dans les événements qui se passent au delà de notre frontière. Au contraire, on reçoit chaque jour des nouvelles de tres grands massacres organisés par les Arméniens contre les Musulmans du Caucase tout près de notre frontière. Comme exemple nous avons préparé la liste suivante, qui montre les détailles des aggressions et des attaques dirigées par les Arméniens au Caucase contre les Musulmans y habitant et contre la frontière ottomane, et dont le contenu forme une réponse claire contre les publications ci-haut mentionnées.

Extrait des crimes commis par les Arméniens au Caucase pendant le mois du Juillet 1919 :

1— A la fin du mois de Juin, les déclarations faites de la part de (Mosès), Kaïmmakam de (Kara-Kourte), aux Islames se trouvant à (Kara-Pinar) ainsi que celles de son gendarme Grec, étaient d'une nature de faire allusion qu'une surprise et agreasion étaient tendues vers la population des villages (Kazik-Kaya), (Armoudli), (Kizil-Hamamli) et (Kilian-Tépé).

2— Franchissement de la frontière par les Arméniens :

a) Le 24/6/19 trois soldats de cavalerie et 1 fantassin Arméniens ont franchi la frontière au Nord-Est de Hama-Dagh dans la zône nommée Liadin de Bayazid, mais ils ont été repoussés.

b) Le 5/7/19, 80 fantassins vinrent a Kuchtian et furent repoussés par nos gardes.

c) Le 5.7/19, 80 fantassins Arméniens, le 7/7/19, 38 cavaliers vinrent à Sari-Biyik et cherchèrent à franchir la frontière; mais ils furent repoussés à la suite d'une rencontre. Dans cette seconde rencontre un de nos soldats a été blessé.

d) Le 11/7/19, un détachement composé de 20 personnes venant de la direction de (Zor) du commun de (Mossoun) a voulu franchir la frontière. Mais à la suite d'une rencontre qui dura 1 heure et demie il a été repoussé.

e) Le 13/7/19 les Arméniens venant de la direction décrite dans la paragraphe (d) ont cherché une première fois avec 60 soldats et une seconde fois avec des forces composés de 15 hommes, à franchir la frontière. Mais ils ont été repoussés.

3— D'après les informations obtenues au commencement du mois de Juillet, les Arméniens ont ramassé les notables et les jeunes gens musulmans se trouvant dans les contrées de Kars et de Sari-Kamich, qui ont été en partie emprisonnés ou expulsés et en partie massacrés. En outre les Arméniens ont ramassé sous prétexte de contribution de guerre, les chevaux, les voitures, les provisions et les bestiaux des Musulmans et dans ce but ils ont employé des forces militaires. À cause de ces évenements une partie de la population de Kars et de Sari-Kamich a été obligée de se retirer au mont (Allahi-Ekber). Ces atrocités ont été pratiquées dans les régions de (Nahdjivan), (Sengésor) et (Dar-ul-Ekes) dans une mesure plus vaste.

4— Les Arméniens ont aggravé et augmenté leurs sauvageries ainsi que les crimes qu'ils commettaient contre les Musulmans à partir du 4 Juillet 1919:

a) Ils ont surpris 4 villages dépendant du (Akadja-Kalé), dans la journée du 4/7/19. Ils ont massacré la population entière d'un village et de chacun des autres ils ont pris 60 hommes et les ont tués de même. Du village de Bos-kouch ils ont enlevé la sœur, la femme et la fille d'un Musulman.

b) Ils ont attaqué le 5/7/19 les villages de (Mésdjidli) et (Kilian-Tépé). Dans le premier de ces villages il ont tué 4 et blessé 4 autres Musulmans et dans le second ils en ont tué 10.

Ils ont attaqué ainsi les villages de (Djuruk) situés aux environs de (Kizil-Hamamli) et (Kagisman) où ils ont fait des pillages et commis des crimes contre eux. Les Arméniens ont fait usage des canons et des mitrailleuses dont les coups ont été entendus de la frontière.

c) Dans la même époque ils ont surpris Kou-rou-Déré où ils ont tué 8 femmes et hommes et ils ont emmené ensemble 35 personnes parmi lesquelles se trouvaient une nouvelle mariée et une fille et 440 bestiaux.

d) Comme suite des détails des crimes com-mis à Kagisman, Arslan bey, fils de Moustapha effendi, un des notables du sus-dit village et sa femme, Ahmed effendi, fils de Ismaïl effendi, ont été retenus par les soldats de la garde arméni-ene se trouvant entre (Kagisman) et (Kars)

et ont été tués tragiquement aux environs de
(Perna). Comme leurs cadavres ont été expo-
sés en plein public à Kagisman, beaucoup de
Musulmans ont été affrayés de ce fait et ont
pric la fuite vers les montagnes.

e) Sur ces crimes, beaucoup de Musulmans
des régions de (Erivan), (Kars) et (Kagisman)
se refugièrent à notre frontière.

5.— Le 10/7/19 les Arméniens ont occupé
(Bach-Keuy) et installé des canons sur les hau-
teurs situées à l'ouest d' (Armoudli) et ont at-
taqué les Musulmans habitant les villages envi-
ronnants.

6— Les nombreuses lettres de plainte obte-
nues des habitants des régions qui servaient de
scène aux crimes décrivant le degrés des atro-
cités avec un langage très touchant.

7— Durant les journées suivantes :

a) Les Arméniens ont tué le 12/7/19 deux
familles musulmanes entre (Talkélis) et (Aga-
déréler) et leur ont coupé les mains, les orei-
les et les nez qu'ils remplirent dans les poches
qu'ils ouvrirent sur la poitrine et sur les côtés
des cadavres.

b) Le 13/7/19 ils attaquèrent les villages de
(Tchurukler), (Aintab), (Armoudlou), (Bach-
Keuy) où ils pillèrent les biens des Musulmans.
Le même jour il y eut un combat entre les Ar-

méniens qui cherchaient à surprendre le village
de (Gazi-Kaya) se trouvant à une distance de
deux heures et demie de la frontière et les Musulmans du village.

c) Dans ces jours-là, les Arméniens ont attaqué avec des forces militaires 45 villages se
trouvant aux environs de (Nahdjivan) et (Schreur) et ont bombardé avec des vagons cuirassés
les villages, se trouvant le long de la ligne de
chemin de fer. Les documents qui sont tombés
dans nos mains prouvent qu'ils voulaient aniantir
les Musulmans et les précipiter dans la fleuve
d'Aras.

8— Le 19/7/19 un détachement Arménien
ayant surpris le village de (Kazan), se trouvant
à l'est du village (Igir Bigir) en dehors, de la
frontière, ces habitants se sont refugiés à notre
frontière. Le même jour un détachement arménien de 150 personnes dirigea une attaque contre
(Boulakli) situé aux environs de (Passinler-Kara
Kilissi) et en dehors de la frontière. Ils ont tué
deux personnes et blessé deux autres. Pendant
ce temps là 15 boulets de canon sont tombés
au dedans de notre frontiers.

Dans le village de (Aralik), aux environs
de (Toroslou) une femme et un homme ont été
tués. A la suite de l'attaque arméniene faite
avec 400 fantassins et 3 canons contre le village

(Soudjivanik) il y eut 6 morts de leur côté et quelques morts de nous. A cause des attaques répétées des Arméniens contre le village les Musulmans se sont enfuis de cet endroit.

9— Une force arménienne composée de 100 personnes environ a surpris le 30/7/19 le village nommé (Darb-Hané) au Sud Est de (Kara-Kourt) et l'à occupé. En faisant usage des mitrailleuses ils ont tué les Musulmans qui s'enfuyaient vers les montagnes. De ceux qui sont restés dans les villes ils ont pris avec eux 5 femmes et 7 enfants qu'ils ont emmené ensemble et ont pillé tous les meubles des maisons du village et en outre 45 bœufs, 320 moutons et les vivres qu'ils ont pu trouver.

Un paragraphe d'une lettre qui avoue les tragédies arméniennes et qui est écrite à Eyoub Pacha, chef d'un tribu, par un certain (Archak), commandant de division auprès du gouvernement Arménien comme suit:

" . . . Par conséquent c'est le temps d'user de représailles contre les atrocités du gouvernement ottoman. Le gouvernement ottoman subit aujourd'hui la punition de ses actes. Dans ces contrées il y eut des agressions et des attaques réciproques ; mais elles n'ont été provoquées qu'à la suite des excitations de quelques insitigateurs.

Aşağıdaki belgeler, -asıllarının da yeraldığı- *Askerî Tarih Belgeleri Dergisi'*nin Aralık 1982 tarihli 81. sayısından alınmıştır

Belge No: 1850

Vesaik-i Harbiye Dosyası   **Refahiye**
Numro   22.1.34

Şifre Halli
564
100

Suret
Üçüncü Ordu Kumandanlığına

1. Muhtelif tarihlerde icra edilen muharebatta esir düşen kıtaat-ı muhtelifeye mensup üç neferle iki başı bozuk 20.1.34 günü Mezekler Deresi istikametiyle Manzuri'de bulunan Fırka 36 ileri karakollarımıza iltica etmişlerdir. Merkumun 18.1.34 günü Erzincan'dan çıkmışlar ve dağ yoluyla bu tarafa geçebilmişlerdir.

2. Merkumunun Fırka 36 ca icra edilen isticvaplarında zabtedilen ifadelerinden Erzincan'a taalluk eden aksamı muhbirlerimizin 21.1.34 tarih ve 56 numara ile arz edilen ifadelerini teyit etmektedir.

3. Erzincan'da Ermenilerin İslam ahaliye karşı yaptıkları mezalim hakkında merkumların teşhisi ve derhatiriyle bildikleri vekayi berveçhi atidir:

A) Anasıl Zazalar ahalisinden olup Erzincan'da ikamet eden Kara Mehmet'in oğlu ile dört refikini gecenin birinde-tarihini tayin edemiyorlar-haşhaş değirmeninde parçalamışlardır.

B) Erzincan köylerinden Karakilise köyünden olup Erzincan'da ikamet eden Dursun Ağa namındaki biri sığırlarının altına sermek üzere aldığı müsaade üzerine bir gübre deposundan arabası ile gübre alırken üç beş küçük çaplı Rus piyade tüfeği zuhur etmiş ve oradan geçen Rus devriyeleri tarafından merkum tüfek çalmakla itham edilerek Dursun Ağa tevkif edilmiştir.

C) Erzincan'da demirciler civarında Kürt Mehmet Ağa namında bir başıbozuğa Ermeniler taarruz etmişlerdir ve aynı mahallede ikamet etmekte bulunan ismini bilmedikleri bir İslam kadınını cebren alıp götürmüşlerdir.

D) Mukaddema Belediye kâtibi bulunan ve hangi mahallede ikamet eylediğini bilmedikleri Mehmet Efendi'yi esir alarak Erzincan'dan alıp bir semt-i meçhule götürmüşler ise de mumaileyhin validesini, haremini, dört

— 285 —

Belge No: 1850

yaşındaki çocuğunu parçalamışlardır. Ve on gün mukaddem on kadar Kürdün bulunduğu Cinceke kariyesine gelen Ermeni gönüllüleri mezkûr kariyeyi basarak bir gün akşama kadar müsademe etmişlerdir. Bu müsademede Ermenilerden dokuz maktul düşmüştür.

4. Kazanmak emelinde oldukları istiklaliyete müzaharet temin etmek maksadıyla Ermeniler bu aralık Dersim Kürtlerine her hususta mümaşat etmekte ve Kürtler tarafından gördükleri tecavüzleri de üzerlerine mal etmeyerek Türklere isnat eylemektedirler.

5. Merkumumun Kolordu karargâhına muvasalatlarında alınacak ifadelerinde şayan-ı ehemmiyet olan mevad ayrıca arz edilecektir.

6. İşbu şifre birinci şubeden "62" numara ile yazılmıştır.

Aslına mutabıktır.

1 nci Kafkas Kolordu Kumandan Vekili
Rüştü

Arşiv No: 4-3671

Dolap No: 162

Göz No: 5

Klasör No: 2905

Dosya No: 433

Fihrist No: 6-21, 6-22

Belge No: 1852

Savaş Belgeleri Dosyası
Sayı
Şifre çözümü
803

Refahiye,
30 Ocak 1918
31 Ocak 1918 gelişi

İvedi

Suret

3 ncü Ordu Komutanlığına

36 ncı Tümen Komutanlığı'ndan Erzincan içinde ve dolayında olagelmekte olan durumlar hakkında şimdi 30 Ocak 1918 saat 23.30'da aldığım raporu olduğu gibi sunuyorum. Bu raporla, yine bugün Kemah'a gelen sekiz köylünün söylediğine göre Ermenilerin Erzincan'da kendi başlarına iş yapmaya başlamış oldukları kanısı hasıl olmuştur. Mütareke sözleşmesini bozmuş olmamak için, danışmadan asker göndermek suretiyle yardım yapılmasını uygun bulmadım. Yalnız bu iki köylüye silah ve bir miktar cephane verdirdim. Uygun görülürse köylü kıyafetine girmiş üç çetenin gönderilmesine müsaadenizi arzederim.

1 nci Kafkas Kolordusu
Komutanı
Kâzım Karabekir

Suret

Erzincan'dan Ertkendi Köyü Muhtarı İsmail oğlu Feyzi, Gözeler Köyü Muhtarı Mustafa oğlu Halil Efendi şimdi atlı olarak Kemah'a geldiler. Bunların ifadeleri aşağıdaki gibidir.

Eski ifadeleri tamamen doğrulanmış olmakla beraber ayrıca Müslümanları toplu olarak öldürüyorlar. Kapılarını kıramadıkları evlere bomba atıyorlar ve onlara gazyağı dökerek yakıyorlar. Yeni Cami'ye bugün yedi tane bomba atılmış, Erzinan'da 500'den fazla Ermeni tahmin edilmiyor, Mamahatun'da 2.000 kadar Ermeni toplanmış ve Erzurum ile Erzincan arasını kesmiş bulunan Türklerle şiddetle çarpışıyorlar. Mamahatun yönünden top sesleri işitiliyor. Erzincan'daki üç toptan başka Harbiye Kışlasında Ermenilerin iki topu daha varmış. Cice Boğazı'nda Kelek (Pölük)

— 281 —

Belge No: 1852

Köyü'nde 500 ve Pülümür'de 700 Kürt varmış. Spikür cephesinde Kürt Memiş Ağa'nın oğlu 80 kişi ile bulunmaktadır. Erzincan'da yalnız göze görünmüş erkekler kalabilmiştir. Kadın ve çocukların hali belli değildir. Murat Paşa ve yardımcıları kaçmak istiyorlar. Fakat kaçacak yerleri ancak Kemah Boğazı ve Çardaklı olduğunu, diğer yerlerin kâmilen sarılı bulunduğunu söylüyorlar.

Kemah Erzincan yolundan üç sınıf (piyade, süvari, topçu) geçebilir. Ancak köprülerin korunması şarttır. Üç gün önce Prastik karşısında Ruslar tarafından yapılmış olan köprüyü Ermeniler yakmışlardır. İvedi olarak bir miktar kuvvet yetişmezse tüm köyleri ve köprüleri yakmak olasılığı pek çoktur. Bize 60 kadar asker veya 100 kadar silah ve yeteri kadar asker verirseniz Erzincan'dan bir saat batıdan itibaren tüm köyleri kurtarmış olacaksınız. Bütün çoluk çocuk ve kadınlar umutlarını ordudan bekliyorlar. "Eğer yardım yapılmazsa hepimizi parçalayacaklardır" diyorlar. Ve bunu pek çok diliyorlar. Ben bunlara 60 kadar silah ve yeteri kadar cephane vermek yanlısıyım. Ve sonradan bu silahları toplayacağım. Toplayamazsam her bir sorumluluğu üzerime alıyorum. Yüce emirlerinizi beklerim.

36 ncı Kafkas Tümeni Komutan Vekili
Yarbay Recep

Aslına uygundur
Hüsrev
Mühür

Arşiv No: 4/3671

Dolap No: 162

Göz No: 5

Klasör No: 2905

Dosya No: 433

Fihrist No: 4-39, 4-40

Belge No : 1889

Üçüncü Ordu-yu Hümayun
Erkân-ı Harbiyesi

Erzurum
21.3.34

Başkumandanlık Vekâlet-i Celilesine

Şifre :

C : 13/14.3.34 harekât 1156 numaralı şifrenin ikinci maddesine.

Ahiren işgal cylediğimiz Erzincan, Erzurum şehirlerinin vaziyet-i ha-zıralarını berveçhiati arzederim.

Düçar oldukları felâket ve harabi itibariyle yekdiğerine pek ziyade arz-ı müşabehet eden bu iki şirin kasabamızın mutenâ mebani-i resmiyt ve hususiyesi Ermeniler tarafından kâmilen ve bililtizam yakılmış ve ikinci derecedeki evler ve müessesat iki seneden beri Rus ordusunun asker ikâmesi ve işgali dolayısıyle harabezare döndürülmüştür.

Hemen denebilir ki her iki şehir yeniden ihya ve imara muhtaç ve şayan-ı terhim bir haldedir. Erzincan'ın bütün kışlaları, Erzurum'un sü-vari kışlası ve hükümet ve kolordu daireleri yanan mekani-i resmiye me-yanındadır. Elhasıl her iki kasabada yakılmış, yıkılmış, ağaçları kesilmiş bütün mani-i hakikiyesiyle bir yangın yerine çevrilmiştir.

Bu kasabaların ahalisine gelince:

Bunların da eli silah tutanların bidayette yol yaptırılmak bahanele-riyle toplanmış ve Sarıkamış istikametinde sevkedilerek ifna edilmiştir. Kasabada kalan ahali-i mütebakıye ise Rus ordusunun çekilmesiyle baş-layan Ermeni kıtali ve mezalimi ile kısmen ortadan kaldırılmış, kuyulara atılmış, evlere doldurulup yakılmış, süngü ve kılınçtan geçirilmiş ve ka-saphane ittihaz ettikleri mahallerde karınları deşilmiş, ciğerleri çıkarılmış ve kız ve kadınlar her türlü şenaatten sonra saçlarından asılmıştır. Engi-zisyon mezalimine rahmet okutacak mertebe şeni olan bu mezalimden masun kalan akall-i kalil halk ise sefalet ve garabetten ve bu manzara-nın kendilerine vermiş olduğu dehşetten kısmen meyyit-i müteharrik ve kısmen cinnet-i muvakkate halinde bulunmuştur ki bunların miktarı ço-luk, çocuk dahil olduğu halde şimdilik Erzincan'da bin beş yüzü, Erzu-rum'da otuz bini tecavüz etmemektedir. Erzincan ve Erzurum ekilmemiş ve ahali elinde ne varsa alınmış aç ve çıplak bir halde bulunmuştur. El-yevm bu ahali işgali müteakip Rusların bıraktığı ambarlardan saika-i cu' ile ele geçirdikleri bir kısım erzak ile kifaf-ı nefs etmektedirler.

Belge No : 1869

Erzurum ve Erzincan havalisindeki köyler daha ziyade şayan-ı merhamet bir haldedirler.

Güzergâha tesadüf eden bazı köyler kökünden katledilmiş ve ahalisi kedisine varıncaya kadar kesilmiş, taş üzerinde taş bırakılmamıştır.

Ermeni güzergâhından uzak olan köyler ise kısmen mevcudiyetini muhafaza etmekte ve fakat ahalisi açlıktan her gün fevç fevç orduya dehalet etmektedir. Tarih-i mezalimin henüz böyle bir vakayı-i şaniayı kaydetmemiş olduğunu kemal-i teessürle hak-i pay-i devletlerine arz ve berhayat kalanların muhafaza-i hayatları için muhtelif tevarihte gerek Nezaret-i Celilerine ve gerek Dahiliye Nezaretine yazdığım maruzatın serian isafına inayet buyurulmasını istirham eylerim. Harekâta başlayalı kırk günü bulduğu halde bu biçare ve aç ve şayan-ı merhamet olan millet için hiçbir şey yapılmamış olduğunu görerek hükümet-i seniyenin ifa eylediği vazife-i tahlisiye ile Ermenilerin tiğ-i zulmünden kurtardığı mecal-i Müslimin-i ahalinin ağuş-u hevelnakine attığım da ilave ederim efendim.

23.3.34 harekât

Üçüncü Ordu Komutanı
Ferik

Arşiv No: 4-3671

Dolap No: 163

Göz No: 5

Klasör No: 2947

Dosya No: 628

Fihrist No: 3-1, 3-3

Belge No : 1872

Kütek'ten
29 Mart 34

Kars Ermeni Heyet-i İçtimaycsine

Efendiler :

Kafkasya'da evlat ve iyalimizin ve bizzat dahi sizlerin emniyet ve rahatta yaşaması hükümet-i Osmaniye'nin en büyük bir arzusudur. Şol şartla ki altı yüz seneden beri birlikte yaşadıkları bir milletin kadın ve çocuklarına karşı enva-ı işkence ve zulümler yapan canavar Osmanlı Ermenilerinin iğfalatına kapılmayınız. Onların elleri kanlı, yüzleri lekelidir. İhtiyarlara, kadınlara, çocuklara karşı reva gördükleri cinayetleri görüp de bunlara lânet etmemek mümkün olamaz. Geçtikleri yerlerde ne hayat, ne namus, ne mal bırakmışlardır.

Osmanlı ordusu bu alçakları bulduğu yerde tepeleyecek, mahvedecek ve öldürdükleri ve yaktıkları binlerce masumların intikamını behemehal alacaktır.

Sizin bu şakilere, bu canilere yüz vermeyecek ve bunların canavarlıklarına lânet edecek kadar medenî ve insaniyetli olduğumuzu iyice biliyoruz. Bizi hüsn-ü kabul ederseniz Osmanlı efrad-ı milleti olarak mes-ut bir hayata dâhil olacağınızı size temin ederim. Bir yanlışlığa mahal kalmamak ve mes'ulleri tayin edebilmekliğimiz için ileri harekâtta başlamadan evvel cevabınıza intizar ederim efendiler.

Kolordu Kumandanı
Kâzım Karabekir

Arşiv   No: 4/3671
Dolap   No: 161
Göz   No: 1
Klasör No: 2914
Dosya   No: 477
Fihrist No: 52-3

Belge No : 1873

1.4.34

Dördüncü Ordu Kumandanlığına

Şifre

C. 3/34 şifreyc

Erzurum'un tarih-i istirdadı olan 12.3.34 tarihinden 20.3.34 tarihine kadar güzeran olan müddet zarfında yalnız Erzurum şehri içinde Ermeniler tarafından suret-i gaddaranede şehit edilmiş 2.127 erkek İslam nâşı bulunduğu ve taharriyata devam edilmekte olduğundan bâdazin bulunacaklar hakkında da ayrıca arz-ı malumat olunacağı maruzdur.

Lütfi

Arşiv No: 4/3671

Dolap No: 163

Göz No: 5

Klasör No: 2947

Dosya No: 628

Fihrist No: 3-4

Belge No : 1875

752   Aceledir   / 4/5
Telgrafname

Dersaadetde Karargâh-ı Umumî İkinci Şube Müdürü Seyfi Beyefendiye
Hilmi 127

Mahreci	Numrosu	Kelimesi	Alındığı Mahal	Tarih	Saat	İmza
Erzincan	4626	100	1 Mayıs 34		9 evvel	

	Kazası	
	Keşide olunduğu	334 9 cvvel
	mahal	1 Mayıs 3

Trabzon'dan Erzincan'a kadar bütün köyler birer harebedir. Kısm-ı
azami Rusların tahliye anında Ermeniler tarafından tahrip edilmiştir. Bu
tahribatda Rumların da iştiraki vardır. Ruslardan ziyade gayr-i müslim
vatandaşlarının mezaliminden bizardır. Trabzon İslâm mahallesi hâk ile
yeksan edilmiştir. Mezarlıklar Ruslar tarafından tiyatro yapılmıştır. Ca-
miler duvarlarının en geni resimler döşenerek gübrelerle duruyor. Trabzon-
Erzincan yolu üzerinde meyva ağaçları kesilmiş, evleri yıkılmış, aç kadın-
lar yollarda paskspareler içinde dileniyorlar. Hıristiyan köyleri muhafaza
edilmiştir. Erzincan bir fecayi sahnesidir. Kuyular İslam ölüleriyle dolu-
dur. Viran evlerin, bahçelerin, arsaların elan etleri üzerinde insan naışları
eller ve ayaklar bulunuyor. En müzeyyen Ermeni evlerinin kapu yolları
kâmilen kanla mülemmadır. Rusların şehri tahliyesi esnasında İslâmlardan
bir çoğu Ermeniler tarafından hapsedilmiş taşlık önlerinde kütükler üze-
rinde katlolunmuştur, tekmil şehir harabedir/30 minh

Karargâh-ı Umumî İkinci Şubeye
memur
Yüzbaşı
Ahmet Refik

Arşiv No: 1/2
Dolap No: 109
Göz No: 4
Klasör No: 359
Dosya No: 1023 (1435)
Fihrist No: 3-36

Belge No: 1876

138   Telgrafname   2/5/34
Karargâh-ı Umumi

İkinci Şube Müdürü Seyfi Beyefendiye

Mahreci	Numarası	Kelimesi	Alındığı mahal	Saat
Erzincan	4703	200	(Okunamadı)	12 evvel

Erzincan'da iki aydan beri elan Müslüman cenazelerinin defni ile uğraşılıyor. Şimdiye kadar kuyulardan çıkarılan veya hendek kenarlarında katledilenlerin mecmuu altı yüz altı kişidir. Bunlar Rusların Erzincan'ı işgal etmeleri üzerine Anadolu'ya çekilemeyen fukara ahalidir. Birçoklarının elleri telefon tellerile bağlanarak katledilmişdir. Kuyudan çıkarılanlar kâmilen çürümüştür. Bazılarının göğüslerinde süngü yaraları boğazlarında tel yerleri görülüyor. Şimdiye kadar kuyularda bulunabilen naaşlar cami meydanına getirilmiş ahali tarafından tanınanları ailelerine teslim edilmiştir. Elyevm Erzincan'da üç dört binden fazla nüfus yoktur. Hemen kısm-ı azami da yalın ayak, aç, sefil ve perişan bir haldedir. Erzincan'da kaldığımız dört gün zarfında muhabirler ancak yarım saat mezalim sahneelerini gezdiler o esnada da Ermeni Kilisesiyle mezarlığını ziyaret ettiler cesetleri ve saireyi görmeye ehemmiyet vermiyorlar çıkan cesetlerin başlarını, harab yerlerin kâmilen fotoğraflarını aldırdım. Erzurum sabık Alman Konsolosu Anders'in refakatımızde bulunması muhabirleri şayan-ı tetkik mahallere götürmekliğime mani olmaktadır. Muhabirlerin en çok alakadar oldukları yerler çarşılardır. Berveçhi malûmat arz olunur.

/2

K. U. İkinci Şubeye Memur
Ahmet Refik
4/5
Hariciyeye çektirilecek

Arşiv   No: 1/2
Dolap   No: 109
Göz   No: 4
Klasör   No: 359
Dosya   No: 1023 (1435)
Fihrist No: 3-37, 3-38

Belge No: 1379

Osmanlı Ordu-yu Hümayunu
Başkumandanlığı Vekâleti

Şube
Numro

Üçüncü Ordu Kumandanlığına

Suret

C. 13.5.34 Harekât 1031 numaraya:

1. Rus ordusunun terhisten sonra cephenin Ermeniler tarafından işgaline başlandığı günden itibaren bugüne kadar Ermeniler bütün İslam köylerini ihrak-ı mahv ve tahrip ve katliam etmektedirler. Bu fecayiin 93 hududu garbında olduğu gibi şarkta Erivan, Gümrü, Kars, Kağızman, Sarıkamış kısmen Ardahan, Ahılck mıntıkasındaki bilumum kurada tatbik ve icra edilmiş olduğu delâili adîde ile mevsuk ve müeyyettir.

2. Ermenilerin şimdiye kadar irtikap etmiş ve elan da etmekte bulundukları bu mezalim ve fecayi tamamen tevzih ve tayini birçok sebebler teşkil edilerek ve her köyde ve her mahallede ayrı ayrı tetkikat yaparak bütün vakayii tayin ve tespit etmek icabeder. Vazaif ve harekât-ı askeriye ile meşgul bulunan kıtaat bu fecayiin her safhasını tetkik ve tamika fırsat bulamadıkları gibi harekât-ı askeriye mıntıkası haricinde kalan vakayi ve mezalim hakkında da tetkikat-ı amika icrasına imkân bulunamamıştır.

3. Harekât mıntıkası dahilinde muhtelif makamat kıtaatı ve müessesat tarafından tayin ve tespit edilebilen bir kısım vekayi hülâsası zirde maruzdur.

a. 29.4.34 de Gümrü'den 500 araba ile Ahılkelek'e nakledilmek üzere olan üç bin kadar İslam ahaliyi Gümrü'den avdette Ermeniler kâmilen mahv ve tahrip eylediler.

b. Zarudşat Kazası dahilinde (okunamadı) Melik Köyü mıntıkasında köyleri ihrak ve ahaliyi katliâm edildi.

c. Yine Nisan bidayetinde Şuragil Nahiyesinde 67 pare köye Ermeniler tarafından katliâm edildi.

d. Kağızman şarkındaki Kulp ve civarında bin kişi iki makineli tüfek ve iki toptan mürekkep olarak teşkil edilen bir Ermeni kuvveti Kulp ve Erivan mıntıkasındaki kurayı katliam ettiler.

— 429 —

Belge No: 1879

h. 1.5.34'te yüz kadar Ermeni atlısı Şibeş Tepe, Düzkent ve civarından 60 kadın çocuk ve erkek katlettiler. Ve 25.4.34'te Kars doğusundaki Subaşan Kariyesinden 570 nüfus İslamı balta, kama, bıçak istimal ederek ve ateşle yakarak şehit ettiler. Ve Mağısto ve Alaca Kariyelerinde yüzü mütecaviz kadın, çocuk ve erkeği aynı suret-i feciada şehit ettiler. Ve Teknelî, Hacı Halil, Kahılköy, Harabe, Dagor, Milanlı, Ketak, Alaca, İlham Köyler ahalisini katliâm ettiler.

r. 1.5.34 de Ahilkelek etrafındaki kuradan Dangal, Acarca, Mulabi, Morcahit, Badiğna, Havur, Koros Köylerini Ermeniler ihrak ve katlâm ettiler. Arapçayı üzerindeki Kebör, Kinefeki şimalindeki Boğoylu ve Ervian şimal-i garbisindeki Şamran civarındaki ahali-i İslamiye Ermeniler tarafından katlâm ve köyleri ihrak edildi. Ve Kars'taki üsera efradımızdan birçoğunu Kars ve birçoğunu da Gümrü'de süngü ile ve diğer efradın gözü önünde şehit ettiler.

z. Elhasıl Ermeniler Kars, Sarıkamış, Erivan Ahilkelek, Kağızman hanlarındaki İslam köylerinin kısm-ı âzamını katliam ve ihrak ettiler.

h. Balâda arzolunan fecayi Ermenilerin yapmış ve yapmakta oldukları fecayiin ancak bir cüzünü teşkil edebilir ve bu hususta birer misal olabilir. Ve bu babda mehma-imkân daha ziyade tamik-i tahkikat edilmektedir. Elde edilecek netayicin derhal işar kılınacağı maruzdur.

16.5.34
Grup Kumandanı
Mirliva
Şevki

Belge No : 1880

Kaymakam Seyfi Bey

Karargâh-ı Umumi İkinci Şube, Dersaadet

Batum: 8 298 22 1

Noyes Viner Tagblat Viyana Peşer Loyt Budapeşte, Lokal Ançayker Berlin, Algemen Hande Islat Amsterdam, vakit Dersaadet. İki haftadan beri Ermeni ve Rusların Kürdistan ve Ermenistan tarikiyle vukubulmuş olan ricatının izlerini takip ediyorum ve her ne kadar bu arazinin Ermeni çetelerinden temizlenmesiden beri iki ay geçmiş ise de her adımda kaçan Ermeni çetelerinin yaptığı işitilmiş mezalimini görüyorum. Trabzon'dan Erzincan'a ve Erzincan'dan Erzurum'a kadar bütün şehir ve köyler harabe halinde bulunuyor görülmemiş bir zulm ile her adımda katledilmiş Türklerin cesedleri her tarafta dolu yalnız dağlara kaçmak suretiyle kendilerini kurtarabilen ve geri kalan ahalinin ifadesine nazaran Türk ahalisinin asıl yevm-i hayf-ı aludını Rus kıtaatının çekilmesi ve Ruslar tarafından boşaltılan arazinin Ermeni çeteleri tarafından tesellüm edilmesi üzerine başlamıştır. Ruslar ahaliye umumiyetle iyi muamele ediyor ve Ermenilerin tacizatından himaye ediyordu. Fakat Ermeniler memleketlerin sahibi kesilince muntazam bir surette mahv ve ifnaya başlamışlardır. Ermeniler Kürt ve Ermeni arazisini Türklerden temizlemek ve milliyet meselesini halletmek istediklerini açıktan açığa söylüyordu. Bugün Rus esaretinden kaçmış ve şimdi Kars ve Aleksandr Pol'dan gelmiş olan Avusturyalı ve Alman askerleriyle görüşmek fırsatına nail oldum. Bunlar Ermeni çetelerinin Türk harp esirlerinden üçyüz altmış kişiyi Kars'da ve Aleksandr Pol'da nasıl katledilmiş olduğunu görmüşlerdir. Rus zabitleri Türkleri kurtarmaya çalışmışlar ve bu sebeple Rus zabitleriyle Ermeniler arasında kanlı müsademeler vukubulmuştur.

Kars'da Türk esirlerinin bir kısmını kurtarmaya muvaffak olmuşlar. Şimdi bulunmakta olduğum Erzurum müthiş bir manzara arzediyor. Bütün şehir akşamı harab bir halde bulunuyor ve hava cesetlerin müteaffih kokusu ile dolu (Ruslar tarafından burada bırakılmış olan askeri depoların büyük bir kısmı sap sağlam kalmış olduğundan Türklerin eline büyük bir ganimet düşmüştür). Ermenilerin Avusturyalı ve Alman harb esirlerini de kesdikleri rivayet kabilinden söyleniyorsa da Türk harb esirlerinin kati bir surette katli hakkındaki tahkikatın hilafına olarak bu hususu tekid eden emareleri elde edemedim.

Doktor Stefan Eşnaniye

Erzurum ikinci kale topçu kumandanı Tverdo Khlebof'un, -ikinci
bölüme dercedilen- Erzurum'daki Ermeni mezâlimine ilişkin
Hatıra adlı risalesinin elyazması tercümesinin ilk sayfası

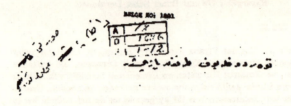

Belge No: 1896

Osmanlı Ordu-yu Hümayunu
Başkumandanlığı Vekâleti

Şube
Numro

- Ordu/3 Başkumandanlık Vekâlet-i Celilesine
Mevrud 722 numaralı şifredir

1. Altıncı Ordu cephesinde gün sükûnetle geçmiştir.

2. Dokuzuncu Ordu: A. Dördüncü Kolordu Cephesinde 5.7.34 de mühim bir hadise olmadı. Rumiye'den sal ile Rumiye Gölü Şark sahiline geçen dokuz Rus zabitiyle esir iki Türk neferimizden abınan ma'umat hülâsası berveçh-i atidir. Dokuz Rus zabitinden birisi Rumiye kuvvetleri Erkân-ı Harbiye Reisi Miralay, Anıtar kalesi yoktur. Rumiye kuvveti ceman altı yedi bin kadar Ermeni ve Nasturi altı şinayder topu, dokuz makineli tüfek, on üç otomatik tüfekten ibaret imiş. Bu kuvvet içinde biri üç yüz diğeri yedi yüz mevcudunda muntazam iki tabur vardır. Kuvvetin mütebaki kısmı kümelenen ve çetelerden ibarettir. Rumiye'de ceman iki yüz altı Rus zabit ve neferi vardır. Piyade cephanesi çok, topçu cephanesi az imiş. Ermeni Nasturilerin kadın, çocuk ve ihtiyarlar dahil olduğu halde Dilman'da yedi bin ve Rumiye'de üç bin Müslüman envaı fecayi irtibakiyle şehid ettiklerini Rus zabitleri itiraf etmişlerdir. Ermenileri zabitleri her tarafta dolaşarak Ermenileri silah başına davet etmekle imişler. Masrafı İngilizler tarafından tesviye edilmek üzere Ermeniler Osmanlılar aleyhinde harbe devam edeceklermiş.

B. Birinci Kafkas Kolordusu cephesinde Alay Yüzyirmiüç mıntıkasında 6.7.34'de muhtelif mahallerden ilerlemek isteyen otuz kırk kişilik Ermeni müfrezeleri kendilerine zayiat verdirilerek tardedilmiştir. Onbirinci Kafkas Fırkası 8.7.34'de Serdarabad mıntıkasında Aras vadisi boyunca Sadarak'a istikametinde ve hududumuz dahilindeki Ermeni çetelerini tenkil etmek emrini almıştır. 311 numaralı bu rapor tahriren Üçüncü Ordu Kumandanlığına keşide edilmek üzere 8.7.34 ve öğleden evvel saat sekizde Batum telgrafhanesine verilmiştir.

7 Temmuz 34

Şark Ordular Grubu K. Vekili
Esat

Belge No: 1889

Harbiye Nezareti
Asayiş şubesi
Aded: 16077

Harbiye Nezaret-i Celilesine Dahiliye Nezaretinden
varit olan 97 numaralı 28 ağustos 34 tarihli tezkere suretidir.

Ermenilerin İslamlara karşı fıkına mütecasir oldukları fecayi hakkında Yusufeli Kazası Kaymakamlığınca icra kılınan tahkikat neticesinde Hodisor Karyesinde Sedine Mahallesinde Maçalık vasifesini ifa eden karye-i mezkûreli Vahan'ın otuz beş kadar müsellah avenesiyle İspir Kazası ahalisinden yüz elli ve Yusufeli'den otuz altı kişiyi türlü türlü işkencelerle katlettiği gibi bilâhare ahali ile vuku bulan müsademe esnasında ahaliden kırk kişinin katline ve on beş şahsın mecruhiyetine sebeb verdiği Demhurkot, Vazis, Netmah Tünki ve kura-yı sairede birçok namuslu kadınların ırzını henkeylediği ve merkum rüfekasıyla bu beraber firar edip elyövm Batum'da oldukları anlaşıldığı, Erzurum vilayetinden varid olan tahriratta izhar ve merkumun fotoğrafından yirmi adedi leffen nisyar kılınmış olmakla derdest-i esbabına istikmali ve neticenin inbası mütemenneddir. Olbabda emrü ferman hazret-i men leh-ül-emrindir.

Aslına mutabıktır. 23 Eylül 34
İmza

Arşiv No: 4-8520
Dolap No: 170
Göz No: 2
Klasör No: 3190
Dosya No: 64
Fihrist No: 3-24

İSTİKLAL HARBİMİZ "Yasaklanan Kitap"
5 Cilt Kutulu - 2320 Sayfa

Kazım Karabekir Paşa'nın 1930 yıllarında yazdığı ve yayınlanmasını ailesine vasiyet ettiği, yakın tarihimizin bir bölümünü belgeleriyle en doğru olarak anlatan İstiklal Harbimiz eseri, ancak 1960 yılında yayınlanabilmiştir.

Ancak aynı yıl eser yayınlanmasından hemen sonra mahkeme kararıyla toplatılmıştır.

5 sene süren mahkeme sonrası, beraat ettiğinden yayınına devam edilmiştir.

İstiklal Harbimizin başlangıcını ve bilhassa doğu hareketlerini bilmek isteyen tarih severlerimizin gösterdiği büyük ilgiden dolayı oldukça hacimli olan eser zaman içerisinde tek cilt ve 2 cilt olarak yayınlanmıştır.

Truva yayınları olarak bu eseri 5 cilt olarak, yeniden düzenleyip yayınlıyoruz.

Kitapta orijinalliğine sadık kalmak kaydıyla, belgelerde herhangi bir düzenleme yapmadan metinlerde artık kullanılmayan birçok kelimeler, günümüz türkçesiyle değiştirilip okuyucunun daha rahat okuması sağlanmıştır.

Yayınladığımız eser; Karabekir Paşa'nın damadı Prof. Faruk Özerengin'in Truva Yayınevi sahibi Sami Çelik'e vermiş olduğu yetkiyle basılmış olup, rahmetli Özerengin'in yayınevine teslim ettiği şekilde aslına sadık kalınarak baskısı gerçekleştirilmiştir.